ENSEIGNEMENT PRIMAIRE SUPÉRIEUR
et Enseignement moderne

NOTIONS
DE CHIMIE

APPLICABLES AUX USAGES DE LA VIE

Par HONORÉ REGODT

PROFESSEUR DE SCIENCES PHYSIQUES ET CHIMIQUES
DE L'ASSOCIATION PHILOTECHNIQUE DE PARIS.

REVUES PAR UN AGRÉGÉ DE L'UNIVERSITÉ

CONFORMÉMENT A LA NOTATION ATOMIQUE

Avec 61 gravures dans le texte.

PARIS

IMPRIMERIE ET LIBRAIRIE CLASSIQUES

Maison Jules DELALAIN et Fils

DELALAIN FRÈRES, Successeurs

56, RUE DES ÉCOLES.

NOTIONS

DE CHIMIE

Éléments d'Arithmétique, répondant aux programmes de l'enseignement secondaire classique et de l'enseignement secondaire moderne, par *J. B. V. Reynaud*, professeur du lycée et de l'école normale primaire de Toulouse; 1 vol. in-12, cart. 3 f.

Éléments d'Algèbre, répondant aux programmes des écoles normales primaires, du brevet supérieur de l'enseignement primaire et des cours de l'enseignement secondaire classique et moderne, par *J. B. V. Reynaud*, 1 vol. in-12, *avec figures dans le texte*, cart. 3 f. 50 c.

Géométrie élémentaire, comprenant la *Géométrie plane* et la *Géométrie dans l'espace*, rédigée conformément au programme des Écoles normales primaires (*cours de Première et de Deuxième années*) et du brevet supérieur, par *M. E. Lebon*, professeur de mathématiques au lycée Charlemagne; 1 vol. in-12, *avec 487 figures dans le texte*, cart. 4 f. 50 c.

Géométrie appliquée au Levé des Plans, à l'Arpentage, au Nivellement, aux Plans cotés, aux Surfaces topographiques, précédée de Notions de Trigonométrie, rédigée conformément au programme des écoles normales primaires d'instituteurs et du brevet supérieur, par *M. Ernest Lebon*, agrégé de l'Université, professeur de mathématiques au lycée Charlemagne; 1 vol. in-12, *avec gravures dans le texte et une planche chromolithographiée de signes et teintes conventionnels*, cart. 3 f. 50 c.

Éléments usuels des Sciences physiques et naturelles, rédigées conformément au programme prescrit par l'arrêté du 18 janvier 1887, pour le *Cours élémentaire* des écoles primaires, par *M. E. Bouant*, agrégé de l'Université, professeur de sciences physiques au lycée Charlemagne : 3e édition; 1 vol. in-12, *avec 137 gravures dans le texte*, cart. 1 f.

Éléments usuels des Sciences physiques et naturelles, par *M. E. Bouant, Cours moyen* : 4e édition; 1 vol. in-12, *avec 203 gravures dans le texte*, cart. 1 f. 25 c.

Éléments usuels des Sciences physiques et naturelles, par *M. E. Bouant, Cours supérieur* : 2e édition; 1 vol. in-12, *avec 170 gravures dans le texte*, cart. 1 f. 25 c.

Manuel de Gymnastique, théorique et pédagogique, comprenant la Gymnastique sans appareils et avec appareils, les Exercices militaires, la Natation, le Bâton, la Boxe, l'Escrime à l'épée, etc., par *M. P. Le Guénec*, professeur de gymnastique à l'école normale primaire d'instituteurs de la Seine, et à l'École municipale Jean-Baptiste Say, sous-inspecteur de gymnastique de la Ville de Paris, officier d'académie; 1 vol. in-12, *avec 167 figures dans le texte et deux planches chromolithographiées*, br. 3 f. 50 c. — *relié toile*, 4 f.

Leçons élémentaires d'Hygiène, rédigées conformément au programme officiel prescrit pour cet enseignement dans les établissements d'instruction publique, par *M. H. George*, docteur médecin, professeur d'histoire naturelle à l'école Lavoisier à Paris : 9e édition, revue et augmentée; 1 vol. in-12, br. 2 f. — *cart.* 2 f. 20 c.

NOTIONS
DE CHIMIE
APPLICABLES AUX USAGES DE LA VIE

Par HONORÉ REGODT

PROFESSEUR DE SCIENCES PHYSIQUES ET CHIMIQUES
DE L'ASSOCIATION PHILOTECHNIQUE DE PARIS,

REVUES PAR UN AGRÉGÉ DE L'UNIVERSITÉ

CONFORMÉMENT A LA NOTATION ATOMIQUE

TRENTE-CINQUIÈME ÉDITION

Avec 64 gravures dans le texte.

PARIS

IMPRIMERIE ET LIBRAIRIE CLASSIQUES

Maison Jules DELALAIN et Fils

DELALAIN FRÈRES, Successeurs

56, RUE DES ÉCOLES.

Notions de Physique applicables aux usages de la vie, suivies de Notions de Météorologie, rédigées d'après les programmes de l'enseignement primaire supérieur, à l'usage des élèves des écoles primaires et normales et des pensionnats, par *Honoré Regodt,* professeur de l'association philotechnique de Paris : 42e édition, revue par un professeur agrégé de l'Université; 1 vol. in-12, *avec 231 gravures dans le texte,*   cart. 2 f. 25 c.

Notions d'Histoire Naturelle (Zoologie, Botanique, Géologie) applicables aux usages de la vie, rédigées d'après les programmes de l'enseignement primaire supérieur, à l'usage des élèves des écoles primaires et normales et des pensionnats, par *Henri Regodt,* professeur de sciences naturelles : 12e édition; 1 vol. in-12, *avec 110 gravures dans le texte,*   cart. 2 f. 25 c.

AVERTISSEMENT.

Les sciences ont trouvé, par leurs belles découvertes, de nombreuses applications aux usages de la vie, à l'agriculture et à l'industrie. Considérées à ce point de vue, indiqué, du reste, par les programmes officiels, les sciences ont un double intérêt pour les élèves ; et, parmi leurs différentes branches, après la physique, aucune n'est plus instructive et plus attrayante que la chimie. Ce volume est le complément naturel de celui de physique que nous avons déjà publié : il est rédigé dans le même esprit et dans le même but.

Si les sciences ne sont pas étudiées avec plus de fruit par les classes laborieuses, on doit l'attribuer en grande partie au manque de livres. Il existe certainement de nombreux et excellents ouvrages de chimie ; mais ces livres, très bons pour ceux qui ont déjà reçu une instruction avancée, et qui peuvent recourir à un professeur expérimenté afin d'apprendre à appliquer les savantes théories que ces ouvrages renferment, ne sont d'aucune utilité pour les élèves des écoles primaires supérieures, qui ne peuvent tirer profit d'un enseignement trop élevé pour eux. A côté de ces ouvrages sérieux, il en existe d'autres plus élémentaires et destinés aux écoles primaires ; mais ces derniers livres sont souvent si élémentaires qu'ils ne contiennent aucun fait important : il ne suffit pas de ire qu'il existe tels et tels corps journellement employés; il faut aussi expliquer comment ces corps s'obtiennent, et quelles sont leurs principales propriétés. Ainsi l'instruction scientifique, suivant nous, ne fait pas de progrès plus rapides, parce que les élèves des écoles supérieures se trouvent dans l'alternative, en achetant un livre, ou d'avoir un ouvrage au-dessus de leurs forces, ou d'avoir un abrégé insuffisant. C'est cette lacune que nous avons tâché de remplir, en nous guidant, autant que possible, sur le programme de l'enseignement professionnel et sur celui des écoles normales primaires.

Notre but, en écrivant, a été le même que celui que nous nous sommes proposé dans nos cours publics : répandre l'étude des sciences en la mettant à la portée de tout le monde.

NOTIONS DE CHIMIE

APPLICABLES AUX USAGES DE LA VIE,

A L'AGRICULTURE ET A L'INDUSTRIE.

INTRODUCTION.

Définitions. — Corps simples, corps composés. — Cohésion, affinité. — Analyse, synthése. — Nomenclature chimique. — Nomenclature des corps simples. — Nomenclature des corps composés. — Circonstances et lois des combinaisons. — Symboles
et formules. — Manipulation des gaz. — Manière d'obtenir les
gaz. — Tubes de sûreté. — Division de la chimie.

Définitions.

La *Chimie*, cette branche importante des sciences physiques et naturelles, a pour objet l'étude des phénomènes
qui produisent des changements permanents dans la
nature des corps; elle se distingue de la physique en ce
que cette dernière s'occupe seulement des propriétés
passagères que les corps acquièrent, et qui ne changent
pas leur nature intime.

Quand on frotte un bâton de verre avec un morceau
de laine, ce verre attire pendant quelque temps les
corps légers; mais le phénomène disparaît bientôt, et
ne change pas la nature du verre. C'est un phénomène
physique.

Quand on expose une barre de fer à l'air humide,
elle se recouvre de rouille : cette rouille ainsi formée
est un nouveau corps, dont la nature et les propriétés
sont différentes de celles du fer. La modification est
durable et elle a changé la nature du corps. C'est un
phénomène chimique.

Corps simples, corps composés. — La chimie divise les corps en *corps simples* et en *corps composés.*

Les corps simples sont ceux qui ne donnent jamais que des molécules *homogènes*, c'est-à-dire de même nature, de quelque manière qu'on les traite. Ainsi, l'or est un corps simple, parce qu'il n'est formé que de molécules d'or, et que jusqu'à présent, par aucun moyen, l'on n'a pu y trouver aucune autre substance.

Les corps composés sont ceux que l'on peut réduire en molécules *hétérogènes*, c'est-à-dire de nature différente. L'eau est un corps composé, parce qu'elle est formée de deux corps simples, l'*oxygène* et l'*hydrogène*.

Ce sont d'abord les corps simples qui s'unissent entre eux pour former des corps composés, et, à leur tour, les corps composés se combinent entre eux pour former d'autres substances d'une composition plus compliquée.

Cohésion. — La *cohésion* est la force qui unit entre elles soit les molécules homogènes des corps simples, soit les molécules complexes des corps composés. On ignore quelle est la nature intime de cette force. Elle est grande dans les solides; plus faible dans les liquides, dont les molécules se déplacent avec facilité; dans les gaz elle est nulle, puisque ces corps tendent toujours à occuper un plus grand volume. La chaleur, qui fait passer les solides à l'état liquide, et les liquides à l'état gazeux, diminue la cohésion.

Affinité. — L'*affinité* est la force qui unit entre elles les molécules des corps simples pour en former les molécules des corps composés. C'est donc la cause, de nature inconnue, qui détermine les combinaisons chimiques. On dit qu'un corps A a plus d'affinité pour un corps B que pour un corps C, lorsqu'il se combine plus aisément avec le corps B qu'avec le corps C, en produisant plus de chaleur, et en donnant naissance à un composé plus stable. L'affinité plus ou moins grande d'un corps simple pour les autres corps simples règle les *réactions chimiques* qu'on observe quand ce corps est mis, dans diverses circonstances, en présence des autres. L'expérience nous montrera que les agents physiques, *chaleur, lumière, électricité*, ont la plus grande influence sur les réactions chimiques : il est donc naturel d'en conclure que ces agents agissent sur l'affinité, tantôt pour l'augmenter, tantôt pour la diminuer.

Analyse. — L'*analyse* consiste à décomposer un corps en ses éléments, pour les étudier séparément. Ainsi, l'eau, soumise à l'action de la pile, se décompose en deux volumes d'hydrogène et un volume d'oxygène.

On distingue deux espèces d'analyses, l'analyse *qualitative* et l'analyse *quantitative :* la première a pour but de rechercher uniquement quels sont les éléments d'un corps; la seconde cherche le poids de chacun de ces éléments.

Synthèse. — La *synthèse* a pour but la recomposition d'un corps avec les quantités de chaque élément fournies par l'analyse. Ces deux opérations se servent mutuellement de preuve. Ainsi, en combinant deux volumes d'hydrogène avec un volume d'oxygène, on obtient de l'eau.

Nomenclature chimique.

La *nomenclature chimique* est l'ensemble des mots employés pour désigner les corps simples et les corps composés. Le système adopté aujourd'hui a été établi en 1787 par les quatre chimistes Guyton de Morveau, Lavoisier, Fourcroy et Berthollet. Elle permet de déduire immédiatement, du nom d'un corps composé, la nature et souvent les proportions de ses éléments constituants.

Nomenclature des corps simples. — Les anciens croyaient que tous les corps de la nature provenaient de quatre éléments, l'*air*, l'*eau*, la *terre* et le *feu*. On sait aujourd'hui qu'aucun des trois premiers prétendus éléments n'est un corps simple; quant au *feu*, ce n'est même pas un corps, mais seulement une *manière d'étre* des corps qui sont chauds.

Le nombre des corps simples aujourd'hui certainement connus est de 66, dont 15 *métalloïdes* et 51 *métaux*.

1° Les 15 *métalloïdes* ou corps simples non métalliques ont reçu les noms suivants [1] :

Arsenic,	As = 75	Iode,	Io = 127
Azote,	Az = 14	Oxygène,	O = 16
Bore,	Bo = 11	Phosphore,	Ph = 31
Brome,	Br = 80	Sélénium,	Sl = 79
Carbone,	C = 12	Silicium,	Si = 28
Chlore,	Cl = 35,5	Soufre,	S = 32
Fluor,	Fl = 19	Tellure,	Te = 126
Hydrogène,	H = 1		

2° Les 51 *métaux* ou corps simples métalliques ont été appelés :

Aluminium,	Al = 27,5	Iridium,	Ir = 193,2
Antimoine,	Sb = 120	Lanthane,	La = 139
Argent,	Ag = 108	Lithium,	Li = 7
Baryum,	Ba = 137	Magnésium,	Mg = 24
Bismuth,	Bi = 210	Manganèse,	Mn = 55
Cadmium,	Cd = 112	Mercure,	Hg = 200
Calcium,	Ca = 40	Molybdène,	Mo = 96
Cérium,	Ce = 141	Nickel,	Ni = 59
Césium,	Cs = 133	Niobium,	Nb = 94
Chrome,	Cr = 52,2	Or,	Au = 197
Cobalt,	Co = 59	Osmium,	Os = 190,2
Cuivre,	Cu = 63	Palladium,	Pd = 106,6
Didyme,	Di = 147	Platine,	Pt = 197
Erbium,	Er = 166	Plomb,	Pb = 207
Étain,	Sn = 118	Potassium,	K = 39
Fer,	Fe = 56	Rhodium,	Rh = 104
Gallium,	Ga = 69,9	Rubidium,	Rb = 85,4
Germanium,	Ge = 72,3	Ruthénium,	Ru = 104,4
Glucinium,	Gl = 13,9	Scandium,	Sc = 44
Indium,	In = 113,4	Sodium,	Na = 23

1. Dans le tableau que nous donnons ici, nous ajoutons au nom du corps l'abréviation ou symbole sous lequel on est convenu de le désigner, ainsi que son poids atomique (voir page 16).

Strontium,	Sr = 87,5	Uranium,	U = 210
Tantale,	Ta = 182	Vanadium,	V = 51,2
Thallium,	Tl = 204	Yttrium,	Yt = 89,5
Thorium,	Th = 234,5	Zinc,	Zn = 66
Titane,	Ti = 50	Zirconium,	Zr = 89,5
Tungstène,	Tu = 184		

Nomenclature des corps composés. — Les corps composés sont formés, comme on l'a vu, soit de deux ou de plusieurs corps simples, soit de corps composés qui se combinent entre eux.

Un composé s'appelle *binaire* quand il est formé de deux corps simples, *ternaire* quand il est formé de trois corps simples, *quaternaire* quand il est formé de quatre corps, etc.

Les *composés binaires* peuvent être classés en trois groupes : les *acides*, les *bases* et les *corps neutres*.

Les *acides* sont des composés qui ont la propriété de rougir la teinture bleue de tournesol et la teinture violette de sirop de violette. Les *bases* ramènent au bleu la teinture de tournesol rougie par un acide; elles verdissent le sirop de violette. Les acides et les bases ont, en outre, la propriété de se combiner, pour former des composés plus complexes nommés *sels*. Les *corps binaires neutres*, tels que l'hydrogène carboné, le bioxyde d'azote, n'ont aucune action sur les *réactifs* colorés; ils ne se combinent ni avec les acides ni avec les bases.

Parmi les *composés ternaires*, on distingue quelques alliages, comme le maillechort; certains corps d'une nature particulière, comme l'acide cyanhydrique, les cyanures et diverses combinaisons végétales et animales; les sels oxacides formés d'un oxacide et d'une base métallique, comme le sulfate de chaux ou plâtre, l'azotate de potasse ou salpêtre, etc.

Aux *composés quaternaires*, qui sont moins nombreux, appartiennent les sels formés par l'ammoniaque et par un acide autre que l'acide azotique, et les sels hydracides.

Les corps composés de plus de deux corps simples

peuvent également se classer, comme les composés binaires, en *composés acides, basiques* ou *neutres*, selon la manière dont ils se comportent les uns par rapport aux autres, et au contact des réactifs colorés.

Composés binaires. — Un composé binaire peut être formé : 1° par la combinaison de l'oxygène ou de l'hydrogène avec un autre corps; 2° par la combinaison de deux métalloïdes; 3° par la combinaison d'un métalloïde et d'un métal; 4° par la combinaison de deux métaux.

Composés binaires formés par l'oxygène. — Les composés binaires formés par l'oxygène sont des *acides* et des *oxydes*.

Les acides formés par l'oxygène portent le nom général d'*oxacides*.

Les oxydes sont *neutres* ou *basiques :* basiques, quand ils peuvent s'unir aux acides; neutres, quand ils ne le peuvent pas.

Oxacides. Quelquefois l'oxygène ne forme avec un corps simple qu'un seul acide; d'autres fois il en forme deux, trois, quatre, etc., parce qu'il se combine en différentes proportions avec la même quantité du corps simple.

1° Quand l'oxygène forme un seul acide avec un corps simple, on termine le nom du corps simple en *ique*. Ainsi, le bore et l'oxygène forment l'acide suivant :

Acide borique.

2° Quand l'oxygène forme deux acides avec le même corps simple, on termine le corps simple en *ique* pour désigner l'acide qui contient le plus d'oxygène, et en *eux* pour désigner l'autre. Ainsi, l'arsenic et l'oxygène forment les deux acides suivants :

Acide arsénique,   Acide arsénieux.

3° Quand l'oxygène forme avec le même corps trois acides, on termine le plus oxygéné en *ique;* le second est terminé également en *ique,* mais on le fait précéder

du mot *hypo*, et le moins oxygéné se termine en *eux*.
Ainsi, l'azote et l'oxygène forment les trois acides suivants :

Acide azotique,
Acide hypoazotique,

Acide azoteux.

4° Quand l'oxygène forme avec le même corps simple quatre acides, les deux plus oxygénés se terminent en *ique*, et les deux moins oxygénés se terminent en *eux*. Mais parmi les deux acides qui ont la même terminaison, celui qui a le moins d'oxygène est précédé de *hypo*. Ainsi, l'oxygène et le phosphore forment les quatre acides suivants :

Acide phosphorique,
Acide hypophosphorique,

Acide phosphoreux,
Acide hypophosphoreux.

Parmi les nombreux oxacides, les plus importants, au point de vue de leurs applications ou de leur rôle dans la nature, sont :

L'acide azotique,
L'acide sulfurique,
L'acide phosphorique,

L'acide carbonique,
L'acide silicique.

Nous en examinerons rapidement quelques autres.

Oxydes. L'oxygène forme avec un corps simple un ou plusieurs oxydes.

1° Quand l'oxygène ne forme avec un corps simple qu'un seul oxyde, on dit : *oxyde de*, et on ajoute le nom du corps simple. Ainsi, le carbone et l'oxygène forment l'oxyde suivant :

Oxyde de carbone.

2° Quand l'oxygène forme avec un corps simple plusieurs oxydes (basiques ou neutres), on distingue ces oxydes les uns des autres, suivant la quantité d'oxygène qu'ils renferment, en faisant précéder le mot oxyde des mots *proto, sesqui, bi, sous, per*.

Ainsi on a, pour les oxydes du plomb et du manganèse :

Sous-oxyde de plomb,	Protoxyde de manganèse.
Protoxyde de plomb,	Sesquioxyde de manganèse.
Bioxyde de plomb.	Bioxyde de manganèse.

Le mot *peroxyde* signifie l'oxyde le plus oxygéné, quel que soit son degré d'oxygénation : ainsi, le bioxyde de plomb est aussi nommé *peroxyde de plomb*.

Parmi les oxydes les plus intéressants, nous aurons à étudier l'oxyde de carbone, les protoxydes de potassium, de sodium, de calcium, les divers oxydes du fer.

Composés binaires formés par l'hydrogène. — Les composés binaires de l'hydrogène sont *acides, neutres* ou *basiques.*

Tous les acides formés par l'hydrogène s'appellent *hydracides.*

Hydracides. L'hydrogène ne forme jamais qu'un seul acide avec un même corps simple. Pour désigner cet acide, on termine le nom du corps simple par le mot *hydrique.*

Les corps simples qui forment des hydracides sont tous des métalloïdes; les hydracides les plus importants sont :

L'acide chlorhydrique,	L'acide sulfhydrique.

Composés neutres ou basiques. Les composés de l'hydrogène autres que les hydracides sont *neutres* ou *basiques.*

Pour nommer les composés neutres, ont termine par *ure* le nom du métalloïde qui se combine avec l'hydrogène, et on met à la suite les mots *d'hydrogène.* En outre, on fait précéder le nom du métalloïde des mots *proto, bi,* pour indiquer la proportion du métalloïde combiné avec l'hydrogène. Ainsi, on a :

Bisulfure d'hydrogène,	Bicarbure d'hydrogène.
Protocarbure d'hydrogène.	

Quant aux composés qui jouent le rôle de base, il n'en

est qu'un seul qui soit important et utile; on l'appelle *ammoniaque*, d'un nom particulier; il est formé d'hydrogène et d'azote.

Composés binaires formés par deux corps simples autres que l'oxygène et l'hydrogène. — Les composés binaires formés par d'autres corps que l'oxygène et l'hydrogène se composent ou de deux métalloïdes, ou d'un métalloïde et d'un métal, ou de deux métaux.

Lorsqu'un métalloïde forme avec un autre métalloïde ou avec un métal un composé neutre ou basique, on termine le nom du métalloïde électro-négatif (voy. *Notions de Physique*) en *ure*, et on ajoute *de*, puis le nom de l'autre corps simple.

Ainsi, le chlore et l'azote forment du

Chlorure d'azote.

Ainsi, le soufre et le fer forment du

Sulfure de fer.

Lorsque le métalloïde se combine en différentes proportions, on fait précéder le premier nom des mots *proto*, *sesqui*, *bi*, etc. Ainsi l'on dit :

Protochlorure de mercure,   Bichlorure de mercure.

Parmi les composés binaires de cette catégorie, les plus importants sont :

Le chlorure de potassium,   Le chlorure de sodium.

Alliages. Lorsque deux ou plusieurs métaux sont combinés, on dit *alliage de*, et on nomme les métaux qui le composent. Ainsi, le cuivre, le zinc et l'étain combinés forment :

Alliage de cuivre, de zinc et d'étain.

Lorsque le mercure entre dans l'alliage, on remplace le mot *alliage* par celui d'*amalgame*, et on n'énonce pas le mot *mercure*. Ainsi, l'or et le mercure forment un

Amalgame d'or.

Les principaux alliages employés dans l'industrie sont ceux dans lesquels entrent

Le cuivre,	Le plomb,
Le zinc,	L'or,
L'étain,	L'argent.

Composés ternaires. — La classe la plus intéressante des composés ternaires porte le nom de *sels*.

Un *sel* est formé par la combinaison de deux corps composés, dont l'un s'appelle *acide* et l'autre *base*. Quand l'acide est un acide oxygéné, l'oxygène étant un élément commun à l'acide et à la base, le sel n'a que trois éléments : c'est un composé ternaire.

Pour désigner un sel, on nomme d'abord l'acide, en changeant sa terminaison *ique* en *ate*, ou sa terminaison *eux* en *ite*.

Ainsi, l'acide azotique et l'oxyde de zinc forment

Azotate d'oxyde de zinc.

Ainsi, l'acide hyposulfureux et l'oxyde de sodium forment

Hyposulfite d'oxyde de sodium,
ou Hyposulfite de soude.

Jamais un métal ne sert de base avant d'être oxydé. Quand on dit par abréviation *sulfate de zinc*, il faut comprendre *sulfate d'oxyde de zinc*.

Deux chlorures, deux sulfures, etc., peuvent se combiner entre eux, l'un jouant le rôle d'acide, l'autre celui de base. La combinaison du chlorure de platine avec le chlorure de potassium s'appellera, par analogie,

Chloroplatinate de chlorure de potassium,
ou Chlorure double de platine et de potassium.

Dans les sels, l'acide ou la base peuvent être en proportion multiple par rapport à l'autre élément. Dans ce cas, on emploie les mots *sesqui, bi, tri*, etc., comme on l'a vu pour les oxydes.

Ainsi, l'acide sulfurique pouvant se combiner en deux

proportions avec l'oxyde de potassium ou potasse, on dit :

Sulfate de potasse.   Bisulfate de potasse.

De même, l'acide carbonique pouvant se combiner avec deux proportions différentes d'oxyde de cuivre, on dit :

Carbonate de cuivre,   Carbonate bibasique de cuivre.

Les sels importants sont fort nombreux. Tels sont :

Les sulfates de potasse, de soude, de fer, de cuivre ;
Les azotates de potasse, de soude, d'argent ;
Les hypochlorites de potasse, de soude et de chaux ;
Les carbonates de potasse, de soude, de chaux, de fer, de plomb ;
Le silicate d'alumine.

Composés quaternaires. — Les composés quaternaires minéraux sont peu nombreux : ce sont des sels ammoniacaux, comme le *sulfate d'ammoniaque*, et des sels doubles, comme le *sulfate double d'alumine et de potasse.*

Remarque. — Toutes les règles de la nomenclature s'appliquent uniquement aux *composés minéraux.* Le nombre et la diversité des *composés organiques*, que nous aurons à étudier dans la dernière partie de ce volume, n'ont pas permis, jusqu'ici, de leur appliquer une nomenclature simple.

Circonstances et lois des combinaisons.

Combinaison chimique. — Il n'est généralement pas suffisant de mettre deux corps simples en présence l'un de l'autre pour qu'ils se combinent. Certaines circonstances doivent être en outre réalisées.

Il faut d'abord que les molécules des éléments que l'on veut unir soient mises directement en contact les unes avec les autres. Ce contact intime est généralement impossible entre des corps solides, même finement pulvérisés ; il se produit, au contraire, aisément avec des liquides et des gaz. Les combinaisons n'auront donc lieu, en général, que lorsqu'un au moins des corps considérés sera liquide ou gazeux. Qu'on mêle du soufre et de la limaille de cuivre : on a un simple mélange; que l'on chauffe : le soufre fond, et la combinaison a lieu.

Le plus ordinairement les réactions exigent, pour se produire, qu'on élève notablement la température. La chaleur est donc le plus souvent favorable à la combinaison. L'oxygène et l'hydrogène, mis en présence, ne se combinent pas à la température ordinaire; si on les chauffe, ils s'unissent pour former de l'eau. D'autres fois, au contraire, la chaleur décompose les corps : elle sépare, par exemple, l'oxygène et l'azote qui constituaient l'acide azotique.

Nous verrons, de même, que l'électricité et la lumière peuvent déterminer la combinaison des corps simples, ou inversement détruire les composés.

Dégagement de chaleur dans les combinaisons. — Dans le plus grand nombre des combinaisons chimiques il se dégage de la chaleur; le dégagement est souvent tel qu'il va jusqu'à l'incandescence, comme cela a lieu dans la combustion du charbon ou de l'hydrogène dans l'air, dans l'action du chlore sur le phosphore. Quelquefois le dégagement de chaleur peut être insensible : non pas qu'il ne se produise point de chaleur, mais parce que cette chaleur se perd lentement à mesure qu'elle prend naissance, et ne peut, par suite, déterminer une élévation de température. C'est ce qui arrive quand le fer se rouille progressivement à l'air.

Quand deux corps simples se sont combinés en dégageant de la chaleur, le composé qui résulte de leur union ne peut être détruit que si on lui rend la chaleur qui s'est dégagée au moment de sa formation. Certains composés, au contraire, produisent de la chaleur lorsqu'on les détruit; mais ceux-là ne proviennent jamais de l'union directe de leurs éléments; il a toujours fallu prendre des moyens détournés pour les obtenir.

Changements de propriétés. — Toute combinaison enlève aux éléments leurs propriétés, pour donner au composé des propriétés nouvelles. L'acide chlorhydrique désorganise les tissus comme l'acide sulfurique ou l'acide azotique; la soude est un caustique énergique. Or, le sel marin ou chlorure de sodium, qui provient de la combinaison de l'acide chlorhydrique avec la soude, est inoffensif, sert à l'alimentation et conserve les tissus, au lieu de les détruire.

Combustion. — Le célèbre chimiste Lavoisier définissait la *combustion* la combinaison de l'oxygène avec un autre corps; l'oxygène seul était appelé corps *comburant*, tous les autres corps simples *corps combustibles*.

Mais certains corps autres que l'oxygène peuvent se combiner avec dégagement de chaleur et de lumière, comme l'antimoine en poudre projeté dans un flacon de chlore. Il a donc fallu admettre d'autres corps comburants et définir la combustion la combinaison de deux ou plusieurs corps quelconques. Quand la combustion est rapide, le dégagement de chaleur se fait dans des conditions telles qu'il en résulte une incandescence : c'est ce qui arrive lorsque le charbon brûle dans l'air, ou lorsqu'on chauffe de la fleur de soufre avec de la limaille de fer : dans ce cas, on a ce qu'on nomme une *combustion vive*. Si la combinaison est lente, la chaleur dégagée se dissipe dans l'air au fur et à mesure de sa production; on n'observe qu'une élévation de température faible ou même insensible, et pas d'incandescence, comme lorsque le fer se rouille à l'air humide : on a alors une *combustion lente*.

Lois des combinaisons en poids. — La combinaison des éléments obéit à un certain nombre de lois numériques, qu'il est indispensable d'énoncer ici.

1° *Loi des poids, ou loi de Lavoisier.* — *Le poids d'un composé est égal à la somme des poids de ses composants.* — Quand on chauffe 56 grammes de fer avec 32 grammes de soufre, il se forme 88 grammes de sulfure de fer.

2° *Loi des proportions définies, ou loi de Proust.* — *Deux ou plusieurs corps, pour former un même composé, se combinent toujours dans les mêmes proportions.* — Si l'on chauffe du fer avec du soufre, le sulfure de fer produit contient toujours la même proportion de 56 de fer pour 32 de soufre. Qu'on mette un excès de l'un ou de l'autre des deux éléments, cet excès restera sans entrer dans la combinaison.

3° *Loi des proportions multiples, ou loi de Dalton.* — *Lorsque deux ou plusieurs corps se combinent en plusieurs proportions, les poids de l'un de ces corps qui s'unissent à un même poids de l'autre sont entre eux dans des rapports simples.* — Ainsi, l'oxygène forme avec l'azote six composés différents; dans ces composés, les poids d'oxygène qui sont unis à un même poids d'azote sont entre eux comme les nombres simples 1, 2, 3, 4, 5, 6.

Poids atomiques. — Les rapports dans la proportion desquels les éléments se combinent entre eux sont représentés par des nombres, qu'on retrouve dans toutes les combinaisons, et qu'on nomme *poids atomiques.* Dans toutes les réactions chimiques, chaque corps simple figure donc pour un poids proportionnel toujours le même, et qu'il importe de connaître. C'est ce nombre qui se trouve inscrit, dans le tableau de la page 6, à la suite du nom de chaque corps simple.

Ces nombres sont tous rapportés à un poids d'hydrogène pris pour unité.

Lois des combinaisons en volumes. — Si les éléments qui se combinent sont des gaz ou des corps susceptibles de prendre l'état gazeux, on a souvent intérêt à mesurer leur volume, au lieu de les peser. On trouve alors des lois très simples, découvertes par Gay-Lussac.

1° *Lorsque deux gaz se combinent, les volumes des composants sont entre eux dans un rapport simple.* — Ainsi, deux volumes d'hydrogène s'unissent à un volume d'oxygène pour former l'eau; un volume d'azote s'unit à trois volumes d'hydrogène pour former l'ammoniaque.

2° Le volume du composé formé, mesuré à l'état gazeux, est dans un rapport simple avec la somme des volumes des composants. — Deux volumes d'hydrogène, unis à un volume d'oxygène, donnent deux volumes de vapeur d'eau; un volume d'azote et trois volumes d'hydrogène donnent deux volumes d'ammoniaque; un volume d'hydrogène et un volume de chlore donnent deux volumes d'acide chlorhydrique.

Symboles et formules.

Symboles des corps simples. — On a complété heureusement la nomenclature parlée, par un ensemble de conventions qui permettent de représenter symboliquement les corps composés et les réactions chimiques.

D'après ces conventions, chaque corps simple est désigné par une ou deux lettres, généralement les premières de son nom. Ce symbole, indiqué page 6 pour chaque corps simple, représente, en outre, le *poids atomique* de l'élément considéré, c'est-à-dire le nombre dans la proportion duquel l'élément entre dans toutes ses combinaisons.

Formules des corps composés. — Pour formuler un composé, on écrit l'un après l'autre les symboles des corps simples qui entrent dans le composé, et l'on met au-dessus de chaque symbole des corps simples un chiffre, qui indique combien le composé contient de poids atomiques de ce corps. Ainsi, un composé formé de 2 poids atomiques de fer et de 3 poids atomiques d'oxygène s'écrit Fe^2O^3. Un composé de 3 poids atomiques de manganèse et de 4 poids atomiques d'oxygène s'écrit Mn^3O^4, etc. Pour formuler une combinaison de deux corps composés, on écrit les formules de ces deux composés à la suite l'une de l'autre, et on les sépare par une virgule. Ainsi, le sulfate de soude, formé d'acide sulfurique SO^3 et de soude Na^2O, s'écrit Na^2O,SO^3 ou plus simplement SO^4Na^2. D'après la loi de Dalton, ou des proportions multiples, les coefficients numériques qu'on a à écrire au-dessus des symboles sont toujours simples.

Traduction des formules en poids. — Quand on a la formule d'un composé, on peut en déduire immédiatement le poids des corps simples constituants. Ainsi la formule H^2O de l'eau signifie que l'on a 2 poids atomiques, ou 2^{gr} d'hydrogène, unis à 1 poids atomique, ou 16^{gr} d'oxygène, le tout formant 18^{gr} d'eau. On a donc :

$$\begin{array}{cc} H^2 & 2 \\ O & 16 \\ \hline H^2O & 18 \end{array}$$

De même, 80 grammes d'acide sulfurique SO^3 contiennent 1 poids atomique, ou 32^{gr} de soufre, et 3 poids atomiques, ou 48^{gr} d'oxygène :

$$\begin{array}{cc} S & 32 \\ O^3 & 48 \\ \hline SO^3 & 80 \end{array}$$

On verrait de même que 174 grammes de sulfate de potasse SO^4K^2 renferment 78^{gr} de potassium, 64 grammes d'oxygène et 32^{gr} de soufre.

Formules des réactions. — Enfin, grâce aux symboles, les réactions chimiques peuvent se traduire par des égalités algébriques. Quand on écrit

$$H^2 + O = H^2O,$$

cela signifie que, dans des conditions expérimentales convenables, 2 poids atomiques d'hydrogène peuvent se combiner avec un poids atomique d'oxygène pour donner un poids atomique d'eau.

De même la formule

$$K^2O, Cl^2O^5 \text{ (ou } 2KClO^3) = 2KCl + 6O$$

veut dire qu'un poids atomique de chlorate de potasse se décompose, dans des circonstances déterminées, en 2 poids atomiques de chlorure de potassium et 6 poids atomiques d'oxygène.

Nous ferons fréquemment usage de ces formules pour symboliser les réactions. Leur traduction en poids se fait

2.

par le procédé que nous venons d'indiquer pour les formules des corps composés.

Manipulation des gaz.

Parmi les corps simples et les corps composés que l'on prépare en chimie afin d'en étudier les propriétés, plusieurs sont gazeux à la température ordinaire et demandent, pour être recueillis et conservés, des procédés qui diffèrent de ceux que l'on emploie pour les liquides et les solides.

Manière d'obtenir les gaz. — Pour obtenir un gaz, on met dans un flacon A ou dans une cornue les matières destinées à le produire (*fig.* 1). Un tube recourbé D E F, adapté à l'ouverture du flacon ou de la cornue, s'engage par son autre extrémité sous une éprouvette qui repose renversée sur une planchette ou un têt troué placé dans une cuve ou dans un vase quelconque RR'. Si le gaz est insoluble

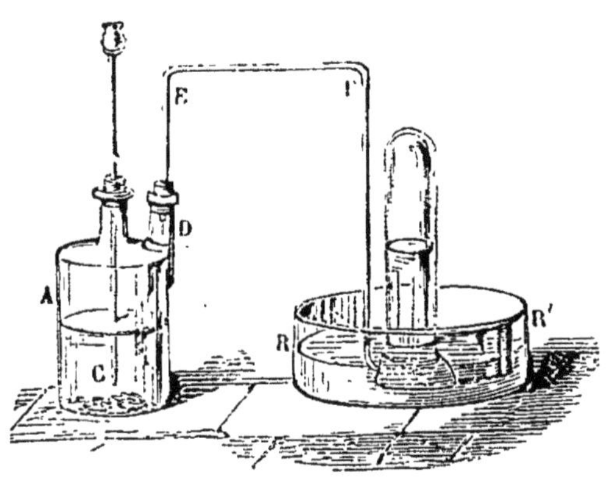

Fig. 1.

dans l'eau, on remplit d'eau l'éprouvette, ainsi qu'une partie du vase; si le gaz est soluble dans l'eau, on remplace l'eau par du mercure. Le gaz qui se forme passe par le tube dans l'éprouvette, monte en vertu de sa pesanteur spécifique, beaucoup moins grande que celle du liquide, et refoule celui-ci dans le vase.

Tubes de sûreté. — Quand le gaz cesse de se produire, il y a souvent une diminution de pression dans l'intérieur de l'appareil, surtout lorsque cet appareil, d'abord chauffé, vient à se refroidir. La pression atmosphérique, qui s'exerce à la surface de la cuvette, tend alors à faire monter le liquide dans le tube à dégagement, et peut souvent le faire arriver jusque dans le flacon ou la cornue. Pour éviter cet inconvénient, on se sert d'un tube de sûreté C, tantôt plongeant légèrement dans le flacon (*fig.* 1), tantôt adapté au tube conducteur des gaz (*fig.* 5); dans le dernier cas, il est muni d'une petite boule, et on verse un peu de liquide, qui remplit la courbure. En même temps que l'air pèse dans la cuve à la surface du liquide, il pèse aussi par le haut du tube de sûreté, repousse le liquide, qui en ferme la partie inférieure et pénètre par là dans l'appareil : ce qui empêche l'absorption d'avoir lieu en rétablissant l'équilibre de pression.

Division de la chimie.

La chimie se divise en deux branches : la *chimie inorganique* ou *minérale* et la *chimie organique*.

La première étudie la composition des corps qui n'ont jamais vécu et n'ont, par conséquent, aucun organe destiné à entretenir la vie. La seconde s'occupe des êtres qui ont vécu, et qui, par conséquent, sont pourvus d'organes propres à entretenir la vie.

La chimie inorganique ou minérale se divise en deux parties. La première partie contient les *métalloïdes* et les composés acides, basiques ou neutres qu'ils forment entre eux; la seconde partie comprend les *métaux* et les composés binaires, ternaires ou quaternaires qu'ils forment entre eux et avec les métalloïdes.

La chimie organique se divise en *chimie végétale* et en *chimie animale*. La première étudie les substances produites par la végétation des plantes; la deuxième, celles qui sont dues aux différentes fonctions de la vie animale.

Nous n'étudierons au point de vue de leurs propriétés chimiques que les corps qui offrent des applications utiles, soit dans la science, soit dans l'industrie, soit dans la médecine.

CHIMIE MINÉRALE.

PREMIÈRE PARTIE.

MÉTALLOÏDES,

COMPOSÉS QU'ILS FORMENT ENTRE EUX.

CHAPITRE PREMIER.

Caractères des métalloïdes. — Leur classification. — Oxygène. —
Ses propriétés. — Son action sur les corps combustibles. — Préparation de l'oxygène. — Hydrogène. — Ses propriétés. — Préparation de l'hydrogène. — Usages de l'oxygène et de l'hydrogène. — Combinaisons de l'hydrogène avec l'oxygène. — Protoxyde d'hydrogène ou eau. — Analyse et synthèse de l'eau. —
Propriétés de l'eau. — Diverses qualités d'eau. — Usages de
l'eau.

Caractères des métalloïdes. — Les *métalloïdes* sont
des corps simples, qui sont, en général, dépourvus de
l'éclat métallique; ils sont mauvais conducteurs de la
chaleur et de l'électricité; en se combinant avec l'oxygène,
ils forment tous des composés acides, quelques composés
neutres, mais jamais de composés basiques.

Classification des métalloïdes. — Parmi les métalloïdes, il y en a cinq gazeux, un liquide et neuf solides.

Les cinq métalloïdes gazeux sont : l'*azote*, le *chlore*, le
fluor, l'*hydrogène*, l'*oxygène*.

Le seul métalloïde liquide est le *brome*.

Les neuf métalloïdes solides sont : l'*arsenic*, le *bore*, le
carbone, l'*iode*, le *phosphore*, le *sélénium*, le *silicium*, le
soufre, le *tellure*.

Dumas a établi une classification naturelle des métalloïdes. Après avoir mis à part *l'hydrogène*, qui, par l'ensemble de ses propriétés chimiques, doit plutôt être considéré comme un métal, il répartit les autres métalloïdes en quatre groupes, savoir :

1er groupe : *azote, phosphore, arsenic.*

2e groupe : *oxygène, soufre, sélénium, tellure.*

3e groupe : *fluor, chlore, brome, iode.*

4e groupe : *carbone, bore, silicium.*

Les plus importants de tous sont l'oxygène et l'hydrogène, qui constituent l'eau, et avec lesquels il n'est pas de corps, pour ainsi dire, qui ne se combine. L'azote mêlé à l'oxygène constitue l'air atmosphérique, et, à ce titre, son étude, comme corps simple, viendra après celle de l'oxygène et de l'hydrogène. Le sélénium et le tellure sont de peu d'usage. Le fluor, le brome, l'iode, l'arsenic, le bore, le silicium, sont utiles surtout dans leurs composés. Les autres corps métalloïdes, phosphore, soufre, carbone, chlore, ont, par eux-mêmes ou par leurs composés, une grande utilité.

Oxygène. $O = 16$.

Propriétés de l'oxygène. — *L'oxygène* est un corps simple, sans couleur, sans odeur, sans saveur. Son poids spécifique est de 1,1056, c'est-à-dire qu'on obtient le poids d'un litre d'oxygène, à la température de 0° et sous la pression de 760^{mm}, en multipliant par 1,1056 le poids 1^{gr},293 d'un litre d'air, dans les mêmes conditions de température et de pression. L'eau dissout à peine quelques centièmes de ce gaz.

L'oxygène a longtemps résisté à toutes les tentatives faites dans le but de le liquéfier. Enfin, en 1877, il a été liquéfié à la fois par M. Cailletet, à Paris, et par M. Pictet, à Genève. Il a fallu, pour cela, le comprimer jusqu'à 320 atmosphères, en même temps qu'on le refroidissait jusqu'à — 140°.

L'air ne sert à la respiration que par l'oxygène qu'il contient. Cependant il ne faudrait pas respirer ce gaz pur : il serait un excitant trop énergique et agirait même comme un poison; cette trop grande énergie est modérée dans l'air par la présence de l'azote.

Action de l'oxygène sur les corps combustibles. — La combustion du bois, du charbon, de l'huile, etc., dans le chauffage et l'éclairage, n'est autre chose que leur combinaison avec l'oxygène contenu dans l'air. Aussi, pour l'activer, on emploie les soufflets ou encore des tirages énergiques, qui renouvellent rapidement les couches d'air et fournissent une plus grande quantité d'oxygène. Un courant d'oxygène pur activerait encore plus la combustion; mais la préparation de ce gaz est trop dispendieuse. Une bougie allumée, plongée dans une éprouvette pleine d'oxygène, brûle plus rapidement que dans l'air, et si, après avoir soufflé la bougie, on la replonge dans l'éprouvette, elle se rallume pourvu qu'elle ait conservé un point rouge.

Pour démontrer combien l'oxygène pur active la combustion, on fait généralement les expériences suivantes :

1° A un bouchon de liège (*fig.* 2) on attache un cône de charbon de bois par le moyen d'un fil de cuivre; on allume l'extrémité du charbon, puis on le plonge dans un flacon plein d'oxygène : aussitôt la combustion devient infiniment plus rapide; le charbon, en brûlant, forme du gaz acide carbonique. Après l'expérience, on verse dans le flacon une petite quantité de teinture de tournesol; on agite le flacon : le gaz carbonique se dissout, et la liqueur devient rouge, ce qui prouve la présence d'un acide.

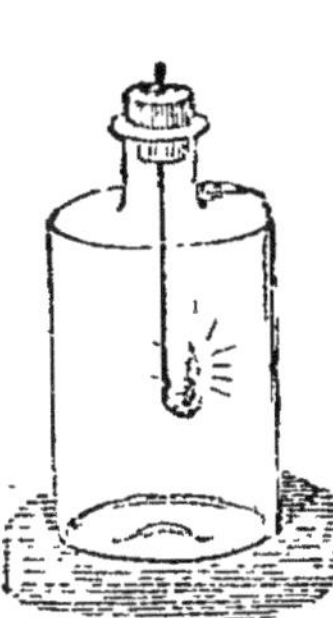

Fig. 2.

2° On chauffe dans toute sa longueur un ressort de montre (*fig.* 3), pour le recuire et lui enlever sa fragilité; puis on le tourne en spirale; on attache l'une de ses extrémités à un bouchon, et à l'autre on adapte un morceau d'amadou; après avoir allumé l'amadou, on plonge le fil dans un flacon plein d'oxygène. L'amadou chauffe au rouge l'extrémité du fer, et celui-ci, se combinant alors avec l'oxygène, brûle avec une grande activité, en lançant de toutes parts de brillantes étincelles d'oxyde de fer. Il est bon de laisser un centimètre d'eau au fond du flacon : car les globules d'oxyde de fer qui tombent de temps en temps s'incrusteraient dans le verre par leur température élevée et en détermineraient la rupture.

3° On suspend à un bouchon, par le moyen d'un fil de cuivre, une petite capsule de porcelaine contenant du soufre; on allume le soufre; puis on le plonge dans un flacon à large goulot plein d'oxygène : le soufre brûle avec une belle flamme bleue et forme du gaz acide sulfureux, qui a une odeur suffocante, provoque la toux et rougit la teinture de tournesol.

Fig. 3.

4° Si, dans l'expérience précédente, on remplaçait le soufre par un morceau de phosphore, la combustion jetterait une lumière éblouissante et formerait des fumées blanches d'acide phosphorique.

5° Dans un creuset, muni de son couvercle, on chauffe à blanc du zinc; puis on découvre le creuset : le zinc s'enflamme alors au contact de l'oxygène de l'air et forme, en brûlant, des fumées d'oxyde de zinc, qui retombent dans l'air en flocons blancs semblables à des flocons de neige.

6° Dans un creuset on fond de l'antimoine; puis on verse l'antimoine liquide d'une certaine hauteur sur le sol : le métal s'éparpille, brûle en traversant l'air et forme une pluie de feu, en se combinant avec l'oxygène de l'air.

Préparation. — On prépare l'oxygène de différentes manières; mais le moyen le plus simple consiste à chauffer du chlorate de potasse.

<table>
<tr><td>Réaction :

Chlorate de potasse.</td><td>{</td><td>Acide chlorique.

Potasse...... .....</td><td>{ Cl².........
{ O⁵ libre
{ K².........
{ O libre.</td><td>2 K Cl.</td></tr>
</table>

Le chlorate de potasse est formé d'acide chlorique et de potasse ; l'acide chlorique Cl^2O^5 est formé de 2 poids atomiques de chlore et de 5 poids atomiques d'oxygène ; la potasse est formée de 2 poids atomiques de potassium et et de 1 poids atomique d'oxygène. A une température élevée, le chlore se combine avec le potassium, qui reste, et les 6 poids atomiques d'oxygène de l'acide chlorique et de la potasse se dégagent. On écrit ordinairement cette réaction de la manière suivante :

$$K^2O, Cl^2O^5 \text{ (ou } 2 K Cl O^3) = 2 K Cl + 6 O.$$

On introduit le chlorate de potasse dans une petite cornue de verre (*fig.* 4), et l'on ajoute une faible quantité

Fig. 4.

d'oxyde de cuivre ou de bioxyde de manganèse : ces corps favorisent par leur présence la décomposition du chlorate. On contourne, à l'aide d'une lampe, un tube de verre, de manière à lui donner la forme indiquée dans la figure ; on perce un trou dans un bouchon à l'aide d'une lime ronde et pointue, nommée *queue-de-rat* ; on passe le bout du tube dans ce bouchon, et on adapte le bouchon à la cornue ; on engage l'autre extrémité du tube dans un vase plein d'eau, et on recouvre l'extrémité du tube d'un têt percé d'un trou ; on renverse sur ce têt des éprouvettes pleines d'eau, puis on chauffe la cornue avec un petit fourneau à charbon ou à gaz : le dégagement de l'oxygène se fait en quelques minutes. Il faut laisser perdre les premières éprouvettes de gaz, qui ne contiennent d'abord que l'air de la cornue, puis un mélange d'air et d'oxygène; le gaz n'est pur que lorsque tout l'air a été expulsé.

On obtient encore de l'oxygène, moins facilement, mais à meilleur marché, en chauffant fortement du bioxyde de manganèse dans une cornue de grès (*fig.* 5); 3 poids ato-

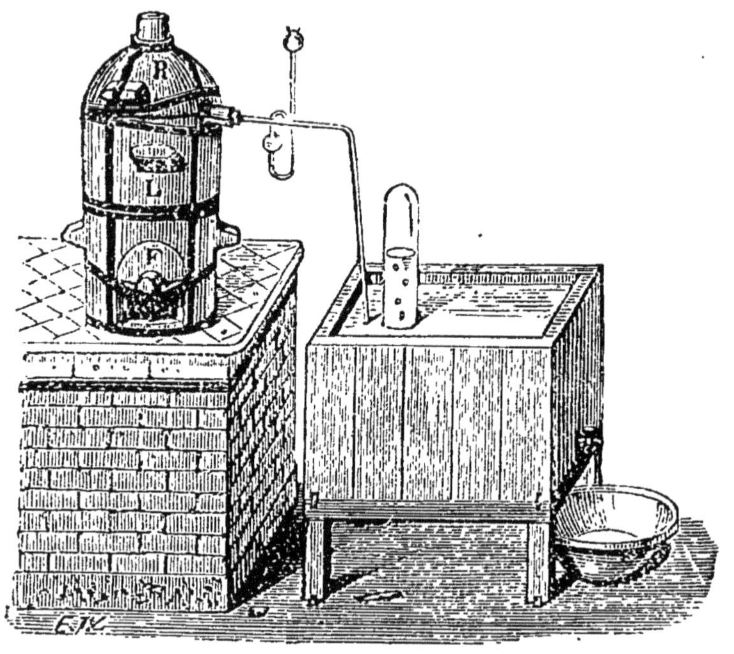

Fig. 5.

miques de bioxyde de manganèse laissent dégager 2 poids atomiques d'oxygène, tandis qu'il reste dans la cornue un résidu d'oxyde de manganèse Mn^3O^4 :

$$3\,MnO^2 = Mn^3O^4 + 2\,O.$$

Comme il faut chauffer très fortement, on met la cornue dans un fourneau fermé **FLR**, dit fourneau à réverbère, qui permet de l'entourer complètement de feu.

Hydrogène. $H = 1$.

Propriétés de l'hydrogène. — *L'hydrogène* est un gaz simple, sans couleur, sans saveur, sans odeur quand il est pur, impropre à la respiration. Son poids spécifique est 0,0692. Il a été liquéfié en 1877, comme l'oxygène, sous une pression de 650 atmosphères, à la température de — 140°.

Si l'on tient renversée une éprouvette pleine d'hydrogène, et qu'on y plonge une bougie allumée, la bougie s'éteint dans le gaz; mais si on la retire lentement, elle se rallume, tandis que le gaz brûle intérieurement couche par couche, à mesure qu'il est en contact avec l'air. La flamme est pâle, elle éclaire mal. Dans cette combustion, l'hydrogène se combine avec l'oxygène de l'air et forme de la vapeur d'eau, qui se condense sur les parois de l'éprouvette.

Si l'on approche de la flamme d'une bougie une éprouvette d'hydrogène ayant l'ouverture à la partie supérieure, le gaz brûle rapidement, parce que, moins dense que l'air, il s'échappe de l'éprouvette et se mélange, en s'élevant, avec une certaine quantité d'oxygène atmosphérique.

Un mélange de 2 volumes d'hydrogène et de 1 volume d'oxygène se combine avec explosion à la flamme d'une bougie ou par l'étincelle électrique. Le mélange détone également quand on y projette une petite quantité de mousse de platine : cette substance absorbe dans ses pores une grande quantité des deux gaz, s'échauffe au rouge par leur compression et détermine ainsi leur combustion avec explosion instantanée et formation de l'eau.

Préparation. — On prépare l'hydrogène par l'un des trois moyens suivants; le premier est le plus souvent employé.

1° On obtient de l'hydrogène en décomposant l'acide sulfurique hydraté SO^3, H^2O par le zinc Zn. Le zinc chasse l'hydrogène de l'acide hydraté pour prendre sa place : on a ainsi du sulfate de zinc SO^4Zn, qui reste dans l'appareil, et du gaz hydrogène, qui se dégage :

$$Zn + SO^3, H^2O = SO^3, ZnO + 2H,$$

ou

$$Zn + SO^4H^2 = SO^4Zn + 2H.$$

Pour faire l'expérience, on introduit dans un flacon A à deux tubulures (*fig.* 6) de l'eau et de la grenaille de zinc; on verse peu à peu par le tube BC de l'acide sulfurique : aussitôt l'hydrogène se dégage par le tube DEF. On recueille le gaz dans une cuve à eau RR'.

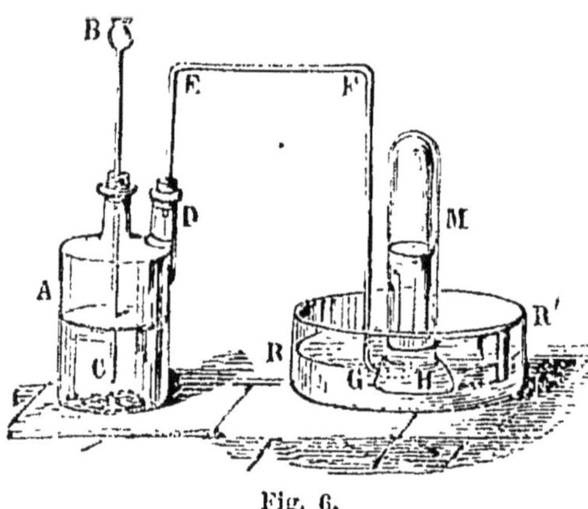

Fig. 6.

2° On obtient de l'hydrogène à bon marché, lorsqu'il en faut de grandes quantités, en décomposant l'acide chlorhydrique par le fer. On emploie de vieux clous, de la rognure de tôle, et surtout de la *tournure de fer*, c'est-à-dire de minces bandes de fer en spirale provenant des ouvrages de fer travaillés au tour. Le chlore se combine avec le fer et forme du chlorure de fer. L'hydrogène se dégage :

$$2HCl + Fe = FeCl^2 + 2H.$$

3° On peut encore obtenir de l'hydrogène en chauffant au rouge un tube de porcelaine (*fig.* 7) contenant de la tournure de fer, et en faisant traverser ce tube par un courant de vapeur, que donne, sous l'action du feu, l'eau contenue dans une cornue : l'oxygène de l'eau se combine avec le fer et forme de l'oxyde de fer magnétique; l'hydrogène libre se dégage et peut être recueilli dans une éprouvette B :

$$4 H^2 O + 3 Fe = Fe^3 O^4 + 8 H.$$

Fig. 7.

Usages de l'oxygène et de l'hydrogène. — L'oxygène joue un rôle essentiel dans la nature, puisque c'est l'élément le plus actif de l'air. Mais l'oxygène pur, préparé comme nous venons de le dire, n'est employé que dans les laboratoires. L'industrie en tirerait un grand parti pour la production de températures très élevées, si on pouvait le préparer à bon marché. L'hydrogène, au contraire, a plusieurs applications, que nous allons indiquer.

Briquet à hydrogène. — Le briquet à hydrogène consiste en un vase cylindrique de verre fermé supérieurement par un couvercle de cuivre, auquel on adapte une cloche de verre contenant un morceau de zinc; le vase renferme de l'eau et de l'acide sulfurique; la cloche dans laquelle est le zinc, trempant dans cette eau, se remplit d'hydrogène, qui, par sa pression, chasse le liquide; la production d'hydrogène s'arrête quand le zinc n'est plus en contact avec l'eau acidulée. Il suffit d'appuyer le doigt sur un ressort pour que l'hydrogène s'échappe par un tube et se dirige sur une petite quantité d'éponge de platine maintenue dans une capsule en face du bec de gaz; le jet d'hydrogène s'enflamme et allume une petite veilleuse placée sur le trajet de la flamme. Dès qu'on retire le doigt, le jet d'hydrogène s'arrête; et, comme une certaine quantité d'eau acidulée a pénétré dans la cloche, il se forme bientôt une nouvelle quantité d'hydrogène. On peut ainsi se procurer du feu à volonté. Depuis la découverte des allumettes chimiques, le briquet à hydrogène est complètement abandonné.

Éclairage et chauffage par l'hydrogène. — La flamme de l'hydrogène éclaire mal; mais si l'on place au milieu de cette flamme quelques fils de platine, le métal est bientôt chauffé à blanc et jette une belle lumière. Diverses tentatives ont été faites pour préparer industriellement l'hydrogène, dans le but de l'employer ainsi à l'éclairage et aussi au chauffage. Ces usages ne sont pas entrés dans la

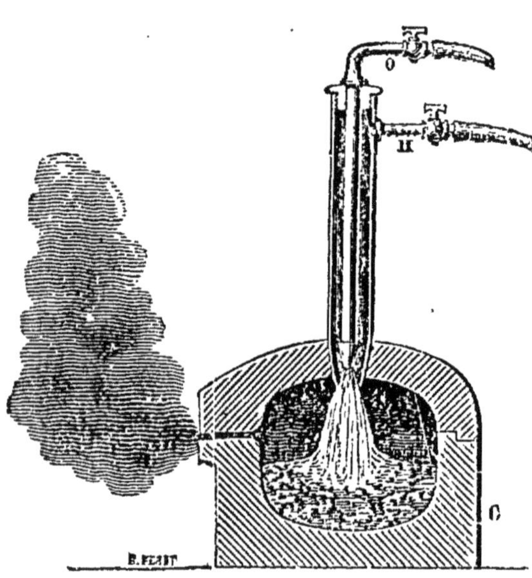

Fig. 8.

pratique. L'éclairage au gaz hydrogène n'est usité que dans les laboratoires, sous le nom de *lumière Drummond:* on fait arriver une flamme d'hydrogène, alimentée par de l'oxygène, sur un morceau de chaux vive, qui devient très lumineux. L'appareil qui permet d'alimenter la flamme de l'hydrogène à l'aide d'un courant d'oxygène porte le nom de *chalumeau*. Il est constitué par deux tubes concentriques : par le tube extérieur, on fait arriver l'hydrogène, et par le tube intérieur, l'oxygène. La flamme est dirigée sur le corps que l'on veut chauffer, soit pour le fondre (*fig.* 8), soit pour le rendre lumineux.

Gonflement des ballons par l'hydrogène. — Le gaz hydrogène étant d'une très faible densité, a été employé à gonfler les ballons. On se sert généralement aujourd'hui pour les ballons, comme pour l'éclairage, du gaz extrait de la houille, que nous étudierons plus loin. Ce dernier gaz, étant plus dense que l'hydrogène pur, nécessite des ballons d'une plus grande dimension; mais son prix moins élevé le rend plus avantageux.

Mélange détonant. — 1° On remplit un flacon de verre de 2 volumes d'hydrogène et de 1 volume d'oxygène; on l'enveloppe d'une serviette mouillée, puis on met le feu au gaz, et on obtient une violente détonation, qui est due à ce que la vapeur d'eau formée, étant à une température très élevée, occupe un volume beaucoup plus considérable que le mélange gazeux, et quand elle se condense, l'air se précipite avec bruit pour en prendre la place. Cette expérience doit être faite avec précaution : car le verre est souvent brisé en mille pièces.

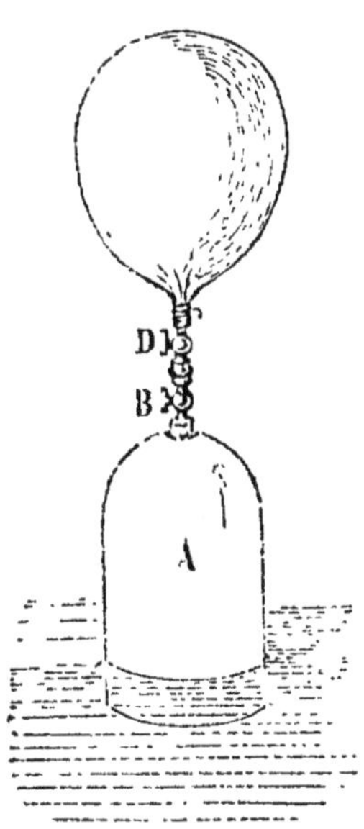

Fig. 9.

2° On remplit du mélange détonant une cloche A de verre ou de métal, munie supérieurement d'un robinet B (*fig.* 9); on visse sur cette cloche une pièce de cuivre D, munie également d'un robinet et attachée au col d'une vessie, qu'on a laissée tremper dans l'eau pendant quelques heures pour la ramollir; on aplatit d'avance la vessie autant que possible, pour chasser l'air qu'elle contient. On ouvre les deux robinets et l'on appuie sur la cloche : la pression de l'eau chasse le mélange détonant dans la vessie; dès que celle-ci est gonflée, on ferme les deux robinets, puis l'on dévisse la vessie et l'on adapte à la garniture de cuivre D un tube effilé. Mouillant ensuite l'extrémité de ce tube dans de l'eau de savon et pressant la vessie, on obtient des bulles de mélange détonant, qui se détachent par une légère secousse et s'élèvent dans l'air par l'hydrogène qu'elles contiennent. A l'aide d'une bougie attachée au bout d'une baguette, on met le feu à ces bulles pendant qu'elles traversent l'air, et l'on obtient autant d'explosions. Plongeant ensuite le tube dans une solution de savon, contenue dans un mortier métallique, et pressant la vessie, le mortier se remplit d'une foule de bulles de gaz; à l'aide de la baguette, on y met le feu, et l'on obtient une détonation très violente. Ces expériences n'offrent pas de danger, si on a le soin de tenir constamment la flamme de la bougie éloignée du tube de la vessie; il serait très imprudent d'approcher trop cette flamme : car la vessie détonerait avec une violence extrême, et pourrait blesser grièvement les personnes qui seraient atteintes par la projection du tube.

Harmonica chimique. — Dans un flacon à deux tubulures (*fig.* 10) on introduit de l'eau et de la grenaille de zinc; puis, par un tube à entonnoir plongeant dans l'eau du flacon, on verse peu à peu l'acide sulfurique; l'hydrogène qui se dégage s'échappe par le second tube, qui ne doit pas plonger dans l'eau. Ce tube est effilé supérieurement; on allume le jet de gaz à l'extrémité effilée, puis on enfonce par-dessus ce tube un autre cylindre de verre d'un plus grand diamètre : on entend alors un bruit uniforme assez singulier, et qui varie de ton suivant la distance de la flamme aux parois, et suivant la longueur et le diamètre du cylindre.

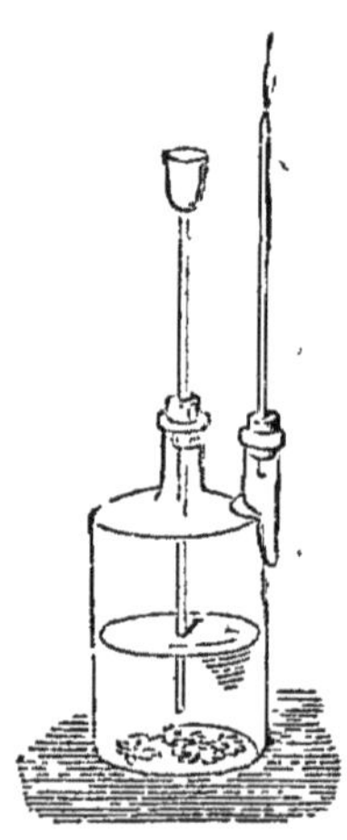

Fig. 10.

Combinaisons de l'hydrogène avec l'oxygène.

L'hydrogène et l'oxygène se combinent en deux proportions et forment deux composés, qu'on appelle, le premier, *protoxyde d'hydrogène*, ou simplement *eau*, et le second, *bioxyde d'hydrogène* ou *eau oxygénée*. Nous nous occuperons seulement du premier de ces composés, le second étant fort peu employé.

Eau ou protoxyde d'hydrogène. $H^2O = 18$.

L'eau, dont tout le monde connaît l'utilité et les principales propriétés, n'est employée pure que dans les opérations chimiques et pharmaceutiques; on l'appelle alors *eau distillée*.

Préparation de l'eau pure. — L'eau qui sert de boisson, et qui est employée pour les usages ordinaires, contient différents sels en dissolution. Pour l'obtenir pure, on la fait bouillir, et l'on condense les vapeurs dans un ballon de verre froid, si l'on opère sur de petites quantités, ou dans un long tube traversant un vase plein d'eau froide, quand on opère sur des quantités plus considérables. Les sels qui étaient en solution dans l'eau restent dans le vase où l'eau s'est vaporisée. Cette opération s'appelle *distillation*.

La distillation de grandes quantités d'eau se fait à l'aide d'un alambic (*fig.* 11). L'appareil se compose d'une cucurbite C, chaudière dans laquelle l'eau doit bouillir, d'un chapiteau D et d'un serpentin S, grand tube tourné en spirale, et qui traverse le vase AGHB plein d'eau froide; l'extrémité du serpentin sort librement de ce vase en R. L'eau contenue dans la cucurbite étant portée à l'ébullition par le feu du fourneau FF, les vapeurs montent dans le chapiteau et se rendent ensuite dans le serpentin, où, par le refroidissement, elles se condensent; l'eau distillée provenant de la condensation de ces vapeurs s'échappe par l'extrémité R. Comme le serpentin chauffe graduellement l'eau du vase AGHB, il est nécessaire de la renouveler : ce qui se fait par la partie inférieure II, à l'aide du tube *ll'*. Cette eau froide est introduite par la partie in-

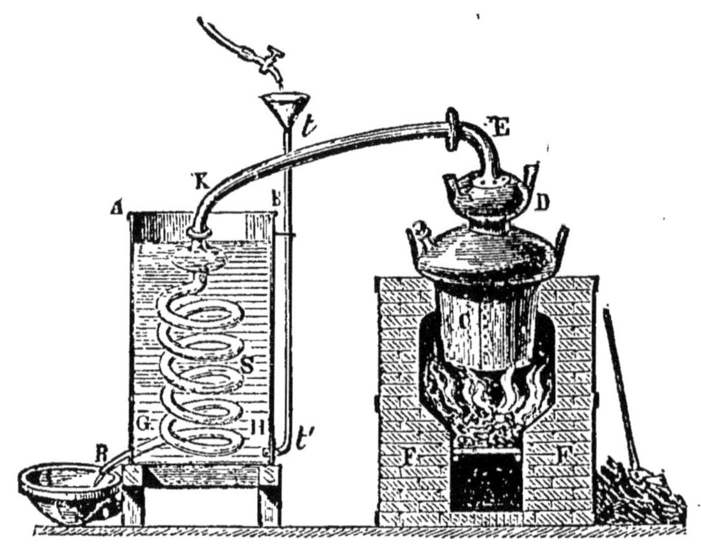

Fig. 11.

férieure du vase, parce que les couches d'eau les plus chaudes, étant les plus légères, montent à la partie supérieure et s'écoulent par un conduit ménagé à cet effet.

Analyse de l'eau. — L'analyse de l'eau, si l'on veut l'étudier dans ses éléments, peut être faite en *volumes* ou en *poids*.

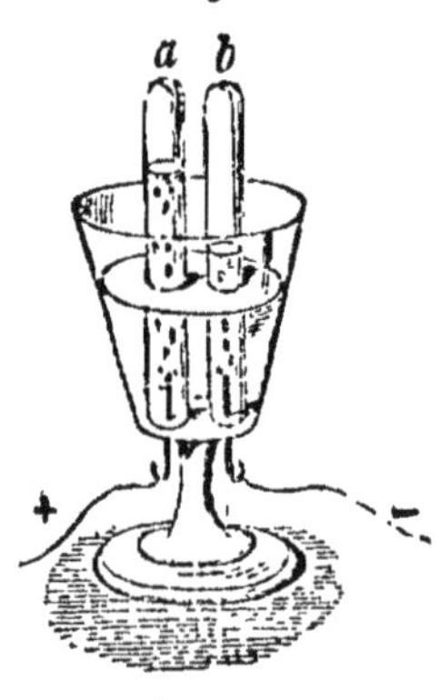

1° *Analyse de l'eau en volumes.* On prend un vase de verre (*fig.* 12), dont le fond est traversé par deux fils de platine, qui ne se touchent pas, et qui se terminent, en dehors du verre, par deux crochets. On met dans ce vase l'eau que l'on veut analyser, puis on renverse sur chaque fil de platine une petite éprouvette également pleine

Fig. 12.

3.

d'eau. On met alors les deux crochets extérieurs en communication avec les rhéophores d'une pile, et aussitôt l'eau se décompose; l'oxygène se dégage à l'extrémité du fil de platine qui communique au pôle positif, et l'hydrogène à l'extrémité du fil communiquant au pôle négatif. On remarque que l'éprouvette contenant l'hydrogène contient deux fois plus de gaz que celle qui contient l'oxygène, d'où l'on peut conclure que l'eau est formée de deux volumes d'hydrogène et de 1 volume d'oxygène. Cette expérience ne marche rapidement qu'autant qu'on a le soin d'ajouter à l'eau une petite quantité d'acide sulfurique, qui la rend beaucoup plus conductrice de l'électricité.

2° *Analyse de l'eau en poids.* L'appareil dont on se sert consiste en une cornue A (*fig.* 13) contenant l'eau qui

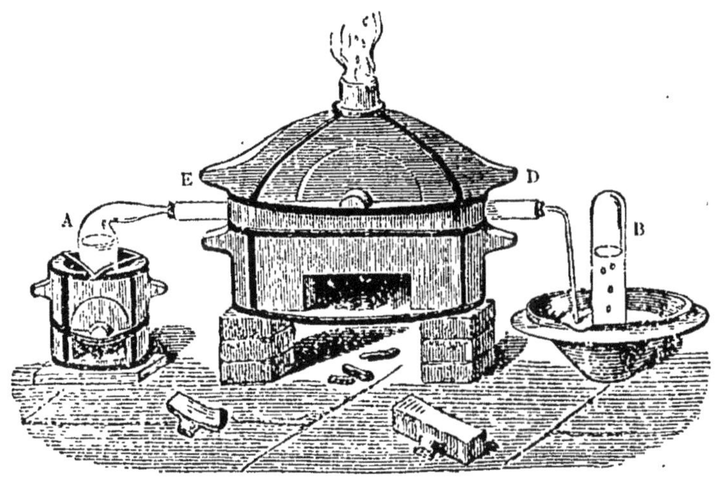

Fig. 13.

doit être analysée; cette cornue communique avec un tube de porcelaine ED contenant du fer et traversant un fourneau à réverbère; le tube de porcelaine est terminé par un tube abducteur. Après avoir chauffé au rouge le tube de porcelaine, on fait bouillir l'eau de la cornue A; la vapeur d'eau bouillante, traversant le tube de porcelaine, est décomposée par le fer qu'il contient; l'oxygène de l'eau se combine avec le fer et forme de l'oxyde de fer magnétique; l'hydrogène se dégage dans l'éprouvette B. En pesant la cornue avant et après l'expérience, on connaît la quantité d'eau réduite en vapeur; en pesant le fer avant et après, on connaît le poids de l'oxygène.

Pour trouver ensuite le poids de l'hydrogène, il suffit de retrancher le poids de l'oxygène de celui de l'eau décomposée. On peut aussi recueillir dans une éprouvette l'hydrogène produit; de son volume on déduit son poids, ce qui conduit à une vérification avec le nombre déjà trouvé. Toute la vapeur d'eau qui traverse le tube n'étant pas décomposée, il faut conduire l'hydrogène dans un vase froid, avant de le laisser dégager : la vapeur qui a échappé à la décomposition se condensera dans ce vase, et, pour connaître exactement le poids de l'eau décomposée, il faut, du poids de l'eau réduite en vapeur, déduire le poids de la vapeur qui a échappé à la décomposition. On a trouvé par cette analyse que 100 grammes d'eau sont formés de 88^{gr},89 d'oxygène et de 11^{gr},11 d'hydrogène, ce qui correspond à 1 poids atomique d'oxygène $= 16$ et 2 poids atomiques d'hydrogène $= 2$, d'où la formule H^2O.

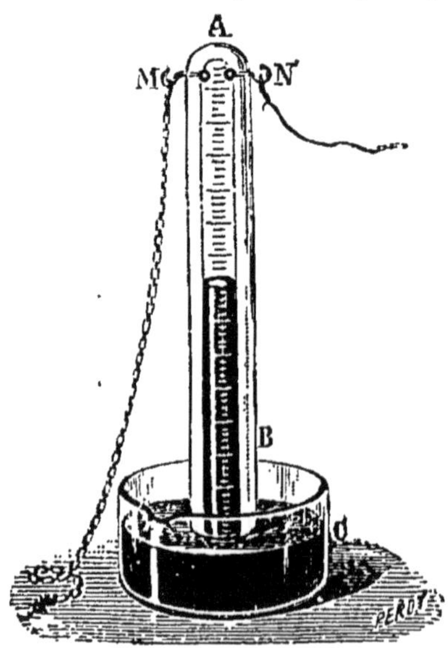

Fig. 14.

Synthèse de l'eau. — La composition de l'eau, ainsi reconnue par l'analyse, est encore démontrée par la synthèse: en effet, on forme de l'eau pure en combinant, par l'étincelle électrique ou par la chaleur, 2 volumes d'hydrogène avec un volume d'oxygène, ou encore 88^{gr},89 d'oxygène avec 11^{gr},11 d'hydrogène. L'expérience se fait avec l'*eudiomètre* (*fig.* 14). Cet appareil est constitué par une longue éprouvette de verre A B à parois épaisses, graduée en parties d'égale capacité; deux fils métalliques M et N, qui la traversent à son extrémité supérieure, permettent d'y faire passer l'étincelle d'une bouteille de Leyde. On y introduit 20^{cc} d'oxygène, puis 40^{cc} d'hydrogène, et on fait passer l'étincelle. La combinaison a lieu, l'eau formée se condense, et le mercure remonte jusqu'au sommet de l'éprouvette. Donc, pour former l'eau, l'oxygène s'est combiné avec un volume d'hydrogène double du sien.

Propriétés de l'eau. — L'eau, à la température ordinaire, est un liquide incolore, sans odeur, sans saveur; elle se congèle à 0° et entre en ébullition à 100°, sous une pression de 0^m,76. Son maximum de densité est à 4°, c'est-à-dire qu'à cette température elle occupe moins de volume qu'à toute autre. La densité de l'eau, prise pour unité, sert à mesurer la densité des autres corps solides et liquides.

L'eau, en se congelant, occupe un volume plus considérable qu'à l'état liquide, et sa force de dilatation est énorme : c'est elle qui brise les vases dans lesquels l'eau se congèle. Les pierres poreuses sont fréquemment fendues pendant l'hiver par la congélation de l'eau contenue dans leurs pores : on les appelle *pierres gélives*.

L'eau, à la température ordinaire, se réduit lentement en vapeur, ou, en d'autres termes, elle s'évapore; cette vapeur se répand dans l'atmosphère sans en troubler la transparence; quand un refroidissement en détermine la condensation, elle se réduit en gouttelettes liquides, qui constituent les brouillards et les nuages. Si le refroidissement s'accentue, les gouttelettes grossissent et tombent en pluie ou en neige. La pluie est donc de l'eau distillée. Mais, en tombant, cette eau dissout de l'air et une petite quantité d'acide carbonique qui est contenue dans l'atmosphère; ensuite l'eau de pluie, filtrant à travers les différentes couches de terre, dissout toutes les matières solubles qu'elle rencontre : c'est ainsi que l'eau des rivières, des fleuves, n'est jamais pure.

Si l'on soustrait l'eau à la pression atmosphérique, ou si on la chauffe dans un vase à l'air libre, elle se réduit plus rapidement en vapeur. A 100°, sous la pression normale de $0^m,76$, elle entre en ébullition. Dans un vase fermé, on pourrait porter l'eau à une température plus élevée sans que l'ébullition se produise : c'est ce qui a lieu dans la marmite de Papin. L'eau à l'état de vapeur occupe un espace 1700 fois plus grand qu'à l'état liquide, en sorte qu'un litre d'eau donnerait 1700 litres de vapeur, mesurée à 100° et sous la pression de $0^m,76$.

Pour que l'eau entre en ébullition à 100°, il faut qu'elle soit pure. Ordinairement elle renferme des gaz, qui l'abandonnent dès qu'on la chauffe, et des substances solides en dissolution, qui retardent le point où elle se met à bouillir, et dont on ne la prive, comme nous l'avons vu, que par la distillation.

Quand l'eau contient de l'acide carbonique libre, elle peut dissoudre de grandes quantités de carbonate de chaux ; mais, dès qu'elle perd cet acide carbonique, elle dépose son carbonate de chaux. C'est ainsi que certaines eaux se troublent dès qu'on les chauffe, parce qu'elles perdent alors l'acide carbonique libre. Elles le perdent encore quand elles sont répandues sur les corps en filets minces, ou quand elles filtrent à travers certaines roches. Le carbonate de chaux qui se dépose alors forme les incrustations désignées improprement sous le nom de *pétrification* et les stalactites d'albâtre que l'on admire dans quelques grottes.

Les principales substances contenues dans l'eau qui sert aux usages ordinaires (eau de rivière, de citerne, de puits artésien, etc.) sont : le carbonate de chaux, le sulfate de chaux et le chlorure de sodium. Lorsque l'eau contient des quantités notables de sels calcaires, elle ne dissout pas le savon et est impropre à la cuisson des légumes.

On reconnaît que l'eau contient des sels de chaux en y versant quelques gouttes d'une solution d'oxalate d'ammoniaque. Il se forme un précipité blanc d'oxalate de chaux.

On reconnaît que l'eau contient des chlorures en y versant quelques gouttes d'une solution d'azotate d'argent, qui forme aussi un précipité blanc de chlorure d'argent.

On reconnaît que l'eau contient des sulfates, et en particulier du sulfate de chaux, en y versant quelques gouttes d'une solution d'azotate de baryte. Il se forme un précipité blanc de sulfate de baryte.

Lorsque l'eau contient des substances en solution en quantités assez considérables pour lui communiquer une saveur et des propriétés particulières, on l'appelle *eau minérale*. Ainsi, l'*eau de la mer* contient une grande quantité de chlorure de sodium, l'*eau de Sedlitz* contient du sulfate de magnésie, etc. La plupart des eaux minérales sont des médicaments énergiques, soit pour l'usage externe, soit pour l'usage interne.

Usages de l'eau. — Outre son emploi comme boisson, l'eau est un dissolvant d'une utilité incontestée, soit dans la préparation de nos aliments, soit pour la nutrition des plantes. A l'état solide, c'est-à-dire sous forme de glace, c'est un agent utile pour obtenir les froids artificiels; à l'état liquide, un moyen thérapeutique employé contre certaines maladies, un véhicule pour le transport des marchandises, une force motrice qui fait tourner les roues d'un moulin à eau ou de nombreuses usines; à l'état de vapeur, une force motrice encore plus puissante qu'à l'état liquide, force utilisée de nos jours dans les locomotives des chemins de fer, dans la navigation à la vapeur, dans les mécaniques de toute espèce dont se sert l'industrie.

CHAPITRE II.

Azote, ses propriétés, sa préparation. — Mélange d'azote et d'oxygène : air atmosphérique. Composition, analyse et propriétés de l'air. — Phénomènes qui peuvent altérer la composition de l'air, combustion. — Usages de l'air. — Combinaison de l'azote avec l'oxygène : acide azotique. — Combinaison de l'azote avec l'hydrogène : ammoniaque.

Azote. $Az = 14$.

Propriétés de l'azote. — *L'azote* est un gaz simple, sans couleur, sans odeur, sans saveur; sa densité est 0,972. Il a été liquéfié seulement en 1877, puis solidifié. Il éteint une bougie allumée et ne brûle pas; il n'a aucune action sur la teinture de tournesol et sur l'eau de chaux : ce qui le distingue du gaz acide carbonique, que l'on étudiera plus loin, et qui rougit la teinture de tournesol et blanchit l'eau de chaux. L'azote n'est pas délétère, mais il est impropre à la respiration : un oiseau plongé dans ce gaz y meurt non pas empoisonné, mais seulement faute d'oxygène.

Préparation. — On prépare le gaz azote par différents procédés; mais celui que l'on emploie le plus fréquemment consiste à enlever l'oxygène de l'air par la combustion du phosphore.

On place sur l'eau une rondelle de liège, dans laquelle on a pratiqué un creux capable de maintenir facilement une petite capsule de porcelaine contenant un morceau de phosphore (*fig.* 15); on allume le phosphore, puis on recouvre le liège d'une cloche de verre remplie naturellement d'air, et l'on enfonce de quelques centimètres les bords de cette cloche dans l'eau. L'air est un mélange d'azote et d'oxygène; le phosphore, en

Fig. 15.

brûlant, se combine avec l'oxygène de l'air et forme des fumées blanches d'acide phosphorique, qui restent d'abord dans la cloche mêlées avec l'azote; peu à peu ces fumées se dissolvent dans l'eau, et la cloche redevient transparente : elle ne renferme plus alors que de l'azote, que l'on fait passer dans des éprouvettes remplies d'eau et maintenues renversées dans le liquide; il suffit, pour cela, d'incliner la cloche sous ces éprouvettes.

On obtient encore de l'azote en dirigeant lentement un courant d'air à travers un tube de porcelaine chauffé au rouge et contenant du cuivre; l'oxygène se combine avec le cuivre et forme une poudre brune (oxyde de cuivre), qui reste dans le tube; l'azote seul se dégage. Si l'on tient à ce que l'azote soit très pur, il faut débarrasser l'air de l'acide carbonique et de la vapeur d'eau qu'il contient.

Usages. — L'azote pur n'est employé que dans les laboratoires. A l'état de combinaison, il entre comme élément dans un grand nombre de composés d'une utilité journalière, tels que l'acide azotique, l'ammoniaque, etc. On le retrouve dans un grand nombre de tissus animaux et végétaux; c'est l'azote qui leur donne surtout leurs propriétés nutritives et fécondantes. Mélangé avec l'oxygène, il constitue pour les quatre cinquièmes l'air atmosphérique, que nous allons étudier, à cause de son importance, avant toute autre combinaison.

Mélange d'azote et d'oxygène.

L'*air atmosphérique* est un mélange d'azote et d'oxygène, contenant une très petite quantité d'acide carbonique et une quantité variable de vapeur d'eau.

Il forme autour de la terre une couche continue, dont l'épaisseur, inconnue, est certainement supérieure à 50 kilomètres. La pression exercée par cette couche à la surface du sol se mesure à l'aide du baromètre.

Les combustions que nous voyons constamment se produire sous nos yeux nous montrent la présence de l'oxygène dans l'air. L'expérience de la combustion du phosphore sous une cloche (voy. *préparation de l'azote*) montre la présence de l'azote. Pour démontrer que l'air renferme de l'acide carbonique, on n'a qu'à verser dans une assiette une dissolution limpide de chaux (eau de chaux) : on voit cette dissolution se recouvrir bientôt d'une légère couche blanche de carbonate de chaux, provenant de la combinaison de l'acide carbonique de l'air avec la chaux de la dissolution. On reconnaît enfin la présence de la vapeur d'eau dans l'air le plus transparent à la buée qui se dépose sur un corps très froid qu'on introduit dans cet air.

Recherche des proportions d'azote et d'oxygène dans l'air. — Les quantités de vapeur d'eau et d'acide carbonique contenues dans l'air sont assez faibles pour qu'on puisse ne pas s'en occuper d'abord, quand on cherche seulement à déterminer les proportions d'azote et d'oxygène.

Dans une petite cloche courbe (*fig.* 16), retournée sur la cuve à mercure, on introduit un volume d'air préalablement mesuré dans une éprouvette graduée.

Fig. 16.

Puis on fait passer un fragment de phosphore, qu'on chauffe à l'aide d'une lampe à alcool ou à gaz. Le phosphore s'enflamme, se combine avec l'oxygène de l'air, pour donner des fumées blanches d'acide phosphorique, qui ne tardent pas à se déposer sur les parois ; il ne reste plus que l'azote. Après refroidissement, on mesure le volume restant, et on voit qu'il est à peu près exactement égal à $\frac{4}{5}$ du volume primitif. L'air contient donc $\frac{1}{5}$ de son volume d'oxygène et $\frac{4}{5}$ d'azote.

On arriverait au même résultat en abandonnant un bâton de phosphore dans une éprouvette graduée, remplie d'air et retournée sur la cuve à mercure. Le phosphore, que l'on ne chauffe pas, se combine lentement avec l'oxygène de l'air, et, au bout de quelques heures, il ne reste plus que l'azote.

On peut encore faire passer de l'air sur du cuivre chauffé au rouge, qui absorbe l'oxygène. On pèse le cuivre avant et après le passage de l'air : l'augmentation de son poids donne le poids de l'oxygène; on a le poids de l'azote en faisant arriver ce gaz dans un ballon, que l'on pèse. Mais cette méthode, plus exacte que les précédentes, est aussi beaucoup plus difficile.

On trouve ainsi que 100 litres d'air contiennent 79 litres d'azote et 21 litres d'oxygène; ou que 100 grammes d'air contiennent 77 grammes d'azote et 23 grammes d'oxygène.

Recherche des proportions d'acide carbonique et de vapeur d'eau. — Pour mesurer les quantités d'acide carbonique et de vapeur d'eau, qui sont très faibles, il faut opérer sur de grandes quantités d'air. On se sert, pour cela, d'un *aspirateur* V de 100 à 200 litres de capacité (*fig.* 17). Ce vase, plein d'eau, est muni d'un robinet *r* à la partie inférieure; un thermomètre *t* indique la température; le vase communique, par le tube HGs, avec les tubes F, E, D, C, B, A; un robinet *s* permet d'établir ou d'interrompre à volonté cette communication. Les tubes A, B, E, F contiennent de la pierre ponce imbibée d'acide sulfurique concentré, et les tubes D, C contiennent de la pierre ponce arrosée d'une solution de potasse caustique. On ouvre les robinets *r* et *s* : l'eau s'écoule en *r* et forme ainsi le vide dans le vase aspirateur; alors la pression atmosphérique chasse l'air extérieur par l'extrémité I à travers tous les tubes jusque dans le vase aspirateur; cet air, en traversant les tubes A et B, abandonne sa vapeur d'eau, puis il perd son acide carbonique dans les tubes C, D. Mais il peut entraîner une petite quantité de vapeur d'eau en traversant la solution de potasse; il perd cette petite quantité d'eau dans le tube E; le tube F ne sert qu'à retenir la vapeur qui pourrait provenir du vase aspirateur. Le volume d'air analysé est donné par le volume d'eau qui s'écoule

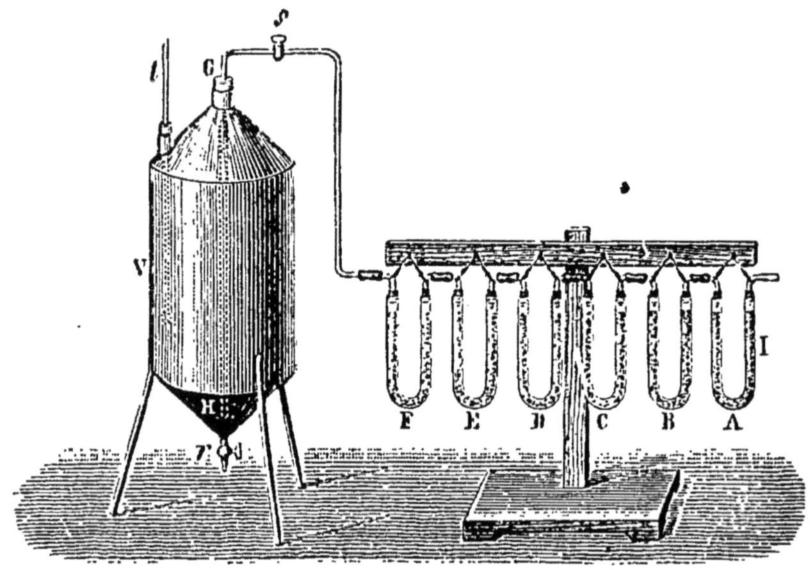

Fig. 17.

du vase V. On a trouvé ainsi que l'air contient environ 4 dix millièmes d'acide carbonique et une quantité variable de vapeur d'eau. Cette quantité de vapeur d'eau est, en général, d'autant plus grande qu'il fait plus chaud. Par les grands froids, elle peut ne pas dépasser $\frac{1}{2000}$ du poids de l'air; elle est cent fois plus grande dans les régions très chaudes et très humides.

Autres matières contenues dans l'air. — Outre les quantités considérables d'azote et d'oxygène, les quantités beaucoup plus faibles d'acide carbonique et de vapeur d'eau, l'air renferme, en proportions presque infiniment petites, un grand nombre d'autres substances, dont le rôle a aussi son importance.

On y trouve de l'*ammoniaque*, de l'*acide sulfhydrique*, de l'*acide azotique*, de l'*iode*, de l'*acide sulfureux*.

On y rencontre aussi des particules solides en suspension, dans lesquelles on remarque principalement des poussières minérales, des débris de matières organiques, et beaucoup de germes d'animaux et de végétaux microscopiques.

Propriétés de l'air. — L'air est un gaz incolore, inodore, sans saveur; son poids spécifique est 1, car c'est à son poids pris pour unité qu'on compare celui de tous les autres gaz. C'est le seul gaz qui convienne à la respiration.

L'atmosphère exerce à la surface du sol une pression qu'on évalue avec le baromètre. Cette pression est, en moyenne, égale au poids d'une colonne de mercure ayant $0^m,76$ de hauteur, ce qui équivaut à 1033 grammes par centimètre carré; mais, comme les vents mettent constamment l'atmosphère en mouvement, cette pression varie d'un jour à l'autre, sans que ces variations, en un lieu déterminé, soient jamais bien considérables.

Un litre d'air à la température $0°$ et à la pression $0^m,76$ pèse $1^{gr},29$; or, le même volume d'eau pèse 1000 grammes; donc le poids d'un litre d'air est environ 770 fois moindre que le poids du même volume d'eau.

L'air est légèrement soluble dans l'eau, et l'on peut facilement retirer l'air que l'eau contient en solution : il suffit de chauffer un ballon de verre muni d'un tube abducteur s'engageant dans une cuve à mercure (*fig.* 18) : le ballon et le tube doivent être entièrement remplis d'eau; on reçoit l'air qui se dégage dans une éprouvette remplie de mercure. Cet air n'a pas la même composition que l'air atmosphérique : il contient une proportion d'oxygène plus considérable, et aussi plus d'acide carbonique, car l'oxygène, et surtout l'acide carbonique, sont beaucoup plus solubles dans l'eau que l'azote.

L'oxygène de l'air se combine avec le carbone et l'hydrogène des combustibles (bois, houille, suif, etc.), et forme de l'acide carbonique et de la vapeur d'eau.

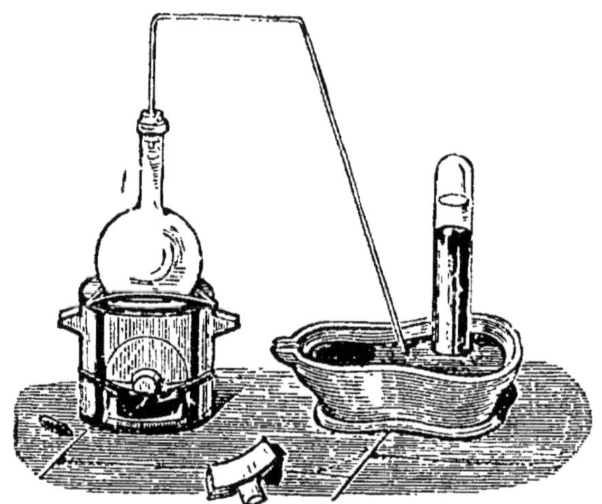

Fig. 18.

A la température ordinaire ou à une température plus ou moins élevée, l'oxygène se combine souvent avec les métaux et les transforme en oxydes.

Phénomènes qui peuvent altérer la composition de l'air; combustion. — Parmi les phénomènes qui peuvent changer la composition de l'air, il en est deux principaux, qu'il est important de connaître : ce sont la *combustion des corps* et la *respiration des animaux et des plantes.*

1° *Combustion des corps.* Nous avons vu précédemment qu'on distingue deux espèces de combustion, la *combustion vive* et la *combustion lente.*

Dans les combustions vives, la combinaison est assez rapide pour qu'il y ait élévation considérable de la température, et, par suite, incandescence. Une flamme résulte de la combustion rapide de deux corps gazeux ou en vapeur; exemple : la flamme d'une bougie. Quand on allume une bougie, une partie de l'acide stéarique qui la constitue devient liquide et monte dans la mèche par un effet de capillarité. Par la chaleur qui se développe, le peu de liquide monté dans la mèche est décomposé et réduit en divers gaz combustibles, qui brûlent au contact de l'air, en se combinant avec l'oxygène, et forment de l'eau et de l'acide carbonique. Si l'on met au-dessus de la flamme d'une bougie ou d'une lampe un corps froid, on le verra bientôt se recouvrir de noir de fumée, provenant d'une certaine quantité de carbone qui n'a pu brûler dans la flamme, parce qu'il n'y avait pas pour cela une quantité suffisante d'oxygène. Ce dépôt noir existe encore, mais en quantité moins grande, quand on surmonte les lampes d'un verre qui établit un tirage assez énergique et fait passer dans un temps donné une plus grande quantité d'air sur la flamme. Si le tirage était encore plus énergique, ou plutôt si l'on dirigeait sur la flamme un courant d'oxygène pur, le depôt noir ne se formerait plus, parce qu'alors tout le carbone serait brûlé; mais on remarquerait, dans ce cas, une diminution notable dans l'éclairage. En effet, la lumière que projette une flamme ne provient que des corps solides en suspension dans la flamme et chauffés à une haute température par la combustion des gaz. Il est facile de comprendre maintenant pourquoi certains gaz en brûlant ne produisent que peu de lumière : c'est qu'alors leur flamme ne contient pas de corps fixe. Ainsi, l'hydrogène pur ne forme, en brûlant, que de la vapeur d'eau et ne contient aucun solide : aussi l'hydrogène éclaire-t-il mal. Le gaz d'éclairage, qui renferme principalement des combinaisons d'hydrogène et de carbone, forme en brûlant des corps qui sont aussi gazeux (vapeur d'eau et acide carbonique); mais le gaz d'éclairage possède un excès de carbone qui n'est pas encore brûlé au centre de la flamme, et la rend éclairante. Quand ce carbone arrive sur les bords, il y rencontre de l'air en abondance, et brûle, à son tour, pour donner de l'acide carbonique; si cette combustion finale ne se produisait pas complètement, on aurait une flamme fumeuse.

2° *Respiration des animaux et des plantes.* La respiration des animaux change à chaque instant la composition de l'air, et la nutrition des plantes rétablit, au contraire, cette composition dans son état primitif.

La respiration des animaux remplace l'oxygène de l'air par du gaz acide carbonique.

La nutrition des plantes remplace, au contraire, l'acide carbonique de l'air par de l'oxygène. C'est ainsi du moins que les plantes agissent pendant le jour; mais pendant la nuit elles rejettent un peu d'acide carbonique. Aussi ne faut-il jamais laisser de grandes quantités de plantes pendant la nuit dans une chambre à coucher, surtout quand elle est petite : car l'homme a besoin d'environ 8 mètres cubes d'air par heure pour respirer librement, ce qui fait déjà 64 mètres cubes pour 8 heures. Dans la construction d'une salle de théâtre ou de tout local devant contenir une grande réunion de personnes, on doit disposer des ventilateurs de façon à ce que la quantité d'air qui traverse la salle par heure puisse au moins égaler celle qui est nécessaire à la respiration de chaque personne.

Usages de l'air. — Les usages de l'air sont très nombreux, et la plupart sont connus de tout le monde. L'air sert continuellement à la respiration des animaux par son oxygène, à la nutrition des plantes par l'oxygène, l'azote et l'acide carbonique, et enfin à la combustion. L'oxygène lui est encore enlevé par l'industrie pour la composition de divers produits, comme il sera dit par la suite. L'air sert à mesurer la force élastique des gaz et des vapeurs au moyen des manomètres. Les courants d'air servent à faire marcher les vaisseaux dans la navigation à voiles, à faire tourner les moulins, à enlever la poussière du grain, à sécher les corps, etc. On a essayé d'utiliser la pression de l'atmosphère dans les chemins de fer dits atmosphériques; elle est employée en grand, à Paris, dans le *télégraphe pneumatique.*

Combinaison de l'azote avec l'oxygène.

L'azote et l'oxygène forment six composés :

Protoxyde d'azote,	Az^2O	$= 44.$
Bioxyde d'azote,	AzO	$= 30.$
Acide azoteux,	Az^2O^3	$= 76.$
Acide hypoazotique,	AzO^2	$= 46.$
Acide azotique,	Az^2O^5	$= 108.$
Acide perazotique,	AzO^3	$= 62.$

L'acide azotique est le seul composé d'azote et d'oxygène qui ait de nombreuses applications.

Indépendamment des six composés que l'azote forme avec l'oxygène, on a déjà vu qu'il forme encore avec le même gaz un mélange, qui est l'air atmosphérique.

Acide azotique. $Az^2O^5 = 108.$

Propriétés de l'acide azotique. — *L'acide azotique*, encore nommé *acide nitrique* ou *eau-forte*, est un liquide incolore, d'une odeur forte et piquante, répandant des fumées blanches au contact de l'air, quand il est très concentré. Il brûle la peau et la tache en jaune; la tache ne disparaît que par le renouvellement de l'épiderme. Cet acide est facile à reconnaître; il suffit pour cela d'en verser quelques gouttes sur de la tournure de cuivre : aussitôt il se dégage du gaz bioxyde d'azote incolore, mais qui, au contact de l'air, se transforme de suite en vapeurs rutilantes d'acide hypoazotique.

Quand l'acide azotique est à son maximum de concentration, il retient un poids atomique d'eau (Az^2O^5,H^2O ou $2AzO^3H$) : il a alors pour densité 1,522, et bout à 85°. Mais il retient souvent 4 poids atomiques d'eau : il a alors pour densité 1,42, et bout à 123°.

L'acide azotique détruit l'indigo, tandis que l'acide sulfurique dissout cette matière colorante : aussi est-il important d'employer pour les dissolutions d'indigo de l'acide sulfurique qui ne contienne pas d'acide azotique.

L'acide azotique attaque le cuivre : une partie de l'acide se décompose en bioxyde d'azote et fournit de l'oxygène au cuivre, qui se transforme en oxyde de cuivre; l'autre partie se combine avec l'oxyde de cuivre et forme de l'azotate de cuivre soluble dans l'eau. Il est facile d'obtenir ainsi sur une plaque de cuivre des caractères en relief; il suffit de dessiner ces caractères sur la plaque avec un vernis inattaquable par l'acide azotique, et de la tremper ensuite dans l'acide étendu d'eau : le cuivre est dissous partout où le vernis ne le préserve pas de l'action de l'acide, de sorte que, quand on lave ensuite la plaque, les caractères restent en relief et peuvent servir à imprimer, si on les a dessinés renversés.

Souvent l'acide azotique est coloré, parce qu'il tient en dissolution de l'acide hypoazotique; il suffit alors de le chauffer modérément pour le blanchir : l'acide hypoazotique se dégage, et il reste un liquide incolore.

L'acide azotique se décompose, lorsqu'on cherche à lui enlever complètement l'eau avec laquelle il est combiné; il se transforme alors en acide hypoazotique et en oxygène :

$$Az^2O^5 = 2AzO^2 + O.$$

Quand on traite l'acide azotique par une base, telle que la potasse ou l'oxyde de plomb, l'eau est chassée, et il se forme un azotate, azotate de potasse Az^2O^5, K^2O ou $2AzO^3K$, ou azotate de plomb Az^2O^5, PbO ou Az^2O^6Pb.

La propriété la plus essentielle de l'acide azotique est de fournir de l'oxygène à un grand nombre de corps qui en sont avides : c'est un corps oxydant. Ainsi, il active la combustion du charbon incandescent sur lequel on le verse; de même il transforme le phosphore en acide phosphorique, et il oxyde les métaux.

4.

Préparation. — On prépare l'acide azotique en décomposant l'azotate de potasse ou l'azotate de soude par l'acide sulfurique étendu d'eau.

Réaction :

Azotate de soude { Acide azotique.,..................
Soude........, Sulfate de soude,
Acide sulfurique............: soude.

Acide azotique hydraté,

Eau....,..

L'acide sulfurique s'empare de la soude ou de la potasse et forme du sulfate de soude ou du sulfate de potasse : l'acide azotique combiné avec l'eau se dégage.

On introduit l'azotate de soude ou l'azotate de potasse dans une cornue de verre (*fig.* 19), et l'on ajoute de l'acide

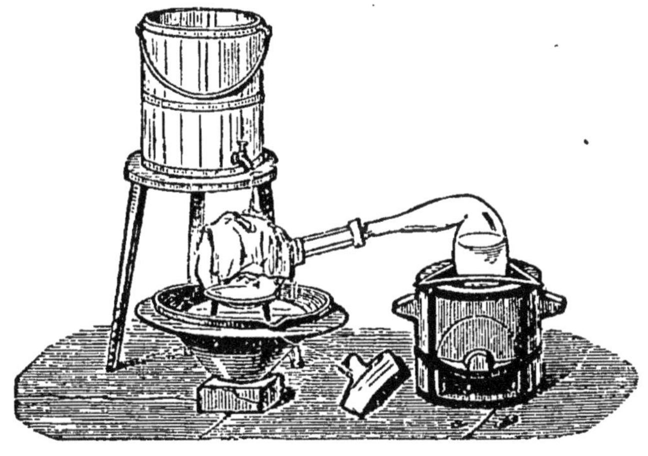

Fig. 19.

sulfurique ordinaire; on fait communiquer cette cornue avec un ballon recouvert d'un linge sur lequel on maintient un courant d'eau froide à l'aide d'un seau muni d'un robinet. On chauffe la cornue, alors la réaction indiquée plus haut a lieu, et les vapeurs d'acide azotique se condensent dans le ballon froid. Au commencement il se dégage des vapeurs rutilantes provenant de ce que les premières portions d'acide se dégagent sans eau et se décomposent en acide hypoazotique et en oxygène; à la fin les vapeurs rouges reparaissent, parce que la température est trop élevée et décompose l'acide azotique. Pour avoir l'acide incolore, il faut rejeter les premières et les dernières parties de la distillation; on chauffe ensuite le liquide pour le blanchir, la chaleur faisant évaporer la faible quantité d'acide hypoazotique qu'il aurait pu retenir.

Dans l'industrie, on prépare à la fois de grandes quantités d'acide azotique; au lieu de cornues de verre, on se sert de cylindres de fonte, et l'on condense les vapeurs dans des bonbonnes.

Les équations suivantes représentent les réactions, selon que l'on emploie l'azotate de potasse ou l'azotate de soude :

$$AzO^3K + SO^4H^2 = SO^4HK + AzO^3H;$$
$$AzO^3Na + SO^4H^2 = SO^4HNa + AzO^3H.$$

On peut obtenir l'acide azotique anhydre, c'est-à-dire sans eau; il est alors solide, mais très peu stable, et dans cet état il n'est pas employé.

Usages. — L'acide azotique sert à graver sur cuivre ou sur acier dans la gravure sur métaux, et sur pierre dans la lithographie, à fabriquer l'acide sulfurique, à dédorer le cuivre et le laiton dorés, à former la pierre infernale (azotate d'argent), à préparer l'acide oxalique, le collodion, la nitrobenzine, la nitroglycérine, le fulmi-coton, etc. En médecine, il sert à détruire les verrues; on l'emploie également pour aciduler quelques tisanes.

L'acide azotique faible sert à teindre en jaune la soie et les plumes. Si, après avoir teint ces substances, on les lave à grande eau, puis qu'on les plonge dans une solution d'ammoniaque (alcali volatil), on obtient une belle couleur orangée. On remplace généralement aujourd'hui, dans la teinture des soies en jaune, l'acide azotique par *l'acide picrique.*

Combinaison de l'azote avec l'hydrogène.

L'azote et l'hydrogène forment un seul composé fort employé et connu sous les noms d'*ammoniaque* ou *alcali volatil*.

Ammoniaque. $AzH^3 = 17$.

Propriétés de l'ammoniaque. — *L'ammoniaque* est un gaz incolore, d'une odeur urineuse, vive, piquante, affectant les yeux et provoquant les larmes; sa densité est 0,591. Ce gaz se liquéfie par un froid de — 40°, sous la pression atmosphérique, ou à + 10°, sous une pression de 6 atmosphères et demie. Une bougie allumée s'éteint dans une éprouvette d'ammoniaque, et le gaz ne brûle pas; cependant on peut allumer dans le gaz oxygène un mince filet d'ammoniaque, qui brûle alors avec une flamme jaune (*fig.* 20); dans cette combustion, il se

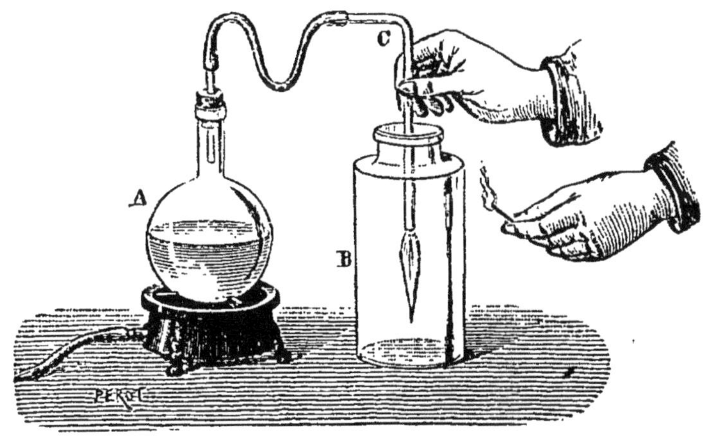

Fig. 20.

produit de l'azote et de la vapeur d'eau, puisque l'hydrogène brûle. Le gaz ammoniac ramène au bleu le tournesol rougi par un acide, et verdit le sirop de violettes.

On peut reconnaître le moindre dégagement d'ammoniaque : 1° à son odeur; 2° à ce qu'il ramène au bleu un papier réactif rouge, propriété qui n'appartient qu'à ce seul gaz; 3° à ce qu'une baguette de verre que l'on a d'abord trempée dans l'acide chlorhydrique répand d'abondantes vapeurs blanches partout où l'ammoniaque se dégage.

Un litre d'eau à 0° peut dissoudre jusqu'à 1049 litres de gaz ammoniac; cette solution est incolore et possède toutes les propriétés du gaz même; elle est ordinairement employée sous les noms d'*ammoniaque* ou d'*alcali volatil*.

Pour démontrer la grande solubilité de l'ammoniaque, on recueille sur la cuve à mercure une éprouvette de ce gaz, on ferme l'éprouvette par une soucoupe contenant du mercure, et on pose le tout au fond d'un vase contenant de l'eau : dès qu'on soulève l'éprouvette, en laissant la soucoupe au fond du vase, l'eau s'élance avec tant de rapidité que presque toujours le choc brise le verre.

Quand on fait passer un courant de gaz ammoniac dans un tube de porcelaine fortement chauffé au rouge, ce gaz se décompose en azote et hydrogène. Une longue série d'étincelles électriques, dans l'eudiomètre à mercure, produit la même décomposition.

Préparation. — Dans les laboratoires, on prépare le gaz sec et la solution d'ammoniaque.

1° Pour obtenir le gaz sec, on décompose le chlorhydrate d'ammoniaque par la chaux vive, et l'on fait passer le gaz à travers un tube contenant des fragments de chaux vive pour absorber la vapeur d'eau qui s'est formée; le gaz est recueilli sur la cuve à mercure.

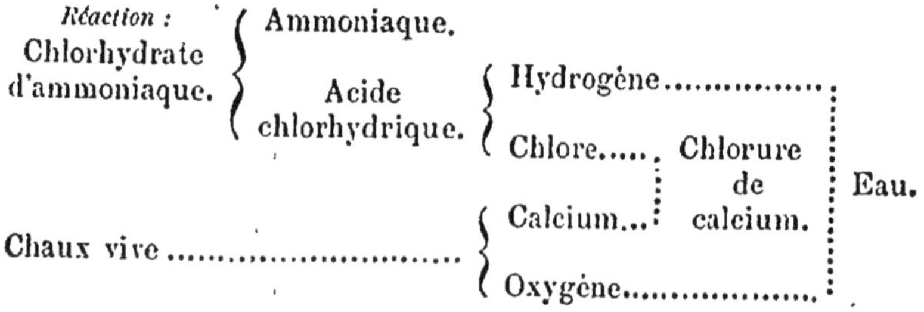

Réaction :

Chlorhydrate d'ammoniaque. { Ammoniaque.
               Acide chlorhydrique. { Hydrogène.............
                                 Chlore..... Chlorure de calcium.   Eau.

Chaux vive .... { Calcium...
                                 Oxygène.............

L'acide chlorhydrique et la chaux se décomposent et forment du chlorure de calcium et de l'eau; l'ammoniaque se dégage.

L'équation suivante rend compte de la réaction :

$$2\,Az\,H^3, HCl + Ca\,O = Ca\,Cl^2 + H^2O + 2\,Az\,H^3.$$

On introduit dans un ballon de verre M (*fig.* 21) la chaux vive et le chlorhydrate d'ammoniaque pulvérisés séparément, on agite les poudres pour les mélanger, puis on fait communiquer le ballon M par un tube *t* avec un tube *u* contenant de la chaux vive, on engage le tube abducteur *t'* dans la cuve à mercure C, et on chauffe légèrement : le dégagement, qui commence même à froid, ne tarde pas à être très rapide. On recueille le gaz dans une éprouvette E.

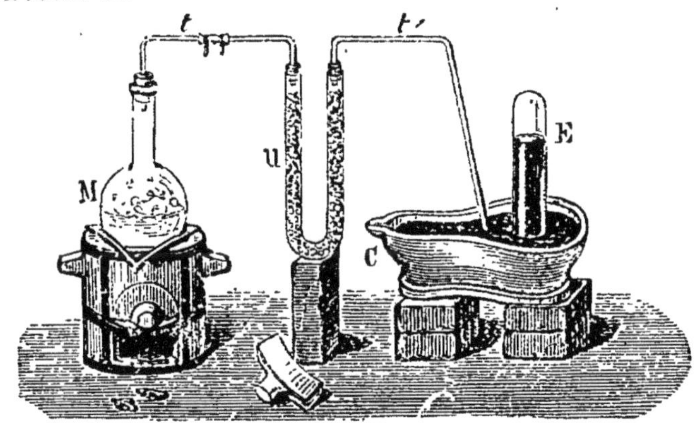

Fig. 21.

2° Pour préparer la solution d'ammoniaque ou alcali volatil, on emploie l'appareil (*fig.* 22) appelé, du nom de son inventeur, appareil de Woolf, qui dirige le gaz dans une série de flacons contenant de l'eau.

Le gaz, qui se dégage du ballon, sature successivement l'eau de tous les flacons A, B, C.

La solution doit toujours être conservée dans des flacons fermés hermétiquement : car au contact de l'air le gaz s'échappe. Il ne faut pas non plus approcher les

flacons du feu ou les exposer au soleil : le gaz se déga-
gerait rapidement et briserait les vases, si le bouchon ne
cédait pas.

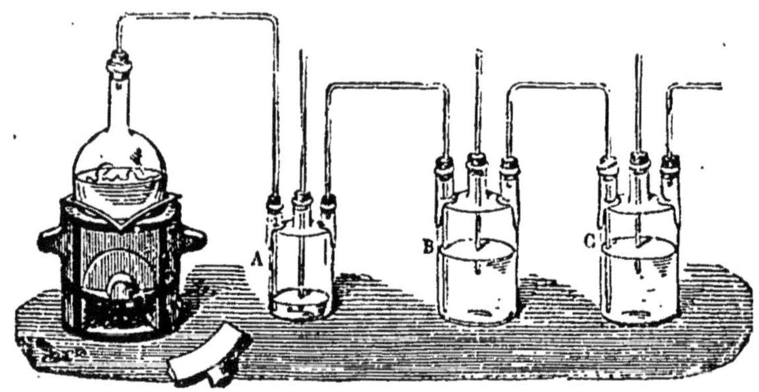

Fig. 22.

L'industrie retire l'ammoniaque des urines putréfiées
et des eaux qui ont servi à l'épuration du gaz d'éclairage.

Usages. — Respirée en petite quantité, l'ammoniaque
rappelle à elles les personnes tombées en syncope. L'alcali volatil mis sur la morsure d'une vipère, sur la piqûre
d'une abeille ou d'un insecte quelconque, en empêche les
effets venimeux. Appliqué immédiatement sur une brû-
lure, il empêche la formation des cloches ou phlyctènes.
Quelques gouttes d'alcali volatil dans un verre d'eau sucrée peuvent être données avec succès pour dissiper rapidement les effets de l'ivresse. Administré aux animaux
herbivores, il fait disparaître le gonflement ou empanse-
ment qu'ils éprouvent souvent après avoir mangé des
luzernes fraîches. Les usages industriels sont encore plus
importants. L'ammoniaque sert dans le dégraissage, dans
la teinture, dans la préparation de quelques matières colorantes et des perles fausses. Le gaz ammoniac, liquéfié
par une forte pression, produit, quand il s'évapore ensuite
rapidement, un froid considérable employé dans les
appareils Carré à la fabrication artificielle de la glace et
au refroidissement rapide de la bière, à la fin de sa fabri-

cation. L'ammoniaque provenant des usines à gaz sert
encore plus à la préparation du carbonate, du sulfate et
du chlorhydrate d'ammoniaque, et surtout à la fabrication
des *engrais chimiques*, qui sont une des ressources les
plus précieuses de l'agriculture.

CHAPITRE III.

Soufre, ses propriétés, sa préparation, ses usages. — Combinaisons du soufre avec l'oxygène : acide sulfureux, acide sulfurique. — Combinaisons du soufre avec l'hydrogène : acide sulfhydrique.

Soufre. S = 32.

Propriétés du soufre. — Le *soufre* est un solide
jaune citron, sans odeur, excepté quand on le frotte; il
acquiert alors une odeur particulière et facile à reconnaître. Sa densité est 2,087. On peut facilement l'allumer
au contact de l'air : il brûle avec une flamme bleuâtre et
forme du gaz acide sulfureux. Il est mauvais conducteur
de la chaleur; quand on le tient dans la main, il fait entendre un craquement, qu'on appelle *cri du soufre :* les
molécules touchées se dilatent et se séparent des molécules intérieures, qui restent froides et ne se dilatent
pas.

Quand on tient à la main un bâton de soufre, et qu'on
le frotte, il s'électrise. Il est insoluble dans l'eau; mais il
se dissout facilement dans le sulfure de carbone, l'essence
de térébenthine, la benzine, etc.

Quand on chauffe le soufre dans un vase de verre, on
le voit bientôt fondre vers 111°; il forme alors un liquide
jaune, et qui coule comme de l'huile. Si on continue à le
chauffer, il s'épaissit, et à 220° il est pâteux; on peut
retourner le vase, il ne coule plus, sa couleur est devenue

foncée. Si l'on élève davantage la température, le soufre redevient liquide, et sa couleur continue à se foncer. Vers 400° il entre en ébullition.

Quand on verse dans l'eau froide du soufre parfaitement liquide, il redevient cassant comme il l'était avant sa fusion ; mais s'il est versé dans l'eau lorsqu'il est épais comme un sirop, il reste pendant quelque temps mou et élastique.

On peut faire cristalliser le soufre de deux manières différentes : 1° en faisant évaporer sa dissolution dans le sulfure de carbone ou dans la benzine ; 2° en le fondant dans un creuset de terre, en le retirant du feu dès qu'il est liquide, en perçant la croûte qui se forme à la surface pendant le refroidissement, et en tournant le vase pour laisser écouler ce qui est encore liquide. Les cristaux obtenus n'ont pas la même forme dans les deux cas.

Préparation. — Le soufre se trouve dans la terre, à l'état de combinaison avec presque tous les métaux ; il se trouve aussi dans un grand nombre de plantes et dans certaines matières animales, telles que les œufs, la laine, etc. A l'état natif, c'est-à-dire à l'état de corps simple non combiné avec d'autres corps, il existe en masse aux environs des volcans, mêlé avec de la terre, et c'est de là qu'on le retire principalement. Dans le royaume de Naples à la *solfatare*, et en Sicile dans le voisinage de l'Etna, on chauffe le mélange, le soufre fond et la terre se dépose ; on enlève le soufre liquide avec une cuiller de fer, et on le laisse refroidir : c'est le soufre impur qu'on trouve dans le commerce sous le nom de *soufre brut*. Pour le purifier, on le distille et on fait passer peu à peu les vapeurs dans une grande chambre. Au début, quand la chambre est encore froide, les vapeurs repassent brusquement à l'état solide ; il se dépose alors sur les murs et sur le sol une fine poussière nommée *fleur de soufre*.

Si, au contraire, on fait arriver les vapeurs pendant assez longtemps, la chambre s'échauffe peu à peu, et bientôt le soufre ne se solidifie plus, il reste liquide ; on le soutire alors dans des moules de bois ou de tôle ayant la forme d'un cône tronqué; quand on les retourne, il en sort des *canons de soufre*.

Usages. — Le soufre est un des corps les plus employés. Il sert à la fabrication des allumettes, de la poudre à canon, de l'acide sulfureux, de l'acide sulfurique, de quelques sulfures, etc. On l'emploie pour obtenir des empreintes, mouler des médailles, sceller des barres de fer dans les pierres. Il sert aussi à blanchir au *soufroir* la paille, les étoffes de laine et de soie. Projeté en *fleur de soufre* sur la vigne, il la préserve de la maladie causée par l'oïdium. Enfin, le soufre entre dans plusieurs préparations usitées en médecine, surtout pour guérir les maladies de la peau.

Le soufre fournit un excellent moyen pour éteindre les feux de cheminée. Il suffit de jeter dans le feu une poignée de fleur de soufre en fermant le devant de la cheminée avec un drap mouillé, et l'acide sulfureux qui se forme éteint le feu en privant d'oxygène le combustible.

Combinaisons du soufre avec l'oxygène.

Le soufre forme avec l'oxygène sept acides différents, dont les deux principaux sont l'*acide sulfureux* et l'*acide sulfurique*.

Acide sulfureux. $SO^2 = 64$.

Propriétés de l'acide sulfureux. — *L'acide sulfureux* est un gaz incolore, d'une odeur suffocante et caractéristique; de petites quantités de ce gaz provoquent la toux. Sa densité est 2,234. Il est incombustible; une bougie allumée s'éteint rapidement dans ce gaz et ne peut plus ensuite être que difficilement rallumée. L'acide sulfureux peut être liquéfié facilement par un abaissement de température ou par la compression, et forme alors un liquide incolore qui bout à — 10°. L'acide sulfureux liquide produit un froid considérable en s'évaporant : il suffit d'en verser sur la boule d'un thermomètre à mercure enveloppé de mousseline pour que bientôt le mercure se congèle.

Un litre d'eau dissout 50 litres de gaz sulfureux, à la température de 0°. La solution, qui est incolore, possède l'odeur et toutes les propriétés du gaz. Les flacons qui contiennent cette solution doivent toujours être maintenus pleins et renversés, parce que progressivement l'acide sulfureux dissous dans l'eau absorbe l'oxygène de l'air et se transforme en acide sulfurique. La chaleur chasse entièrement le gaz que l'eau tient en solution.

L'acide sulfureux décolore la plupart des matières colorantes; quelquefois il les décompose, mais souvent il se combine simplement avec la matière pour former un composé incolore. Ainsi, quand on place un bouquet de violettes dans une éprouvette de gaz sulfureux, ces fleurs deviennent bientôt blanches; mais si on les met ensuite dans une éprouvette d'ammoniaque, qui enlève l'acide sulfureux, elles reprennent d'abord leur couleur primitive, puis deviennent vertes.

Préparation. — Dans l'industrie, on obtient ordinairement l'acide sulfureux en brûlant du soufre au contact de l'air. Dans les laboratoires, on obtient l'acide sulfureux en décomposant l'acide sulfurique par le cuivre.

$$
\begin{array}{l}
\textit{Réaction :} \\
\text{2 acide sulfurique.} \left\{ \begin{array}{l} SO^3 \dots \dots \dots \\ SO^2. \\ O \dots \dots \end{array} \right. \\
\text{Cuivre} \dots \dots \mid Cu \dots \dots
\end{array}
\qquad
\begin{array}{l}
\quad \\
Cu\,O,\,SO^3 \\
\text{ou } SO^3\,Cu. \\
Cu\,O \dots \dots
\end{array}
$$

On chauffe dans un ballon de verre A (*fig.* 23) de l'acide sulfurique avec de la tournure de cuivre. Un poids atomique d'acide se décompose en acide sulfureux SO^2, qui se dégage, et en oxygène O, qui se combine avec le cuivre Cu et forme de l'oxyde de cuivre CuO; cet oxyde de cuivre se combine avec l'autre poids atomique d'acide sulfurique et forme du sulfate de cuivre CuO,SO³ ou SO⁴Cu, qui reste dans le ballon. Le gaz sulfureux qui se

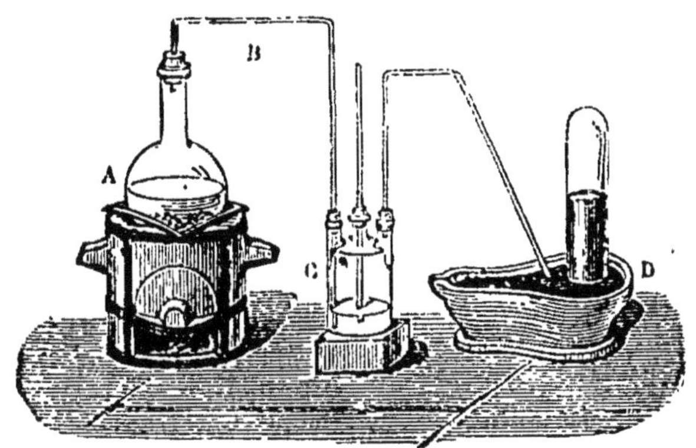

Fig. 23.

dégage par le tube abducteur B est conduit dans un flacon laveur C, contenant une petite quantité d'eau pour le purifier; de là, il se rend dans une cuve à mercure D :

$$2SO^4H^2 + Cu = SO^4Cu + SO^2 + 2H^2O.$$

La solution d'acide sulfureux s'obtient avec l'appareil de Woolf (*fig.* 22, page 56). On peut l'obtenir économiquement en décomposant l'acide sulfurique par le charbon de bois.

Réaction :
2 acide sulfurique.
$\begin{cases} 2SO^2. \\ O^2 \dots \dots \end{cases}$
$\left. \begin{array}{c} \\ \end{array} \right\}$ CO².
Charbon............ | C............

Cette réaction s'écrit :

$$2SO^4H^2 + C = 2SO^2 + CO^2 + 2H^2O.$$

On obtient ainsi, il est vrai, un mélange d'acide sulfureux et d'acide carbonique; mais l'acide carbonique est peu soluble dans l'eau, et ne nuit pas aux propriétés de l'acide sulfureux.

Usages. — L'acide sulfureux sert à blanchir la laine, la soie et la paille; il suffit de mouiller les tissus avec de l'eau, puis de les tendre dans une salle où l'on fait brûler du soufre. Il faut bien ventiler cette salle avant d'y pénétrer après le blanchiment, parce que le gaz sulfureux est délétère. On enlève facilement les taches de fruit sur le linge en les mouillant d'abord avec un peu d'eau, puis en brûlant au-dessous quelques allumettes soufrées, ce qui produit de l'acide sulfureux; il faut ensuite laver la tache à grande eau, pour qu'elle ne reparaisse plus. Enfin, si l'on fait brûler une allumette soufrée dans un tonneau où l'on va mettre du vin, on prévient l'altération du liquide, qui pourrait fermenter et s'aigrir.

Acide sulfurique.

On distingue trois espèces d'acide sulfurique :

1° *L'acide sulfurique anhydre* SO^3;

2° *L'acide sulfurique de Nordhausen* $H^2O, 2SO^3$;

3° *L'acide sulfurique ordinaire*, dont le maximum de concentration a pour formule SO^3, H^2O ou SO^4H^2.

L'acide sulfurique anhydre est un solide blanc soyeux, facilement fusible. Il est extrêmement avide d'eau. Il se produit quand on fait passer un mélange d'acide sulfureux et d'oxygène secs dans un tube chauffé au rouge et contenant de la mousse de platine. Il n'a pas d'usage.

L'acide de Nordhausen peut être considéré comme un mélange d'acide anhydre et d'acide ordinaire. C'est un liquide brun, oléagineux, qui fume à l'air. Il possède toutes les propriétés chimiques de l'acide ordinaire, dont nous parlerons plus loin; mais il est plus concentré. A cause de cette concentration plus grande, il est employé à la préparation de quelques matières colorantes, et sert à dissoudre l'indigo pour la teinture en bleu. On le prépare principalement en Saxe et en Bohême, en chauffant dans des cornues de terre du sulfate de sesquioxyde de fer $(SO^4)^3Fe^2$; sous l'influence de la chaleur, l'acide sulfurique SO^3 est chassé, et il reste dans la cornue du sesquioxyde de fer Fe^2O^3 (*colcothar* ou *rouge d'Angleterre*). Comme le sulfate que l'on chauffe n'est jamais complètement sec, l'acide anhydre qui devrait se dégager est toujours accompagné d'un peu d'eau : c'est ce qui donne l'acide de Nordhausen.

<h2 style="text-align:center">Acide sulfurique ordinaire.</h2>

$$SO^3H^2O \text{ ou } SO^4H^2 = 98.$$

Propriétés de l'acide sulfurique ordinaire. — *L'acide sulfurique ordinaire*, nommé aussi *huile de vitriol*, est un liquide incolore, de la consistance de l'huile, sans odeur. En le concentrant, on l'obtient avec une quantité d'eau de plus en plus faible; cependant on ne peut lui faire perdre son dernier équivalent d'eau : de sorte que, lorsqu'il est à son maximum de concentration, il a encore pour formule $SO^3, H^2O = SO^4H^2$.

Quand on essaye de distiller de l'acide sulfurique faible, les vapeurs qui se dégagent, et que l'on condense, n'offrent d'abord que des traces d'acide; à mesure que la température d'ébullition s'élève, le liquide qui passe à la distillation est de plus en plus acide. Lorsque la température atteint 325°, elle reste stationnaire, et le liquide distillé a la même composition que celui qui bout. On appelle cet acide bouillant à 325° de l'acide *sulfurique concentré*; il ne contient plus qu'un équivalent d'eau qu'on ne peut lui enlever.

L'acide sulfurique concentré SO^3, H^2O a pour densité 1,848; il se congèle et cristallise à — 34°. Il a beaucoup d'affinité pour l'eau : aussi, quand on le laisse exposé à l'air, il peut absorber plusieurs fois son poids d'eau. Quand on verse rapidement de l'acide sulfurique dans de l'eau, on observe une élévation de température qui peut dépasser 100°. L'acide sulfurique concentré carbonise la plupart des matières organiques qui sont généralement formées de carbone, d'hydrogène et d'oxygène : l'acide, prenant de l'hydrogène et de l'oxygène dans les proportions nécessaires pour former de l'eau, laisse à nu le carbone. Aussi ne faut-il jamais boucher les flacons d'acide sulfurique avec du liège : le bouchon serait bientôt carbonisé, et ce charbon, tombant en poussière très fine dans la liqueur, la rendrait noire ou très foncée. L'acide sulfurique se colore aussi quand on le laisse longtemps au contact de l'air, parce que la poussière qui se dépose est carbonisée. Quand l'acide sulfurique est ainsi coloré, il suffit de le chauffer pour le blanchir : en effet, une petite quantité d'acide, réagissant sur le charbon, forme des gaz carbonique et sulfureux qui se dégagent.

Quand on veut distiller de l'acide sulfurique, il faut prendre soin de le chauffer vers les bords et de laisser dans la liqueur quelques fils de platine : sans cette précaution, il formerait pendant l'ébullition des soubresauts qui souvent briseraient le vase.

Il est facile de concevoir que l'acide sulfurique est un caustique énergique quand il est concentré; il suffit de se rappeler comment il agit sur la matière organique. Mais deux ou trois gouttes dans un verre d'eau sucrée en font une liqueur assez agréable au goût, connue sous le nom de *limonade minérale*.

L'acide sulfurique attaque vivement les métaux et un certain nombre de métalloïdes, comme nous l'avons indiqué en étudiant la préparation de l'hydrogène et celle de l'acide sulfureux.

Préparation. — La préparation de l'acide sulfurique se fait dans de très grands appareils en plomb, ayant plusieurs centaines de mètres cubes de capacité, qu'on nomme *chambres de plomb (fig. 24).* On introduit dans ces chambres de l'acide sulfureux, de l'acide azotique, de la vapeur d'eau et de l'air, et il suffit de renouveler l'acide sulfureux, l'air et la vapeur d'eau, pour qu'il se forme constamment de l'acide sulfurique: car l'acide azotique, à chaque instant décomposé par l'acide sulfurique, revient de lui-même, en présence de l'air et sous l'influence de la vapeur d'eau, à l'état d'acide azotique.

On peut diviser en trois la série des réactions qui se passent dans les chambres de plomb.

1° L'acide sulfureux décompose l'acide azotique :

$$SO^2 + 2\,AzO^3H = SO^4H^2 + 2\,AzO^2.$$

Un poids atomique d'acide sulfureux, prenant un poids atomique d'oxygène et un poids atomique d'eau à l'acide

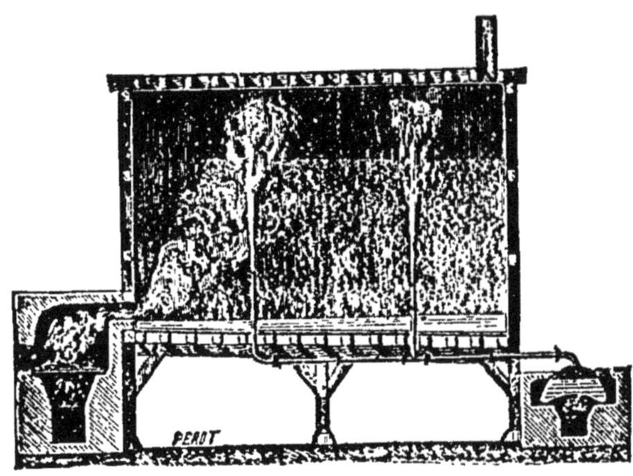

Fig. 24.

azotique, devient acide sulfurique SO^4H^2, tandis que l'autre acide devient hypoazotique AzO^2.

2° L'acide hypoazotique en présence d'une grande quantité de vapeur d'eau se change en acide azotique et en bioxyde d'azote :

$$3\,AzO^2 + n\,H^2O = Az^2O^5,\, n\,H^2O + AzO.$$

3 poids atomiques d'acide hypoazotique se transforment ainsi en 1 poids atomique d'acide azotique et 1 poids atomique de gaz bioxyde d'azote. La lettre n représente une quantité quelconque d'eau, mais suffisante. On voit que l'eau n'est pas décomposée; elle n'agit que par sa présence.

3° Le gaz bioxyde d'azote prend un poids atomique d'oxygène à l'air et devient acide hypoazotique :

$$Az O + O = Az O^2.$$

L'acide sulfurique sortant des chambres de plomb est faible : on le concentre pour le commerce jusqu'à ce qu'il marque 66° au pèse-acide de Baumé.

Usages. — L'acide sulfurique ordinaire est l'acide le plus fréquemment employé dans l'industrie et dans les laboratoires. On en fabrique plus d'un milliard de kilogrammes par an. Il sert à la fabrication de la plupart des autres acides, d'un grand nombre de sulfates importants par leurs usages. Il est employé pour la préparation de l'hydrogène, du chlore, du brome, de l'iode, de l'éther... On en consomme de grandes quantités pour le décapage des métaux, l'affinage de l'or, la fabrication du phosphore, du verre, du savon, de la bougie, de la dynamite, du coton-poudre, du papier parchemin, des superphosphates pour engrais, des couleurs artificielles... La médecine en fait quelquefois usage, et la médecine vétérinaire l'emploie souvent contre plusieurs maladies des animaux.

Combinaisons du soufre avec l'hydrogène.

Le soufre forme avec l'hydrogène deux composés, nommés *acide sulfhydrique* ou *hydrogène sulfuré* et *bisulfure d'hydrogène;* l'acide sulfhydrique est seul employé.

Acide sulfhydrique. $H^2S = 34$.

Propriétés de l'acide sulfhydrique. — *L'acide sulf-hydrique* ou *hydrogène sulfuré* est un gaz incolore d'une odeur très désagréable et caractéristique : c'est celle des œufs pourris : et, en effet, les œufs, pendant la putréfaction, sentent mauvais, précisément parce qu'ils dégagent

5.

de l'acide sulfhydrique. Ce gaz se dégage également en grande quantité dans les fosses d'aisances.

Le gaz sulfhydrique, quand on y met le feu au contact de l'air, brûle avec une flamme bleuâtre et laisse sur les parois de l'éprouvette un dépôt de soufre; dans cette combustion, l'hydrogène forme de l'eau, et une partie du soufre devient acide sulfureux; mais la quantité d'oxygène de l'air étant insuffisante, l'autre partie du soufre se dépose sur les parois de l'éprouvette. Un mélange de gaz sulfhydrique et d'oxygène détone violemment quand on l'enflamme: aussi est-il dangereux de jeter dans les fosses d'aisances du papier allumé ou des bouts de cigares : on s'expose à mettre le feu au mélange détonant qui peut s'y trouver formé. L'acide sulfhydrique rougit très faiblement la teinture de tournesol. Sa densité est 1,1912; une pression de 16 atmosphères le liquéfie, et ensuite un froid de — 80° le fait cristalliser. C'est un poison très énergique, car une atmosphère qui en renferme $\frac{1}{1200}$ est rapidement mortelle pour un oiseau. Un litre d'eau dissout environ deux à trois litres de ce gaz; la solution est incolore et possède les propriétés du gaz lui-même; mais elle doit être conservée dans des flacons pleins et bien bouchés; autrement, l'oxygène de l'air se combinerait peu à peu avec l'hydrogène, et le soufre se déposerait. Quand on chauffe la solution, tout le gaz s'échappe.

Le chlore décompose le gaz acide sulfhydrique en se combinant avec l'hydrogène pour former de l'acide chlorhydrique. A une température peu élevée, l'acide sulfhydrique s'oxyde lentement à l'air, au contact des corps poreux, et se transforme en acide sulfurique très corrosif. On comprend ainsi pourquoi le linge est si rapidement rongé dans les établissements d'eaux sulfureuses.

Le soufre de l'acide sulfhydrique se combine facilement avec le plomb et avec l'argent ; les sulfures qui résultent de cette combinaison sont noirs: aussi l'argenterie noircit-elle rapidement par les émanations de ce gaz, et, par conséquent, dans son contact avec les œufs. La même action explique pourquoi les peintures à l'huile noircissent à l'air : elles sont exposées à des émanations d'acide sulfhydrique, qui noircissent les sels à base de plomb entrant dans la composition des couleurs.

Préparation. — On prépare l'acide sulfhydrique en décomposant, à la température ordinaire, le protosulfure de fer par l'acide sulfurique étendu d'eau.

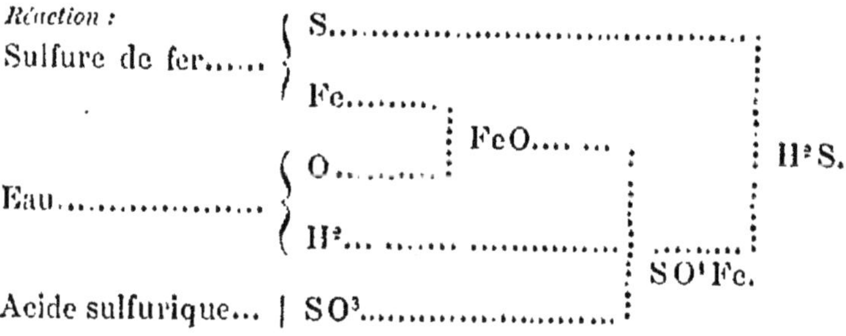

L'eau est décomposée : son oxygène se combine avec le fer et forme du protoxyde de fer, qui s'unit à l'acide sulfurique et forme du sulfate de fer se dissolvant dans l'excès d'eau ; l'hydrogène de l'eau forme avec le soufre de l'acide sulfhydrique, qui se dégage :

$$FeS + SO^1H^2 = SO^1Fe + H^2S.$$

On opère à froid dans l'appareil suivant (*fig.* 25). Le sulfure de fer et l'eau sont introduits dans le flacon. On ajoute progressivement l'acide sulfurique par le tube à entonnoir : le gaz s'échappe par le tube abducteur et se rend dans la cuve à eau.

Usages. — La solution d'acide sulfhydrique est employée comme réactif, surtout pour reconnaître les sels de plomb, qui sont tous vénéneux, quand ils sont solubles. Par suite d'une mauvaise préparation, ou même par une fraude coupable, il se trouve quelquefois de l'acétate de plomb dans le vin ou le cidre ; la fraude consiste à corriger un commencement de fermentation acide dans le vin en y versant un peu de protoxyde de plomb, ce qui lui donne une saveur sucrée. Or, quelques gouttes d'une solution d'acide sulfhydrique forment un précipité noir dans un liquide contenant les moindres traces d'un sel de plomb.

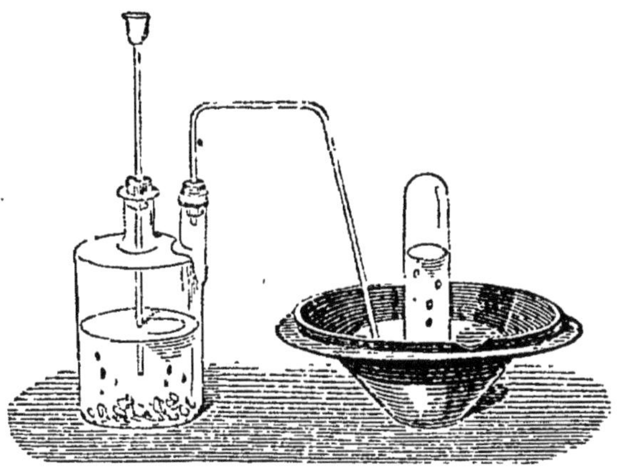

Fig. 25.

L'acide sulfhydrique étant très vénéneux, quand on vide les fosses d'aisances, où il se forme par la décomposition des matières animales, avant d'y descendre. on a soin de les désinfecter soit avec du chlore, ou plus économiquement avec du chlorure de chaux, soit encore avec une solution de sulfate de fer (couperose verte) ou de sulfate de cuivre (couperose bleue).

CHAPITRE IV.

Chlore, ses propriétés, sa préparation, ses usages. — Combinaisons du chlore avec l'oxygène. — Combinaison du chlore avec l'hydrogène : acide chlorhydrique. — Eau régale. — Fluor. — Acide fluorhydrique. — Brome, ses propriétés, ses usages. — Iode, ses propriétés, sa préparation, ses usages.

Chlore. Cl = 35,5.

Propriétés du chlore. — Le *chlore* est un gaz jaune verdâtre, d'une odeur désagréable et caractéristique; sa saveur est analogue à son odeur. Il est dangereux à respirer, même dilué dans une grande quantité d'air. Ce gaz peut être liquéfié par la pression ou par le refroidissement. Sa densité est 2,44.

Une bougie allumée s'éteint dans ce gaz. Lorsqu'on projette dans le gaz chlore de la poudre d'antimoine ou de la poudre d'arsenic, ces corps brûlent rapidement et forment du chlorure d'antimoine ou du chlorure d'arsenic, dont les vapeurs sont dangereuses à respirer. Un litre d'eau peut dissoudre 1 litre et demi de chlore à la température ordinaire; la solution est jaune verdâtre et jouit des propriétés du gaz. Le chlore détruit la teinture de tournesol et toutes les matières colorantes qui contiennent de l'hydrogène.

Le chlore a beaucoup d'affinité pour l'hydrogène, et, en se combinant avec l'hydrogène, il forme de l'acide chlorhydrique. Si l'on remplit un flacon d'un mélange à volumes égaux de chlore et d'hydrogène, les gaz ne se combinent pas s'ils sont dans un endroit complètement privé de lumière; la combinaison se fait lentement dans un endroit mal éclairé; mais un seul rayon de soleil suffit pour que la combinaison se fasse brusquement avec une violente détonation.

Si, après avoir rempli un flacon d'un mélange de

chlore et d'hydrogène, on approche le goulot de la flamme d'une bougie, il y a également détonation et production d'acide chlorhydrique. Il faut avoir soin d'envelopper le flacon d'une serviette mouillée pour éviter les éclats du verre.

Une solution de chlore dans l'eau se décolore quand elle est en contact avec la lumière, parce que le chlore décompose alors l'eau en s'emparant de son hydrogène et en dégageant l'oxygène : aussi les solutions de chlore doivent-elles être conservées dans des flacons noirs.

Le chlore attaque les métaux avec énergie, même à la température ordinaire, pour donner des chlorures. Il décompose surtout les composés hydrogénés, tels que l'ammoniaque, l'acide sulfhydrique, les matières colorantes, les matières organiques en général, pour leur enlever leur hydrogène.

Préparation. — On prépare le chlore en décomposant l'acide chlorhydrique par le bioxyde de manganèse.

Réaction :

Bioxyde de manganèse MnO^2.

2 acide chlorhydrique.......

$$Mn \dots \dots$$
$$O^2 \dots \dots \quad 2H^2O. \quad MnCl^2.$$
$$H^4 \dots \dots$$
$$Cl^2 \dots \dots$$
$$Cl^2.$$

Les 4 poids atomiques d'hydrogène de l'acide chlorhydrique se combinent avec les 2 poids atomiques d'oxygène du bioxyde de manganèse et forment 2 poids atomiques d'eau. Deux poids atomiques de chlore se combinent avec le manganèse et forment du chlorure de manganèse $MnCl^2$; les deux autres poids atomiques de chlore se dégagent :

$$4HCl + MnO^2 = 2H^2O + MnCl^2 + 2Cl.$$

L'appareil dont on se sert est représenté *figure* 26. Le ballon A contient du bioxyde de manganèse; on verse de l'acide chlorhydrique, à mesure qu'il est nécessaire, par le tube de sûreté à boule S; dès que l'on chauffe, le chlore se dégage, et passe d'abord dans un petit flacon laveur B contenant un peu d'eau : ce lavage purifie le gaz; de là il traverse le tube *ab* contenant du chlorure de calcium, et, après s'y être desséché, il se rend dans un flacon C, d'où il chasse l'air par sa grande densité.

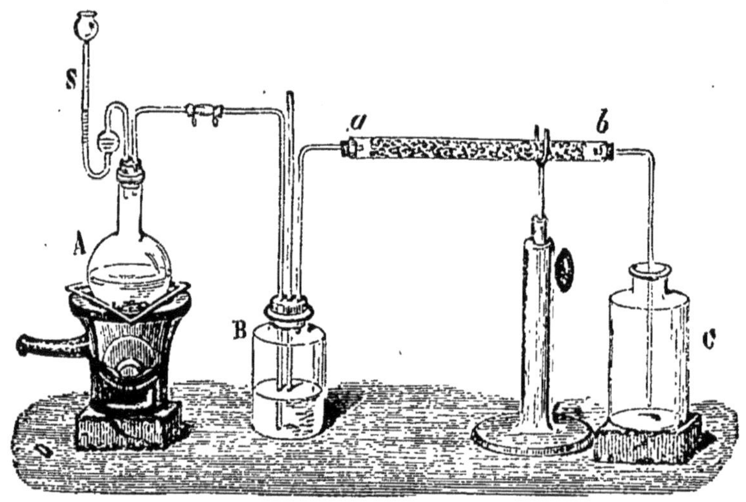

Fig. 26.

Ordinairement on obtient le gaz humide : alors le tube desséchant est inutile, et le tube abducteur se rend simplement dans une cuve à eau. Il faut opérer assez rapidement, sans quoi le gaz se dissoudrait en assez grande quantité dans l'eau de la cuve. On ne peut pas le recueillir dans le mercure, car il attaquerait ce métal à la température ordinaire.

Pour obtenir une solution de chlore, on emploie une série de flacons à trois tubulures (*fig.* 27), c'est-à-dire l'appareil de Woolf : ces flacons contiennent de l'eau, et le chlore, qui se dégage du ballon M, sature successivement l'eau des différents flacons A, B, C; à la suite on met une éprouvette E contenant une solution de potasse pour absorber l'excès de gaz et l'empêcher de se répandre dans l'air.

Usages. — Le chlore est employé pour blanchir le lin, le coton et la pâte à papier, parce qu'il détruit les matières colorantes en leur enlevant leur hydrogène. Avant

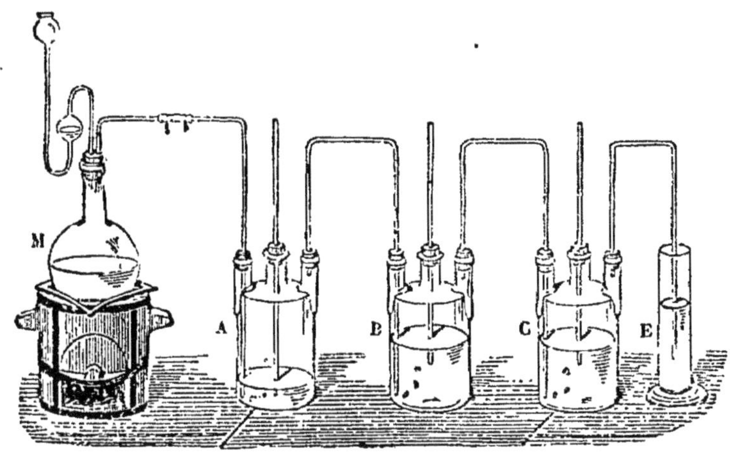

Fig. 27.

l'emploi du chlore, on blanchissait le lin ou le coton en l'étendant sur des prés et en l'arrosant de temps à autre. Ce procédé, qui n'est plus que rarement employé, est très long. On blanchit aujourd'hui plus de lin et de coton en vingt-quatre heures qu'on ne le ferait par l'ancien procédé en trois semaines, quand bien même on aurait de grands prés à sa disposition. On se sert du chlore pour désinfecter l'air et les lieux contenant des gaz hydrogénés, tels que l'ammoniaque AzH^3 et l'acide sulfhydrique H^2S; le chlore leur enlève également l'hydrogène. Dans toutes ces circonstances, on ne se sert pas du chlore gazeux, qui serait d'un maniement difficile, mais des hypochlorites de chaux, de potasse et de soude, dont nous parlerons plus loin.

Combinaisons du chlore avec l'oxygène.

Le chlore forme avec l'oxygène cinq composés acides :

Acide perchlorique,	$Cl^2 O^7$	$= 182.$
Acide chlorique,	$Cl^2 O^5$	$= 150.$
Acide hypochlorique,	$Cl O^2$	$= 67.$
Acide chloreux,	$Cl^2 O^3$	$= 118.$
Acide hypochloreux,	$Cl^2 O$	$= 86.$

Aucun n'a d'importance par lui-même. Nous étudierons plus loin les composés usuels que forment deux d'entre eux, l'acide chlorique (*chlorate de potasse*) et l'acide hypochloreux (*hypochlorites de potasse, de soude et de chaux*).

Combinaison du chlore avec l'hydrogène.

Le chlore ne forme avec l'hydrogène qu'un seul composé, l'*acide chlorhydrique*, qui a reçu de nombreuses applications.

Acide chlorhydrique. $HCl = 36.$

Propriétés de l'acide chlorhydrique. — *L'acide chlorhydrique* est un gaz incolore, d'une odeur vive et piquante; il répand à l'air d'épaisses fumées blanches; sa densité est 1,265. Une bougie allumée s'éteint dans ce gaz; il se liquéfie à — 50°. Il est très soluble dans l'eau : 1 litre d'eau en dissout 500 litres à 0°, et l'eau s'élance dans une éprouvette d'acide chlorhydrique avec une grande violence. On ne peut recueillir ce gaz qu'avec la cuve à mercure. La solution d'acide chlorhydrique est très employée sous les noms d'*acide muriatique*, d'*esprit de sel*. La solution est incolore quand elle est pure; celle du commerce est ordinairement jaunâtre, ce qui est dû à ce qu'elle contient une petite quantité de chlorure de fer. L'acide chlorhydrique attaque tous les métaux, sauf l'or et le platine; son chlore se combine avec les métaux, pour donner des chlorures, et son hydrogène est mis en liberté. Il se combine aussi avec les bases oxygénées, pour donner des chlorures et de l'eau.

Préparation. — On obtient l'acide chlorhydrique en décomposant le chlorure de sodium (sel marin) par l'acide sulfurique étendu d'eau.

Réaction :

Chlorure de sodium.
- $2\,Cl$ ....
- $2\,Na$ .....

Eau ....
- O ....
- H^2 ....

Na^2O ....

Acide sulfurique..... | SO^3 .... SO^4Na^2.

$2\,HCl$.

L'eau est décomposée, son oxygène se combine avec le sodium du sel marin et forme de la soude Na^2O; cette soude se combine avec l'acide sulfurique et forme le sulfate de soude SO^4Na^2; l'hydrogène se combine avec le chlore et forme le gaz chlorhydrique :

$$2\,NaCl + SO^4H^2 = SO^4Na^2 + 2\,HCl.$$

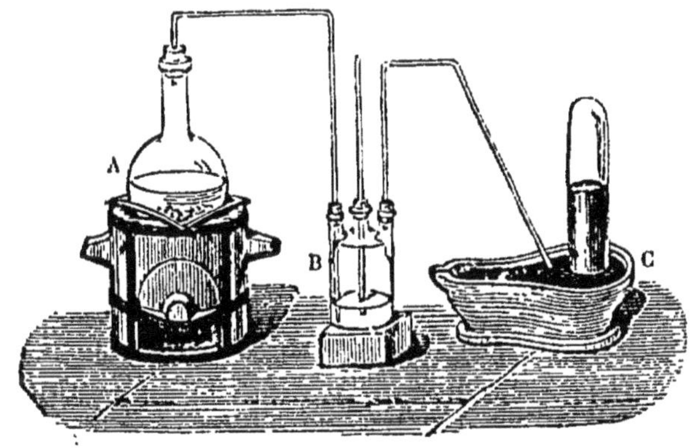

Fig. 28.

On introduit le chlorure de sodium et l'acide sulfurique dans un ballon de verre A (*fig.* 28); le tube abducteur communique avec un flacon laveur B contenant une petite quantité d'eau, et le flacon laveur communique avec une cuve à mercure C.

La solution d'acide chlorhydrique se fait à l'aide de l'appareil de Woolf (déjà décrit pages 55-56).

Usages. — L'acide chlorhydrique sert à la préparation du chlore, et, par suite, des hypochlorites décolorants et désinfectants. Il sert aussi à revivifier le noir animal dans les fabriques de sucre; certains procédés de préparation du cuivre, du nickel et du zinc en consomment beaucoup. Il est employé aussi à la préparation des chlorures, au décapage des métaux; il entre dans la composition de l'eau régale.

Eau régale.

Propriétés de l'eau régale. — *L'eau régale* est un liquide rougeâtre, dissolvant avec facilité l'or et le platine, en les convertissant en chlorures. On a donné à ce liquide le nom d'*eau régale*, parce qu'il dissout l'or, qu'on avait appelé le *roi des métaux*.

On obtient l'eau régale en mélangeant **3** parties d'acide chlorhydrique avec **2** parties d'acide azotique et en chauffant jusqu'à 86°.

Usages. — On emploie l'eau régale dans les ateliers de teinture et dans les manufactures de porcelaine, pour faire les compositions d'étain ou dissoudre l'or. Dans les laboratoires, on s'en sert comme dissolvant. Elle sert parfois à l'extraction et au travail de l'or et du platine.

Fluor. Fl. = 19.

Le *fluor* est un corps simple, gazeux, qui a été isolé en 1887 par M. Moissan. Il attaque tous les récipients dans lesquels on pourrait le renfermer. Un de ses composés, l'acide fluorhydrique, a une certaine importance.

Acide fluorhydrique. HFl = 20.

Propriétés de l'acide fluorhydrique. — *L'acide fluorhydrique* est un liquide incolore, dont la densité est 0,693; il bout à 30° et répand à l'air d'épaisses fumées blanches, dangereuses à respirer; il attaque le verre, et ne peut être obtenu et conservé que dans des vases de gutta-percha, de plomb ou de platine. Chaque goutte de ce liquide produit, en tombant dans l'eau, un bruit qui ressemble à celui que produirait l'immersion d'un fer rouge. L'acide fluorhydrique, en contact avec la peau, produit des brûlures dangereuses et qui peuvent occasionner la mort; il cesse d'être dangereux lorsqu'il est étendu d'eau.

Préparation. — On obtient l'acide fluorhydrique en décomposant le fluorure de calcium (spath fluor) par l'acide sulfurique étendu d'eau.

Réaction :

Fluorure de calcium. $\begin{cases} Fl^2 \dots \\ Ca \dots \end{cases}$

$CaO \dots$ $2HFl.$

Eau $\dots$ $\begin{cases} O \dots \\ H^2 \dots \end{cases}$

Acide sulfurique $\dots$ | $SO^3 \dots$ $SO^4Ca.$

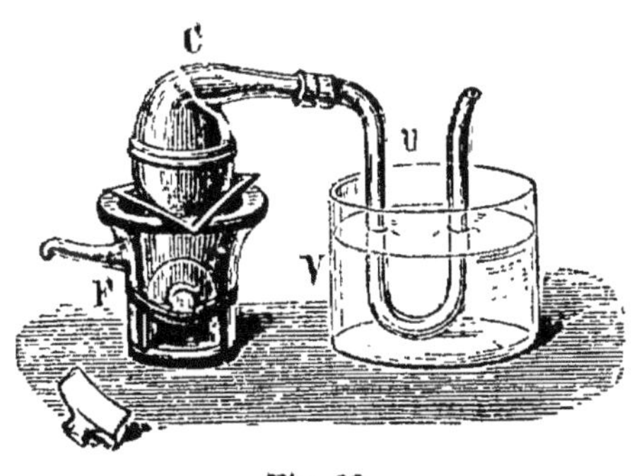

Fig. 29.

L'eau est décomposée, son oxygène s'unit au calcium et forme de l'oxyde de calcium ou chaux CaO; la chaux se combine avec l'acide sulfurique et forme du sulfate de chaux SO^4Ca; l'hydrogène de l'eau se combine avec le fluor et forme de l'acide fluorhydrique $2HFl$.

On introduit le fluorure de calcium pulvérisé et l'acide sulfurique dans une cornue de plomb C (*fig.* 29), que l'on fait communiquer avec un récipient de plomb *u*, maintenu froid dans le vase V; on chauffe légèrement la cornue, et les vapeurs d'acide fluorhydrique se condensent dans le récipient.

Usages. — L'acide fluorhydrique ronge et décompose le verre en se combinant avec l'un de ses éléments nommé *silicium*.

Pour établir des divisions sur un tube de verre, un tube thermométrique, par exemple, on le recouvre d'un vernis gras, puis, avec la pointe d'un stylet, on dessine les degrés en enlevant le vernis; on passe ensuite sur le tube une légère couche d'acide fluorhydrique faible, et, le verre étant attaqué partout où l'on a enlevé le vernis, les divisions apparaissent; on peut, de la même manière, graver des étiquettes sur les flacons.

Pour graver sur une feuille de verre, on recouvre également

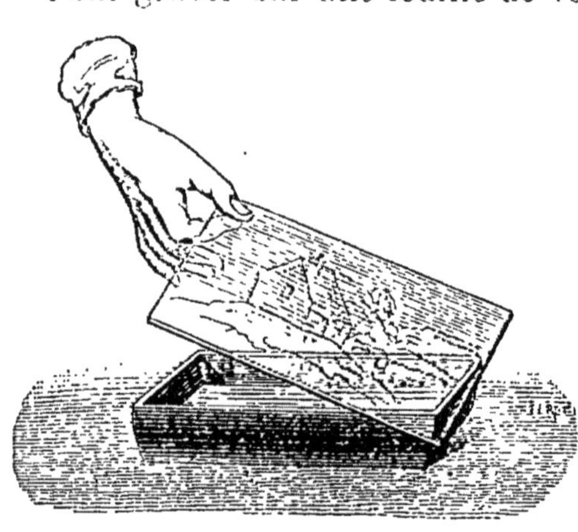

Fig. 30.

cette feuille d'un vernis gras, et l'on dessine avec un stylet, puis on place la feuille comme couvercle sur une boîte de plomb contenant du fluorure de calcium pulvérisé et arrosé d'acide sulfurique étendu d'eau : les faibles vapeurs d'acide fluorhydrique qui se dégagent suffisent pour graver sur le verre ainsi préparé : l'acide attaque toutes les parties découvertes et respecte les autres ; quand l'effet est produit, on se débarrasse du vernis par la chaleur ou par tout autre moyen (*fig.* 30).

Brome. Br = 80.

Propriétés du brome. — Le *brome* est un liquide rouge noirâtre, d'une odeur très forte et désagréable; c'est un poison très énergique.

Usages. — Le brome n'est guère employé qu'à l'état de bromures. Le bromure de potassium sert en médecine; le bromure d'argent, en photographie.

Iode. I = 127.

Propriétés de l'iode. — L'*iode* est solide à la température ordinaire; il forme des paillettes d'un gris ardoisé; son odeur est forte et ressemble à celle du chlore; il attaque les bouchons de liège : aussi faut-il fermer avec des bouchons de verre les flacons qui le contiennent. Il produit quelques vapeurs à la température ordinaire; on les fait quelquefois respirer aux malades atteints de la phtisie pulmonaire. L'iode a pour densité 4,95; il fond à 107° et bout à 176° : il forme alors de belles vapeurs violettes, qui sont huit fois et demie plus denses que l'air. L'iode tache la peau en jaune; mais cette couleur disparaît en peu de temps; on peut même la faire disparaître instantanément, en se lavant avec une dissolution alcaline. L'eau dissout $\frac{1}{7000}$ d'iode, et se colore en jaune; l'alcool en dissout une plus grande quantité, et forme un liquide foncé, qu'on appelle *teinture d'iode*.

On peut reconnaître les plus petites quantités d'iode en solution dans un liquide, en y ajoutant de l'amidon : il se forme un iodure d'amidon bleu; réciproquement, l'iode peut servir à reconnaître les moindres traces d'amidon. Quand on chauffe vers 80° l'iodure d'amidon, il se décolore, et la couleur reparaît par le refroidissement. On peut faire cristalliser l'iode soit par le refroidissement de ses vapeurs, soit par l'évaporation de ses dissolutions.

Préparation. — L'iode existe dans les eaux-mères des soudes de varechs à l'état d'iodure de potassium. Pour retirer l'iode de ces cendres, on traite par l'acide sulfurique et le bioxyde de manganèse.

Réaction :

Iodure de potassium. .. { 2I.
2K...

Bioxyde de manganèse. { O...
MnO...

2 acide sulfurique. { SO³...
SO³...

K^2O ... SO^4Mn. SO^4K^2.

Un poids atomique d'acide sulfurique décompose le bioxyde de manganèse en protoxyde MnO et en oxygène : il se forme du sulfate de protoxyde de manganèse SO^4Mn, et l'oxygène libre se combine avec le potassium de l'iodure, pour former de la potasse K^2O; cette potasse forme avec l'autre poids atomique d'acide sulfurique du sulfate de potasse, l'iode est libre

Dans les laboratoires, on introduit dans une cornue de

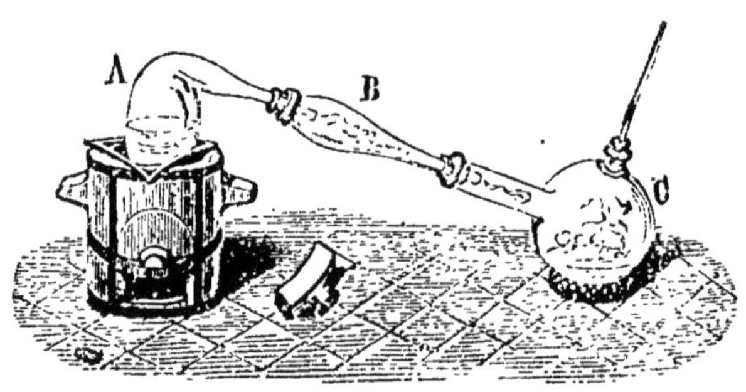

Fig. 31.

verre A (*fig.* 31) une solution d'iodure de potassium, à laquelle on ajoute de l'acide sulfurique et du bioxyde de manganèse; on fait communiquer cette cornue, par une allonge de verre B, avec un récipient froid C. Quand on

chauffe la cornue, les vapeurs d'iode viennent cristalliser
dans l'allonge et dans le récipient.

Usages. — Les usages de l'iode se sont fort étendus
depuis plusieurs années. L'iodure d'argent est employé en
photographie comme substance sensible à l'action de la
lumière. Les plaques de verre usitées en photographie
sont recouvertes d'une couche de collodion contenant de
l'iodure de potassium, puis elles sont trempées dans une
solution d'azotate d'argent : il se forme de l'iodure d'argent, en une couche mince, sur la plaque qu'on doit
exposer à la lumière dans la chambre noire. En médecine, on emploie l'iode, en petites quantités, soit à l'intérieur, soit à l'extérieur, principalement contre les goîtres
et les affections du système lymphatique. Les iodures ont
un rôle important en médecine.

—◦—

CHAPITRE V.

Phosphore, ses propriétés, sa préparation. — Combinaisons du
phosphore avec l'oxygène : acide phosphorique. — Combinaisons
du phosphore avec l'hydrogène : hydrogène phosphoré gazeux,
phosphure d'hydrogène liquide, phosphure d'hydrogène solide.
— Arsenic, ses propriétés, sa préparation, ses usages. — Combinaisons de l'arsenic avec l'oxygène : acide arsénieux, acide arsénique. — Combinaisons de l'arsenic avec le soufre : bisulfure
d'arsenic, trisulfure d'arsenic. — Moyens de reconnaître les
empoisonnements par les composés d'arsenic.

Phosphore. Ph = 31.

Propriétés du phosphore. — Le *phosphore* est un
corps simple, solide à la température ordinaire. On le
trouve dans le commerce en petits bâtons; il est jaunâtre,
assez mou pour être coupé par un canif ou par des ci-
seaux, flexible, demi-transparent, sans saveur, mais d'une
odeur d'ail : c'est un poison énergique. Il est insoluble

dans l'eau, mais il lui communique son odeur; il se dissout dans le sulfure de carbone, et cristallise par évaporation. Sa densité est 1,77. Il ne peut être conservé que dans l'eau : car, au contact de l'air, il brûle lentement et forme de l'acide phosphoreux; si on le chauffe à l'air, même légèrement, il s'enflamme et forme de l'acide phosphorique. Il ne faut jamais manier les bâtons de phosphore que lorsqu'ils sont mouillés et froids.

Le phosphore exposé à l'air est lumineux dans l'obscurité, parce qu'il se combine avec l'oxygène; mais cette flamme est invisible pendant le jour, parce qu'elle est trop faible. Lorsqu'on laisse à la lumière un flacon plein d'eau renfermant du phosphore, les bâtons deviennent blancs à leur surface.

Le phosphore fond à 44° et bout à 290°. Pour fondre le phosphore, on le met dans l'eau chaude : il forme un liquide épais jaunâtre au fond de l'eau.

Un bâton de phosphore exposé longtemps à la lumière solaire, dans un tube de verre fermé à la lampe, devient rouge. L'étude que l'on a faite du phosphore ainsi modifié a montré qu'il a des propriétés toutes différentes : ainsi, il est insoluble dans le sulfure de carbone, non cristallisé (*amorphe*); il ne s'oxyde pas naturellement à l'air, dans lequel il ne s'enflamme qu'à partir de 260°; enfin, il n'est pas délétère. La différence entre le phosphore ordinaire et le phosphore amorphe est attribuée à une simple modification moléculaire ou *transformation allotropique*. Aujourd'hui on prépare industriellement le *phosphore rouge*, en maintenant pendant plusieurs jours le phosphore ordinaire, à l'abri du contact de l'air, à une température voisine de 270°.

Préparation. — Pour obtenir du phosphore, on calcine des os à l'air, ce qui donne une matière blanche, qu'on pulvérise, et qu'on délaye dans l'eau, puis on y ajoute de l'acide sulfurique. Les os calcinés sont formés de phosphate de chaux tribasique et de carbonate de chaux.

6.

En réagissant sur le carbonate de chaux, l'acide sulfurique donne de l'acide carbonique, qui se dégage, et du sulfate de chaux SO^4Ca, qui reste. Une autre portion de l'acide sulfurique ajouté attaque le phosphate tribasique $(3CaO),Ph^2O^5$, et donne une nouvelle quantité de sulfate SO^4Ca, avec du phosphate acide $CaO, 2H^2O,Ph^2O^5$ On a donc, dès lors, dans l'appareil, un mélange de sulfate de chaux, insoluble, qui se dépose, et de phosphate acide de chaux $CaO,2H^2O,Ph^2O^5$, soluble, qui entre en dissolution. En décantant, on sépare ce dernier sel, qui contient tout le phosphore de la cendre d'os.

On concentre la dissolution ainsi obtenue jusqu'à ce qu'elle devienne épaisse comme un sirop; on la mêle avec du charbon de bois pulvérisé; on forme une pâte, on la divise en boules, que l'on sèche jusqu'au rouge sombre;

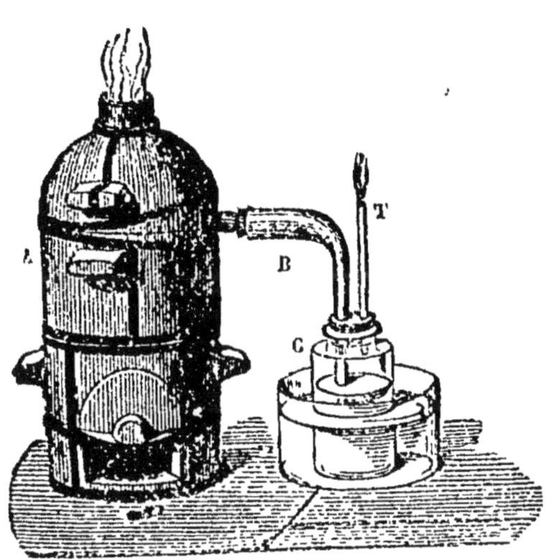

Fig. 32.

puis on chauffe fortement ces boules dans une cornue de grès (*fig.* 32).

Sous l'influence d'une très grande élévation de température, le charbon s'empare de l'oxygène qui était uni au phosphore dans le phosphate. Il se produit ainsi de l'oxyde de carbone, qui se dégage, et du phosphore, mis en liberté, qui va se condenser à l'état liquide dans le vase C, rempli d'eau tiède. Toutefois, la totalité de l'acide phosphorique n'est pas réduite par le charbon; une partie reste toujours en combinaison avec la chaux, de sorte qu'il se dégage seulement les deux tiers du phosphore.

Lorsque le phosphore est froid, on le retire de l'eau et

on le place dans un nouet de peau, que l'on plonge dans
de l'eau chaude, et qu'on presse avec une pince de fer ; le
phosphore liquide passe à travers les pores de la peau, et
les matières impures restent dans le nouet. On plonge
ensuite dans ce phosphore l'extrémité d'un long tube de
verre, légèrement évasé de haut en bas, et on aspire par
l'autre extrémité : le phosphore se moule en baguette
dans le tube. Après refroidissement, on chasse la baguette
avec une tige de verre.

Usages. — Le phosphore sert quelquefois, mais rarement, en médecine, plus souvent dans la préparation
d'une pâte phosphorée pour détruire les rats, et principalement à la fabrication des allumettes dites *chimiques*.
Ces allumettes sont d'abord soufrées, puis on attache à
leur extrémité une petite quantité d'une pâte faite avec
du phosphore, de la colle forte, de l'eau, du sable fin,
de l'ocre rouge et du vermillon. On peut remplacer le
soufre par l'acide stéarique fondu, dans lequel on trempe
les allumettes avant de les recouvrir de la pâte inflammable : elles ne donnent pas l'odeur désagréable du
soufre brûlé. Pour avoir du feu, il suffit de frotter sur
un corps dur l'extrémité des allumettes, qui ne détonent
pas en s'enflammant, à moins qu'elles ne contiennent
aussi du chlorate de potasse.

Les allumettes chimiques phosphorées, bien que fort
commodes et généralement employées aujourd'hui, présentent un double danger : car, en premier lieu, la pâte
inflammable est un poison par le phosphore qu'elle contient; puis, comme elles prennent feu rapidement, elles
peuvent occasionner des incendies. Il est malheureusement arrivé plusieurs accidents de ce genre : des enfants
se sont empoisonnés en mâchant le bout des allumettes;
d'autres ont mis le feu involontairement en jouant avec ces
corps inflammables. Tout danger disparaît si l'on emploie
le phosphore rouge amorphe, puisqu'il n'est pas vénéneux et qu'il ne s'enflamme que par un frottement plus
rude; mais son prix élevé n'a pas encore permis de l'em-

ployer exclusivement. Il est, en outre, moins commode : car il ne prend feu que par un frottement sur un frottoir spécial.

Combinaisons du phosphore avec l'oxygène.

Le phosphore forme avec l'oxygène plusieurs composés. Le seul qui soit employé est l'*acide phosphorique*.

Acide phosphorique. $Ph^2O^5 = 142$.

On distingue : 1° *l'acide phosphorique anhydre* ou *privé d'eau;* 2° *l'acide phosphorique ordinaire* ou *hydraté.*

1° *Acide phosphorique anhydre.* L'acide phosphorique anhydre est solide à la température ordinaire : c'est une poudre blanche qui s'agglutine de manière à former des flocons filamenteux. Il est très avide d'eau et peut servir à dessécher les gaz.

On obtient l'acide phosphorique anhydre en brûlant le phosphore dans l'air sec ou dans l'oxygène sec.

Fig. 33.

On place sur une assiette (*fig.* 33) une coupelle de porcelaine contenant un morceau de phosphore, qu'on allume; on recouvre cette assiette d'une cloche de verre bien sèche, et contenant de l'air desséché : le phosphore brûle en se combinant avec l'oxygène de l'air, et forme des vapeurs blanches d'acide phosphorique ; ces vapeurs se condensent sur les parois de la cloche et sur l'assiette, et forment une poudre blanche floconneuse.

2° *Acide phosphorique ordinaire* ou *hydraté*. L'acide phosphorique ordinaire ou hydraté, tel qu'on le trouve dans le commerce, est de l'acide phosphorique PhO^5 combiné avec une quantité plus ou moins grande d'eau; c'est un liquide incolore, rougissant fortement la teinture de tournesol.

On obtient l'acide phosphorique ordinaire en dissolvant le phosphore dans l'acide azotique.

On introduit dans une cornue de verre (*fig.* 34) un

Fig. 34.

morceau de phosphore et une grande quantité d'acide azotique étendu d'eau; on chauffe modérément : le phosphore prend de l'oxygène à l'acide azotique et se change en acide phosphorique, qui reste dans la cornue. L'acide azotique est ramené à l'état de gaz bioxyde d'azote, qui se dégage. Pendant l'opération, une partie de l'acide azotique distille sous l'action de la chaleur; pour qu'il ne se perde pas, on le condense dans un ballon placé à la suite de la cornue, et refroidi par un courant d'eau. On concentre ensuite l'acide phosphorique dans une capsule de platine.

L'acide phosphorique hydraté est peu employé, si ce

n'est comme réactif dans les laboratoires. Il sert, de plus,
à former quelques phosphates.

Combinaisons du phosphore avec l'hydrogène.

Le phosphore donne avec l'hydrogène trois composés :
1° le *phosphure d'hydrogène gazeux;* 2° le *phosphure d'hydrogène liquide;* 3° le *phosphure d'hydrogène solide.*

Hydrogène phosphoré gazeux. $PhH^3 = 34$.

Propriétés de l'hydrogène phosphoré gazeux. —
Le *gaz hydrogène phosphoré* pur est incolore, d'une forte
odeur d'ail; il brûle au contact de l'air, à la température
de 100°. Lorsque ce gaz contient des vapeurs de phosphure d'hydrogène liquide, il s'enflamme, au contraire,
spontanément à l'air.

Préparation. — On obtient le gaz hydrogène phosphoré spontanément
inflammable, en
chauffant dans un
ballon de verre de
petites boulettes de
chaux hydratée con-
tenant chacune un
petit morceau de
phosphore.

Le tube abducteur
plonge dans l'eau
(*fig.* 35); chaque
bulle de gaz qui s'é-
chappe de l'eau s'al-

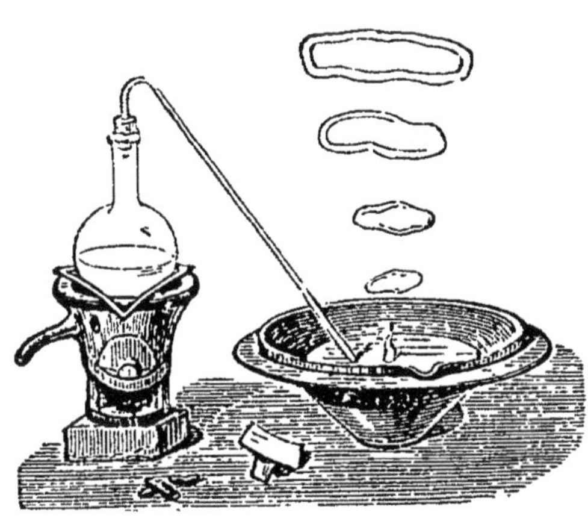

Fig. 35.

lume spontanément au contact de l'air, en produisant
une petite explosion et une couronne de fumée composée

d'acide phosphorique; cette couronne s'élargit à mesure qu'elle s'élève.

Si l'on fait passer le tube abducteur dans un mélange réfrigérant, il se dépose dans le tube du phosphure d'hydrogène liquide, et le gaz qui passe est de l'hydrogène phosphoré pur, qui n'est plus inflammable qu'à 100°.

Usages. — Le gaz hydrogène phosphoré pur est sans usages, aussi bien que le gaz inflammable. Ce dernier se forme fréquemment dans les cimetières, par la putréfaction des matières organiques qui contiennent du phosphore. En s'échappant par les fissures de la terre, il produit des flammes qui effrayent quand on ne se rend pas compte du phénomène (*feux follets*).

Phosphure d'hydrogène liquide. $PhH^2 = 33$.

Propriétés du phosphure d'hydrogène liquide. — Le *phosphure d'hydrogène liquide* est très inflammable et brûle spontanément au contact de l'air. Il est sans usages.

Phosphure d'hydrogène solide. $Ph^2H = 63$.

Propriétés du phosphure d'hydrogène solide. — Solide jaune, combustible, mais non spontanément inflammable, il prend naissance quand on abandonne à l'action de la lumière le phosphore liquide, qui se décompose alors assez rapidement en phosphure gazeux et phosphure solide.

Arsenic. $As = 75$. .

Propriétés de l'arsenic. — *L'arsenic* est un corps simple, solide, d'une texture grenue. Quand on le casse, il a la couleur de l'acier poli, mais il se ternit rapidement à l'air. Sa densité est 5,67. Chauffé en vase ouvert, l'arsenic se vaporise sans se fondre; les vapeurs d'arsenic ont une odeur d'ail et sont dangereuses à respirer. Chauffé dans un vase fermé, il peut être fondu, parce qu'il est alors comprimé par les vapeurs qui se forment dans le vase.

Il est aisément combustible, et donne en brûlant des fumées blanches d'acide arsénieux. A une température un peu élevée, il s'unit aisément à la plupart des métalloïdes et des métaux.

Préparation. — On obtient l'arsenic en chauffant un mélange d'acide arsénieux et de charbon.

$$As^2O^3 + 3C = 3CO + 2As.$$

Le charbon forme avec l'oxygène de l'oxyde de carbone qui se dégage, et les vapeurs d'arsenic se solidifient contre les parties froides de la cornue.

Usages. — L'arsenic sert à la préparation de quelques alliages et des sulfures d'arsenic employés dans la peinture. Il entre dans la composition du papier appelé *mort aux mouches*, dont il ne faut se servir qu'avec précaution, à cause de ses effets vénéneux.

Combinaisons de l'arsenic avec l'oxygène.

L'arsenic forme avec l'oxygène deux acides : *l'acide arsénieux* et *l'acide arsénique*.

Acide arsénieux. $As^2O^3 = 198$.

Propriétés de l'acide arsénieux. — *L'acide arsénieux*, vulgairement nommé *arsenic blanc* et *mort aux rats*, est transparent; mais il devient opaque et ressemble alors à de la porcelaine. On le trouve pulvérisé dans le commerce sous forme de poudre blanche. Il est sans odeur; mais quand on en met une petite quantité sur un charbon rouge, il est réduit, et partiellement ramené à l'état d'arsenic, et il dégage alors une forte odeur d'ail. Il ne faut pas respirer de grandes quantités de ces vapeurs. L'acide arsénieux est peu soluble dans l'eau; la solution rougit faiblement la teinture de tournesol.

Préparation. — On obtient l'acide arsénieux en grillant des arséniures au contact de l'air; l'arsenic brûle avec l'oxygène de l'air et forme de l'acide arsénieux, dont les vapeurs se condensent sur les parois des chambres dans lesquelles on dirige les produits de la combustion. On détache ensuite l'acide de ces parois.

Usages. — L'acide arsénieux est utilisé pour le chaulage du blé, mais seulement quand les champs sont infestés de petits animaux rongeurs : son emploi, dans ce cas, exige une grande prudence et n'est jamais exempt de danger.

La médecine emploie l'acide arsénieux comme fébrifuge et contre les asthmes. C'est en donnant aux chevaux une légère dose de cet acide qu'on augmente à la fois leur ardeur et leur élégance. Il sert encore à empoisonner les rats et à conserver la peau des animaux empaillés.

Il est employé dans la préparation de certaines couleurs et dans plusieurs opérations de teinture.

Acide arsénique. $As^2O^5 = 230$.

Propriétés de l'acide arsénique. — *L'acide arsénique* est solide, blanc, plus soluble dans l'eau que l'acide arsénieux. On l'obtient en traitant l'acide arsénieux par l'acide azotique ou par l'eau régale.

Combinaisons de l'arsenic avec le soufre.

L'arsenic forme avec le soufre deux sulfures, qui sont employés en peinture : le *bisulfure d'arsenic* et le *trisulfure d'arsenic*.

Bisulfure d'arsenic. $AsS = 107$.

Propriétés du bisulfure d'arsenic. — Le *bisulfure d'arsenic*, connu dans le commerce sous le nom de *réalgar*, est rouge; il existe dans la nature; mais on peut l'obtenir en combinant 1 poids atomique d'arsenic avec 1 poids atomique de soufre.

Usages. — Le réalgar fournit à la peinture une belle couleur rouge orangée. Avec le nitre et le soufre, il donne à la pyrotechnie le *feu indien*, d'une blancheur éblouissante.

Trisulfure d'arsenic. $As^2S^3 = 246$.

Propriétés du trisulfure d'arsenic. — Le *trisulfure d'arsenic*, encore nommé *orpiment*, est jaune. On le trouve dans la nature. On l'obtient également en combinant 2 poids atomiques d'arsenic avec 3 poids atomiques de soufre.

Usages. — L'orpiment est employé dans la peinture, pour la teinture en jaune des toiles et des tissus, et pour dissoudre et désoxygéner l'indigo.

Moyen de reconnaître les empoisonnements par les composés d'arsenic.

Les composés d'arsenic, et surtout l'acide arsénieux, sont souvent employés pour empoisonner. La science est venue donner à la justice les moyens de reconnaître le crime et de le punir. On se sert, à cet effet, de l'appareil suivant, connu sous le nom d'*appareil de Marsh* (*fig.* 36).

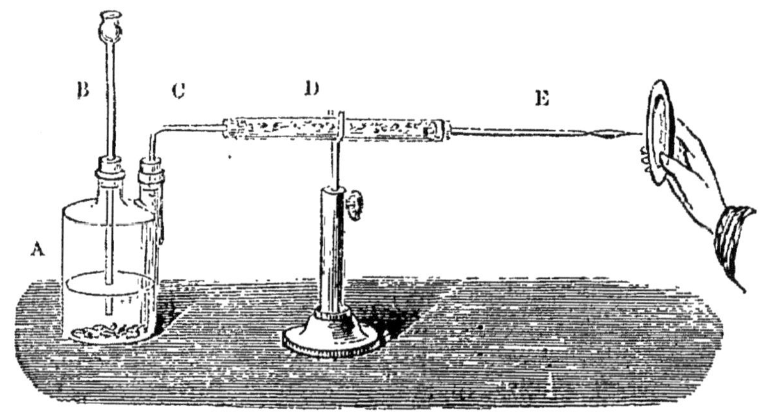

Fig. 36.

Un flacon A à deux tubulures contient de l'eau et de la grenaille de zinc. Par l'une des tubulures, passe un tube droit B, terminé supérieurement en entonnoir et plongeant dans l'eau. Par l'autre tubulure passe un tube abducteur C, communiquant avec un tube plus large D, contenant de l'amiante ou simplement du coton; ce tube se termine par un autre tube effilé E. On verse peu à peu de l'acide sulfurique par le tube B : il se dégage de l'hydrogène, et lorsqu'on juge que tout l'air est chassé, on allume le bec d'hydrogène à l'extrémité du tube E. Si le zinc est bien pur, l'hydrogène ne forme en brûlant que de la vapeur d'eau : on s'en assure en exposant à la flamme une soucoupe de porcelaine, qui se mouille sans qu'il se forme aucune tache.

Une fois qu'on est certain que le zinc est de bonne qualité, on introduit par le tube B une petite quantité des matières que l'on soupçonne contenir de l'acide arsénieux; ces matières peuvent provenir des substances contenues dans l'estomac ou vomies par la personne que l'on suppose victime d'un empoisonnement. S'il y a réelle-ment de l'acide arsénieux dans ces matières, bientôt la flamme change de couleur, elle devient livide : c'est qu'alors ce n'est plus de l'hydrogène pur qui se dégage, mais bien de l'hydrogène arsénié (AsH^3). Si l'on met dans la flamme la soucoupe de porcelaine, il se forme, à l'en-droit touché par la flamme, une tache brune, qui est de l'arsenic métallique. De très petites quantités d'arsenic, telles qu'une simple goutte d'une solution d'acide arsé-nieux, donnent un grand nombre de taches.

On reconnaît que ces taches sont réellement de l'ar-senic, aux caractères suivants :

1° Quand on les chauffe, elles disparaissent rapidement;

2° Quand on les touche avec une goutte d'acide azo-tique, elles disparaissent;

3° Si l'on chauffe doucement jusqu'à sec une tache dis-soute dans l'acide azotique, on obtient une petite poudre blanche, qui, touchée par une goutte d'azotate d'argent *bien neutre*, donne un précipité rouge brique.

CHAPITRE VI.

Carbone. — Carbone pur : diamant, graphite, coke, noir de fumée. — Carbone impur : houille, anthracite, charbon de bois, noir animal. — Combinaisons du carbone avec l'oxygène : acide carbonique, oxyde de carbone. — Combinaisons du carbone avec l'hydrogène : hydrogène bicarboné, hydrogène protocarboné, gaz de l'éclairage. — Combinaisons du carbone avec l'azote et avec l'hydrogène : cyanogène, acide cyanhydrique. — Combinaison du carbone avec le soufre : sulfure de carbone. — Bore, sa nature. — Combinaison du bore avec l'oxygène : acide borique. — Silicium, ses propriétés. — Combinaison du silicium avec l'oxygène : silice ou acide silicique.

Carbone. $C = 12$.

Le *carbone* est un corps simple, très abondant dans la nature, mais rarement pur. On distingue deux sortes de carbone : le *carbone pur* et le *carbone impur*.

Carbone pur. — Le carbone pur, ou presque pur, se présente sous quatre aspects différents : 1° le *diamant*; 2° le *graphite* ou *mine de plomb*; 3° le *coke*; 4° le *noir de fumée*.

Ces quatre corps, brûlés par l'oxygène, donnent le même résultat (acide carbonique), et ne sont, par conséquent, que des modifications d'un même corps.

Sous quelque état que l'on prenne le carbone, jusqu'à présent on n'a pu réussir ni à le fondre ni à le dissoudre, sauf dans le fer en fusion, avec lequel il constitue la fonte.

1° Le *diamant*. Le diamant est du carbone pur et cristallisé. On l'a obtenu artificiellement de nos jours, mais en cristaux encore très petits; on le rencontre dans la nature, notamment dans les mines du Brésil, de Golconde, de Bornéo et du Cap. C'est le plus dur de tous les corps, les rayant tous et n'étant rayé par aucun. Sa densité est 3,5. Il est tantôt incolore, tantôt coloré en bleu, en rose, en vert ou en noir.

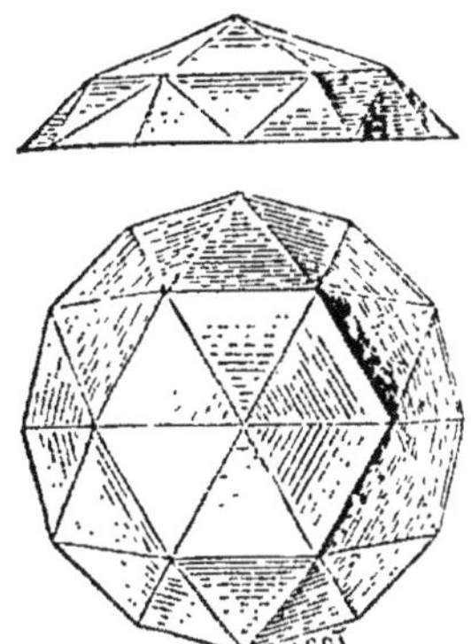

Fig. 37.

Pour tailler le diamant, on emploie la poussière des diamants les plus durs : on en saupoudre une plaque d'acier huilée et tournant rapidement, et l'on applique sur cette plaque les différentes faces du diamant que l'on veut tailler. Les deux tailles principales sont la *rose* et le *brillant*. La taille en *rose* consiste en vingt-quatre facettes portant sur le même côté; le dessous du diamant est plat (*fig.* 37). Dans la taille en *brillant*, les deux côtés du diamant sont taillés (*fig.* 38).

La valeur des diamants est toujours très élevée, parce qu'ils sont rares : elle varie cependant, selon qu'ils sont susceptibles ou non d'être taillés; elle dépend encore de la grosseur, de la pureté, de la forme, de la teinte, etc. Le poids d'un diamant est estimé en *carats :* un carat vaut 205 milligrammes. La France possède un des plus beaux diamants qui soient au monde; il est appelé *Régent*, parce qu'il fut acheté par le duc d'Orléans, régent pendant la minorité de Louis XV. Il coûta 2 500 000 fr. : il vaut, dit-on, 6 millions, et quelques auteurs disent même le double; il pèse 136 carats et

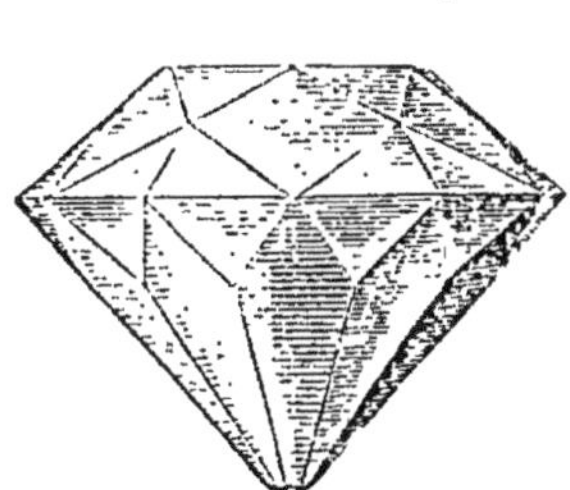

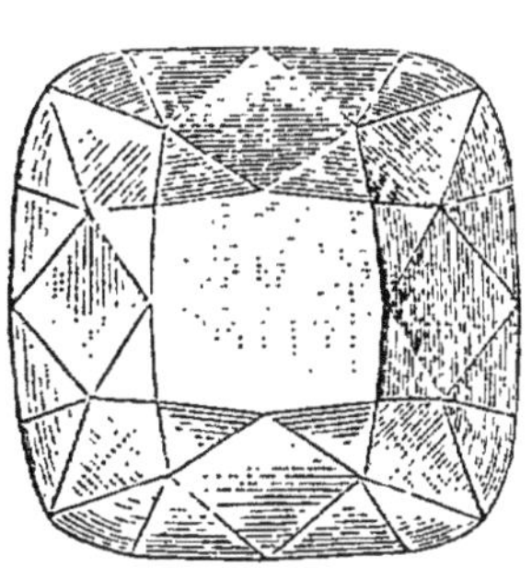

Fig. 38.

il en pesait 410 avant d'être taillé. La taille de ce diamant a coûté deux années de travail; c'est un des diamants de la plus grande pureté. Il est représenté en vraie grandeur *fig.* 38.

Le diamant est employé comme parure. Sa poussière sert à polir les diamants et les autres pierres précieuses. Les diamants très durs, appelés *diamants de nature*, sont employés à faire de la poudre de diamant et servent aux vitriers à couper le verre. On en forme aussi des pivots pour l'horlogerie.

2° Le *graphite* ou *mine de plomb*. Le graphite ou mine de plomb ou plombagine est encore du carbone pur ou associé à de petites quantités de fer : c'est une substance brillante, onctueuse, douce au toucher, s'attachant facilement aux doigts et laissant une trace sur le papier. On s'en sert pour confectionner des crayons et pour rendre conductrice de l'électricité la surface du bois, du plâtre, de la cire, etc., lorsqu'on veut recouvrir l'une de ces substances d'une couche métallique par la galvanoplastie.

3° Le *coke*. Le coke provient de la houille, privée par la distillation de la plupart des matières étrangères qui y étaient contenues. Sa couleur est d'un gris de fer. C'est un combustible précieux, qui, en brûlant, produit beaucoup de chaleur. On s'en sert principalement pour alimenter les hauts fourneaux, les machines à vapeur et les locomotives.

4° Le *noir de fumée*. Le noir de fumée commercial n'est plus que du carbone quand on l'épure. On l'obtient en brûlant incomplètement des matières grasses ou des matières résineuses, et en faisant passer les produits de la combustion à travers une série de cylindres formés de sacs de toile : le noir de fumée s'attache à l'intérieur de ces sacs; il suffit de les frapper avec une baguette pour l'en détacher. On emploie le noir de fumée dans la peinture en noir, dans la fabrication de l'encre d'imprimerie, de l'encre de Chine, etc.

Carbone impur. — Le carbone impur forme : 1° la *houille* ou *charbon de terre*; 2° l'*anthracite* ou *charbon de pierre*; 3° le *charbon de bois*; 4° le *noir animal*.

1° La *houille* ou *charbon de terre*. La houille ou charbon de terre se trouve en mines dans l'intérieur de la terre, et provient de la décomposition des matières végétales. Quand on la chauffe, elle dégage un grand nombre de composés volatils très combustibles, et laisse du coke pour résidu. Depuis longtemps, la houille est le plus important des combustibles industriels ; elle est aussi fort employée dans le chauffage domestique. Avec la houille on fabrique le gaz d'éclairage et le coke.

2° L'*anthracite* ou *charbon de pierre*. L'anthracite est encore nommé charbon de pierre. Cette substance, qui a beaucoup de ressemblance avec la houille, brûle moins aisément et avec une flamme courte. C'est encore un combustible de grande importance.

3° Le *charbon de bois*. Le charbon de bois s'obtient par la combustion incomplète du bois, en présence d'une quantité d'air insuffisante, ou par la calcination du bois en vase clos, à l'abri du contact de l'air.

Le bois sec contient à peu près 36 pour 100 de son poids de charbon. Chauffé fortement dans des cylindres de fonte, il se décompose, laisse dégager de nombreuses substances (acide carbonique, oxyde de carbone, carbures d'hydrogène gazeux, vinaigre de bois, esprit de bois, goudron...), qui sont susceptibles d'être recueillies et utilisées ; et le charbon de bois reste dans les cylindres.

Ce procédé de préparation, qui ne laisse rien perdre et donne le plus fort rendement en charbon, serait le plus avantageux, s'il ne nécessitait le transport très coûteux du bois jusqu'à l'usine où il doit être traité. C'est pour cette raison qu'on se contente le plus souvent d'employer le procédé plus primitif des *meules*.

Le bois, coupé en rondins, est empilé en une meule (*fig.* 39) que l'on recouvre de terre. Par une cheminée ménagée au milieu, on introduit de la braise incandescente. Le feu se propage de proche en proche, très lentement, car l'arrivée de l'air est insuffisante. Quand on juge que la combustion est assez avancée, on éteint le feu en bouchant toutes les ouvertures et en augmentant l'épaisseur de la couche de terre.

Le charbon de bois a la propriété d'absorber les gaz en quantité variable, suivant la nature du charbon et la nature des gaz. Un morceau de charbon peut absorber jusqu'à 55 fois son volume d'acide sulfhydrique et 960fois

Fig. 39.

son volume de gaz ammoniac. Aussi est-il utilisé pour filtrer les eaux qui ont acquis une mauvaise odeur au contact des matières organiques, par suite des gaz acide sulfhydrique et ammoniac dont elles se sont chargées.

On en forme d'excellents filtres pour purifier l'eau, en plaçant au fond d'un vase percé des couches alternatives de sable et de charbon de bois pilé. De même, la viande, entourée de poussière de charbon de bois, se conserve longtemps sans altération, ou même perd la mauvaise odeur qu'elle avait pu prendre par suite d'un commencement de décomposition. En éteignant quelques charbons dans l'eau qui sert à cuire la viande ou le poisson, surtout dans l'été, on enlève ainsi l'odeur que donne à ces aliments la chaleur ou un temps d'orage. Le charbon de bois est beaucoup plus employé encore comme combustible, et particulièrement pour la cuisine.

7.

4° Le *noir animal*. On obtient le noir animal ou charbon animal en chauffant à l'abri du contact de l'air les matières animales, et principalement les os. On remplit d'os plusieurs marmites de fonte; on les superpose de manière que la deuxième serve de couvercle à la première, ainsi de suite, excepté la dernière, qui est munie d'un couvercle; on chauffe, et, après la calcination, on a une matière noire que l'on réduit en poudre, et qui est le *noir animal*. Il est constitué par du charbon mêlé à une quantité considérable de phosphate et de carbonate de chaux, qui constituaient la partie minérale des os.

Ce charbon se combine facilement avec les matières colorantes : aussi est-il employé dans les distilleries pour clarifier les sirops et autres jus sucrés, les vinaigres, etc. Une expérience fort simple démontre la propriété décolorante de ce charbon. On en met une certaine quantité dans du vin rouge, on chauffe légèrement, puis on filtre la liqueur : elle passe incolore comme de l'eau ordinaire.

En agriculture, le noir animal est employé pour amender les terres. Il retient, en effet, une certaine quantité de matières organiques azotées et d'éléments minéraux, tels que le phosphate et le carbonate de chaux, qui se combinent avec la terre et contribuent à sa fertilité.

Combinaisons du carbone avec l'oxygène.

Le carbone forme avec l'oxygène deux composés gazeux : *l'acide carbonique* et *l'oxyde de carbone*.

Acide carbonique. $CO^2 = 44$.

Propriétés de l'acide carbonique. — *L'acide carbonique* est un gaz incolore, d'une odeur et d'une saveur aigrelettes et piquantes ; il éteint une bougie allumée, rougit faiblement la teinture de tournesol et blanchit l'eau de chaux, en formant avec la chaux un carbonate insoluble. Sa densité est 1,529.

L'acide carbonique peut être liquéfié sous une pression de 36 atmosphères et à la température 0°. Si la température augmente, la tension de la vapeur devient égale à 50 atmosphères à 15°, et à 75 atmosphères à 30°. Projeté dans l'air en un jet très fin, ce liquide s'évapore rapidement, ce qui détermine le refroidissement rapide, et, par suite, la solidification sous forme de neige, de la partie non évaporée.

L'acide carbonique est un peu soluble dans l'eau à la température et à la pression ordinaires; mais quand on augmente la pression, l'eau peut en dissoudre plusieurs fois son volume. L'eau ainsi chargée d'une grande quantité d'acide carbonique s'appelle *eau de Seltz*.

L'acide carbonique n'est pas ou est peu délétère; mais il est impropre à la respiration. Qu'une pièce contienne 30 pour 100 d'acide carbonique, l'homme périt asphyxié, et l'asphyxie aura lieu plus tôt, s'il se forme en même temps de l'oxyde de carbone, qui est délétère : d'où la nécessité de ventiler fortement toute enceinte où se trouvent plusieurs personnes, et qui est éclairée par de nombreuses lumières. Pour qu'un homme puisse respirer librement, il lui faut environ 8 mètres cubes d'air par heure.

Il existe un moyen très simple de s'assurer que l'air d'une salle contient une grande quantité d'acide carbonique : c'est d'y introduire une bougie allumée et fixée au bout d'une perche : si la bougie s'éteint, c'est une preuve que l'air contient une quantité d'acide carbonique considérable; avant d'y pénétrer, il faudra établir un courant d'air, ou, si cela est impossible, y jeter de la chaux délayée dans l'eau, la chaux absorbant l'acide carbonique.

Pendant la fermentation, le jus de raisin dégage de grandes quantités d'acide carbonique : aussi doit-on éviter, sous peine de la vie, de trop s'approcher des cuves et plus encore d'y descendre. De même, il faut se garder de pénétrer dans des grottes inconnues, dans des mines abandonnées, etc., sans s'être assuré préalablement de la pureté de l'air, en y introduisant une torche ou une bougie allumée.

Dans quelques localités, le sol dégage naturellement de l'acide carbonique. Ainsi, en Italie, près de Pouzzoles, il existe une grotte qui contient toujours à la surface de la terre une couche d'environ un mètre de ce gaz. Les chiens sont asphyxiés quand ils y entrent, parce qu'ils plongent entièrement dans ces couches qui ne sont pas respirables, tandis que l'homme, ayant la tête à une plus grande hauteur, peut respirer librement. Cette grotte est connue sous le nom de *grotte du Chien.*

Préparation. — On obtient de l'acide carbonique dans les laboratoires en décomposant le marbre blanc (carbonate de chaux) par l'acide chlorhydrique.

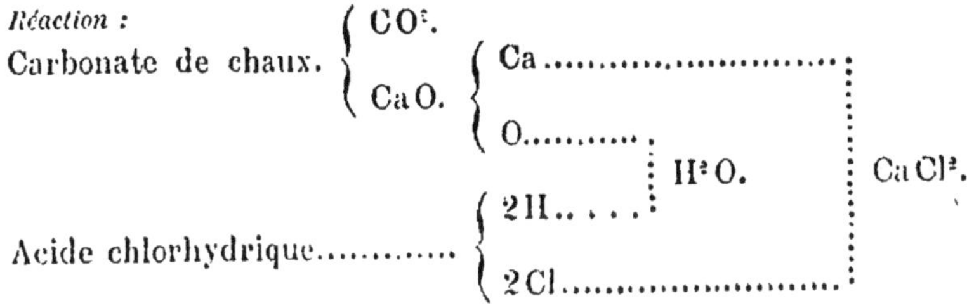

Réaction :

Carbonate de chaux. $\begin{cases} CO_2. \\ CaO. \end{cases}$

En se combinant avec la chaux, l'acide chlorhydrique forme de l'eau H_2O et du chlorure de calcium $CaCl_2$; l'acide carbonique libre se dégage :

$$CO_3Ca + 2HCl = H_2O + CaCl_2 + CO_2.$$

On introduit le marbre cassé par petits morceaux dans un flacon A à deux tubulures (*fig.* 40); on ajoute de l'eau; puis par un long tube droit BC on verse peu à peu de l'acide chlorhydrique : aussitôt le dégagement d'acide carbonique se fait par le tube abducteur EF; le gaz est recueilli dans des éprouvettes pleines d'eau. Le chlorure de calcium reste en solution dans l'eau du flacon : pour le retirer, il suffit de filtrer la liqueur et de la chauffer ensuite, afin de vaporiser l'eau. Ce chlorure de calcium peut servir à dessécher les gaz.

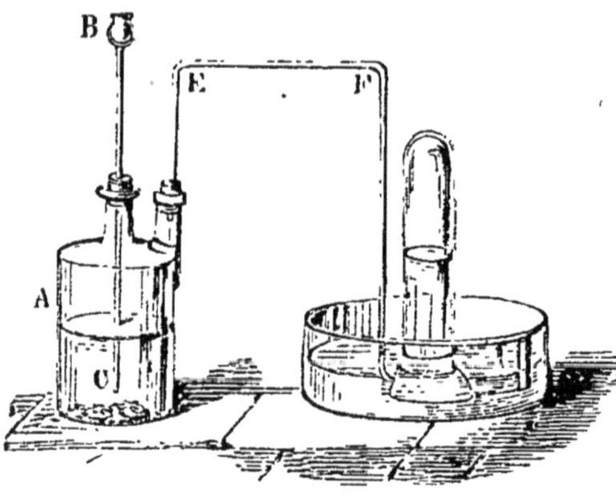

Fig. 40.

Dans cette préparation, on peut remplacer l'acide chlorhydrique par l'acide sulfurique; mais alors il faut remuer souvent le mélange, parce qu'il se forme du sulfate de chaux presque insoluble, et le sulfate, recouvrant le carbonate de chaux, l'empêcherait bientôt d'être attaqué par l'acide sulfurique.

Usages. — L'acide carbonique est très répandu dans la nature, puisque l'homme et tous les animaux en produisent à chaque instant par la respiration, et qu'il se forme par la combustion et la fermentation de toutes les matières organiques.

En dehors du rôle considérable que l'acide carbonique joue dans la nature, principalement pour la nutrition des plantes, ses usages sont relativement secondaires.

Il sert à la préparation de l'eau de Seltz artificielle, particulièrement convenable aux personnes qui ont l'estomac faible et qui digèrent difficilement.

Pour préparer en grand l'eau de Seltz, on introduit dans un appareil séparé les matières nécessaires à la production d'une grande quantité d'acide carbonique, c'est, ordinairement, du carbonate de chaux et de l'acide sulfurique ou chlorhydrique. On fait communiquer par un tube l'appareil avec un grand vase contenant de l'eau et bien fermé : l'acide carbonique se comprime lui-même et se dissout peu à peu dans l'eau; on soutire ensuite cette eau en bouteilles.

Dans les ménages, on prépare soi-même l'eau de Seltz en mélangeant deux poudres blanches, dont l'une est de l'acide tartrique et l'autre du bicarbonate de soude. L'acide tartrique, en se dissolvant, se combine avec la soude, et forme du tartrate de soude, qui reste dissous ainsi que l'acide carbonique devenu libre. Lorsqu'on introduit les deux poudres dans une bouteille pleine d'eau, il faut la boucher et la laisser renversée pendant dix à quinze minutes.

Ce système a l'inconvénient de laisser dans l'eau de Seltz le tartrate de soude, qui, d'ailleurs, n'est pas nuisible à la santé. Il est donc préférable de se servir de l'appareil Briet (*fig.* 41), qui ne permet pas le mélange des deux produits. L'eau est contenue dans le vase supérieur A, et les deux poudres dans le vase inférieur B. L'acide carbonique formé dans le vase inférieur monte par le tube S, et se dissout dans l'eau du vase supérieur. Au bout de quinze minutes environ, on peut se servir de l'eau de Seltz, en la soutirant par le robinet C à mesure que l'on veut boire.

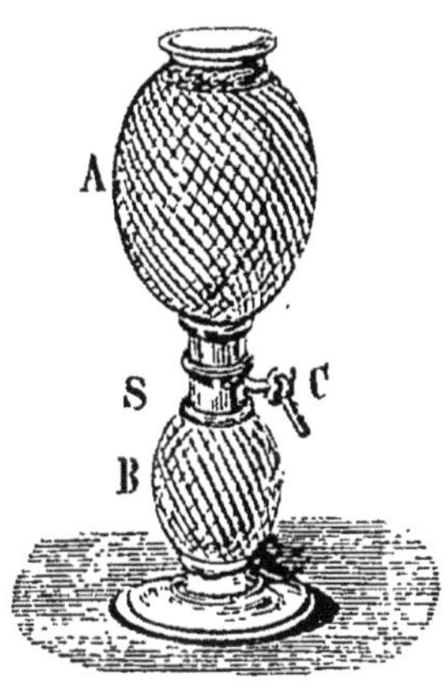

Fig. 41.

Le même appareil peut servir à convertir le vin blanc ordinaire en vin mousseux comme le vin de Champagne.

On utilise encore l'acide carbonique dans la fabrication du pain (pour suppléer le levain), dans la fabrication du sucre, du carbonate de plomb, des bicarbonates alcalins.

Oxyde de carbone. $CO = 28$.

Propriétés de l'oxyde de carbone. — *L'oxyde de carbone* est un gaz incolore, sans odeur et sans saveur;

sa densité est de 0,970. Quand on y met le feu, il brûle au contact de l'air avec une belle flamme bleue et se change en acide carbonique, en absorbant un poids atomique de l'oxygène de l'air :

$$CO + O = CO^2.$$

L'oxyde de carbone est un gaz très délétère, d'autant plus dangereux qu'il est sans odeur, et que, par conséquent, on n'est pas prévenu de sa présence. C'est à ce gaz qu'il faut attribuer généralement les asphyxies par le charbon.

L'oxyde de carbone se forme fréquemment dans les usines, parce que l'on obtient les métaux purs en chauffant les oxydes métalliques mêlés avec du charbon : le charbon, s'emparant de l'oxygène, forme de l'oxyde de carbone, et le métal est libre.

Préparation. — On obtient le gaz oxyde de carbone, dans les laboratoires, en décomposant l'acide oxalique C^2O^3, H^2O par l'acide sulfurique.

$$\textit{Réaction :}$$

$$\text{Acide oxalique......} \left\{ \begin{array}{l} C^2O^3. \\ H^2O..... \end{array} \right. \left\{ \begin{array}{l} CO^2. \\ CO. \end{array} \right.$$

$$\text{Acide sulfurique... } | \ SO^3...... \quad SO^4H^2.$$

L'acide sulfurique prend l'eau de l'acide oxalique, qui se décompose alors en acide carbonique CO^2 et en oxyde de carbone CO.

On introduit l'acide oxalique et l'acide sulfurique dans une cornue de verre (*fig.* 42). On élève la température, et la réaction a lieu; et les deux gaz, acide carbonique et oxyde de carbone, se rendent dans une solution de potasse contenue dans un flacon ; l'acide carbonique se combine avec la potasse, tandis que l'oxyde de carbone se dégage: on le recueille sur la cuve à eau.

Usages. — Le gaz oxyde de carbone occasionne, malheureusement, des asphyxies trop fréquentes. L'industrie l'utilise comme combustible. L'oxyde de carbone qui se forme dans diverses opérations métallurgiques, et parti-

Fig. 42.

culièrement dans la préparation du fer, est recueilli et dirigé dans des fourneaux, où on l'allume pour chauffer des chaudières.

Combinaisons du carbone avec l'hydrogène.

Le carbone forme avec l'hydrogène un grand nombre de composés solides, liquides ou gazeux. Nous étudierons seulement ici deux des carbures gazeux : *l'hydrogène bicarboné* et *l'hydrogène protocarboné*.

Hydrogène bicarboné. $C^2H^4 = 28$.

**Propriétés de l'hydrogène bicarboné. — *L'hydrogène bicarboné* ou *gaz oléfiant* est un gaz incolore, d'une odeur empyreumatique ; une forte pression peut le liquéfier ; sa densité est 0,985. Il n'entretient ni la combustion, ni la respiration. Quand on y met le feu, il brûle au contact de l'air avec une flamme blanche très éclairante et forme, avec l'oxygène de l'air, de la vapeur d'eau et de l'acide carbonique. Au centre de la flamme, l'air n'arrive pas en quantité suffisante pour brûler la totalité du charbon. Il y a donc une partie de ce corps qui se trouve en suspension dans la flamme, à l'état solide, et fortement incandescent. De là le pouvoir éclairant. On peut constater l'excès de carbone, en plaçant un corps froid au-dessus d'un bec de gaz allumé ; le corps froid ne tarde pas à être noirci par le dépôt des parcelles de charbon ou noir de fumée.

Si l'on mélange dans un flacon 1 volume d'hydrogène bicarboné avec 3 volumes d'oxygène, et si l'on y met le feu, on obtient une violente détonation qui brise le verre : aussi faut-il soigneusement l'envelopper. Ce gaz, mêlé avec l'air, formerait également un mélange détonant.

Quand on met le feu à un mélange de 1 volume d'hydrogène bicarboné et de 2 volumes de chlore, on obtient une combustion du chlore avec l'hydrogène ayant pour résultat de l'acide chlorhydrique gazeux ; mais il se forme en même temps un dépôt de charbon sur les parois de l'éprouvette.

Si l'on expose à la lumière, à la température ordinaire, un mélange à volumes égaux d'hydrogène bicarboné et de chlore, ces gaz se combinent et forment un liquide huileux d'une odeur agréable, nommé *liqueur* ou *huile des Hollandais* : c'est pour cette raison que l'hydrogène bicarboné est nommé *gaz oléfiant*.

Préparation. — On obtient l'hydrogène bicarboné en chauffant un mélange d'une partie d'alcool et de 5 à 6 parties d'acide sulfurique.

Par suite d'une réaction assez complexe, l'acide sulfurique détermine, avec l'aide de la chaleur, le dédoublement de l'alcool en bicarbure d'hydrogène et vapeur d'eau.

On introduit le mélange d'alcool et d'acide sulfurique dans un matras de verre (*fig.* 43), chauffé par une lampe à esprit-de-vin ; on fait communiquer ce matras avec des flacons laveurs, quand on veut avoir le gaz pur. Il faut chauffer légèrement et employer une cornue capable de

contenir trois ou quatre fois la quantité de liquide qu'on
y a versée. Bientôt le gaz s'échappe, mais le liquide
noircit, par suite
d'une décomposi-
tion plus complète
de l'alcool, qui
donne lieu à un
dépôt de charbon.
Il se forme en
même temps des
quantités notables
d'éther, d'acide
carbonique et d'a-
cide sulfureux,
qu'on peut enle-
ver en faisant pas-
ser le gaz dans

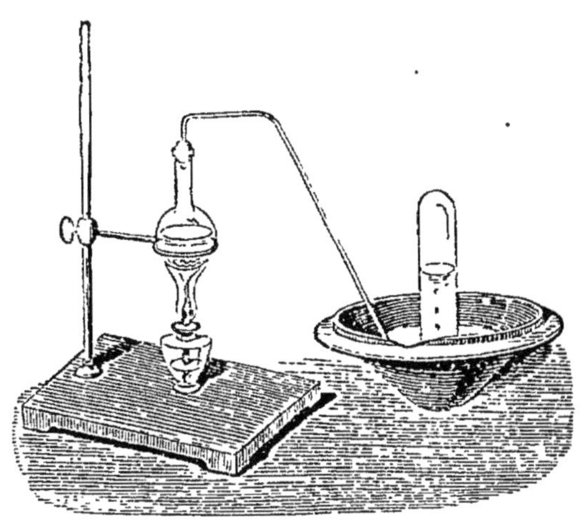

Fig. 43.

deux flacons laveurs, contenant, le premier, de l'acide
sulfurique, et le second, une dissolution de potasse.

Usage. — Le gaz hydrogène bicarboné n'existe pas
dans la nature. Il n'est jamais employé seul, mais il entre
dans la composition du gaz d'éclairage.

Hydrogène protocarboné. $CH^4 = 16$.

Propriétés de l'hydrogène protocarboné. — *L'hydrogène protocarboné* est encore nommé *gaz des marais*,
parce qu'il existe au fond des marais, provenant de la
décomposition des débris végétaux qui s'y trouvent. On
l'en retire en agitant cette vase avec une perche, et en dis-
posant au-dessus un flacon plein d'eau et maintenu ren-
versé. Le gaz ainsi recueilli est toujours mêlé d'azote et
d'acide carbonique.

L'hydrogène protocarboné est un gaz incolore, d'une
odeur assez désagréable; sa densité est 0,559. Il n'entretient ni la respiration ni la combustion. Quand on y met
le feu, il brûle au contact de l'air avec une longue flamme

bleuâtre, et forme de l'acide carbonique et de la vapeur d'eau.

Un mélange d'hydrogène protocarboné et d'oxygène détone violemment par l'étincelle électrique ou par le contact de la flamme d'une bougie. Or, ce gaz se dégage naturellement dans les mines de charbon de terre, où il forme avec l'oxygène de l'air le mélange détonant auquel, malheureusement, les ouvriers mettent le feu avec leurs lampes : c'est ce qu'on appelle le *feu grisou*, qui, chaque année, coûte la vie à de nombreux ouvriers. On évite ce funeste accident avec la lampe de sûreté de Davy (*fig.* 44). Cette lampe est entourée d'une toile métallique, en sorte que l'explosion n'a lieu que dans la lampe, la flamme étant refroidie par la toile métallique.

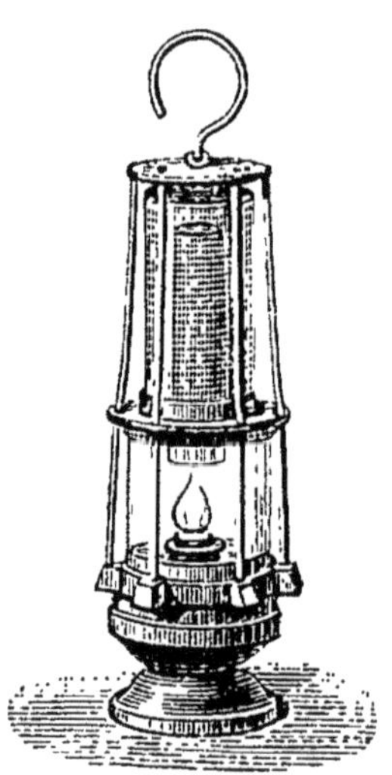

Fig. 44.

Préparation. — On obtient, dans les laboratoires, le gaz hydrogène protocarboné en chauffant un mélange d'acétate de soude et de baryte : l'acide acétique se décompose peu à peu en acide carbonique et en hydrogène protocarboné; les 2 poids atomiques d'acide carbonique se combinent avec la soude et avec la baryte, et forment du carbonate de soude et du carbonate de baryte.

Réaction :

$$\text{Acétate de soude} \begin{cases} \text{Acide acétique... } 2C^2H^4O^2, \begin{cases} 2CH^4. \\ CO^2 \dotfill \\ CO^2 \dotfill \end{cases} \\ \text{Soude} \dotfill Na^2O \dotfill \end{cases} \dotfill CO^3Na^2.$$

$$\text{Baryte} \dotfill BaO \dotfill$$

$$CO^3Ba.$$

Cette réaction est représentée par l'équation

$$2C^2H^3O^2Na + BaO, H^2O = CO^3Na^2 + CO^3Ba + 2CH^4.$$

Usage. — L'hydrogène protocarboné n'est pas employé seul. Il entre dans la composition du gaz d'éclairage.

Gaz d'éclairage. — Le gaz d'éclairage, mélange d'un grand nombre de gaz (hydrogène, hydrogène protocarboné, hydrogène bicarboné, oxyde de carbone, azote, oxygène, acide carbonique), brûle au contact de l'air quand on y met le feu. La flamme est blanche; elle éclaire bien. Les résultats de la combustion sont principalement de la vapeur d'eau et de l'acide carbonique.

Le gaz d'éclairage forme avec l'oxygène ou avec l'air un mélange détonant. Il faut donc bien se garder d'entrer avec une bougie allumée dans une pièce où l'on craint qu'il n'y ait une fuite de gaz : on doit, dans ce cas, établir un courant d'air, avant d'y pénétrer. Les fuites se reconnaissent facilement à l'odeur forte et empyreumatique du gaz.

Le gaz d'éclairage a été découvert, en 1785, par l'ingénieur français Philippe Lebon.

Fabrication du gaz d'éclairage. — On peut l'obtenir par la distillation de plusieurs combustibles, mais on emploie principalement la houille ou charbon de terre; la composition du gaz varie suivant la nature du charbon, suivant la température à laquelle on le soumet et suivant la durée de la distillation. Les premières quantités de gaz sont riches en carbone; mais, après deux heures de feu, l'hydrogène qui se dégage est si peu carboné, que son mélange avec les premiers gaz diminuerait trop leur pouvoir éclairant.

On chauffe le charbon de terre dans des cylindres de fer : le résidu de la distillation est du coke; les produits volatils contiennent, indépendamment du gaz d'éclairage, des goudrons et des sels ammoniacaux, tels que le carbonate d'ammoniaque et le sulfhydrate d'ammoniaque.

A la sortie des cornues A (*fig.* 45), le gaz se rend dans un cylindre B plein d'eau (*barillet*), dans lequel il abandonne la plus grande partie de son goudron et de ses sels

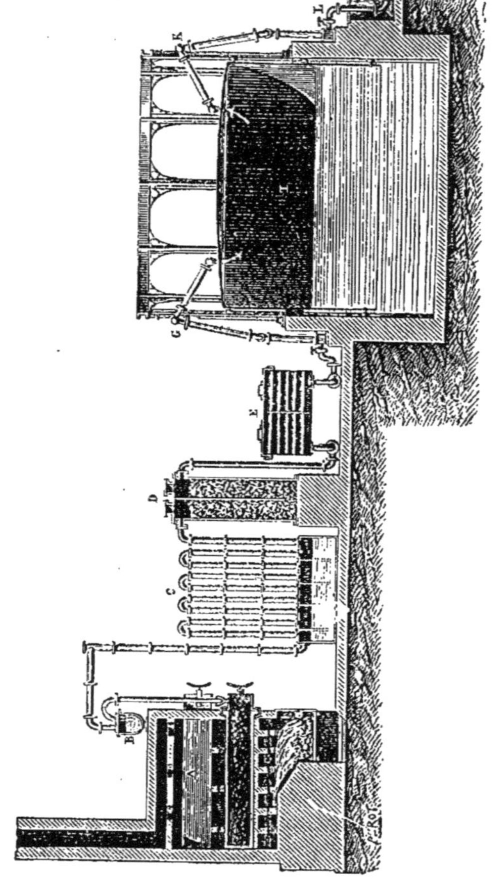

Fig. 45.

ammoniacaux. Puis il passe dans une série de tubes C (*réfrigérant*), où il achève de prendre la température ordinaire, ce qui détermine la condensation plus complète des composés les moins volatils. Dans la colonne D, pleine de coke humide, se termine cette condensation. Le baquet E, contenant de la chaux vive, retient le reste de l'acide carbonique et de l'ammoniaque. Le gaz, entièrement purifié, se rend alors dans le *gazomètre* par le tuyau G ; il en ressortira à volonté par le tuyau K L, pour être distribué en ville.

Les résidus de la fabrication du gaz d'éclairage, coke, goudron, sels ammoniacaux, ont une grande importance.

Combinaisons du carbone avec l'azote et l'hydrogène.

Le carbone forme avec l'azote un composé gazeux nommé *cyanogène*, et ce composé, combiné avec l'hydrogène, forme l'*acide cyanhydrique*.

Cyanogène. CAz ou Cy = 26.

Propriétés du cyanogène. — Le *cyanogène* est un gaz incolore, d'une odeur vive et pénétrante qui ressemble à celle du kirsch. Sa densité est 1,806; il peut être liquéfié et même solidifié. Le cyanogène brûle au contact de l'air quand on y met le feu; sa flamme a une couleur tirant sur le pourpre. Un litre d'eau en dissout environ 5 litres.

Le cyanogène se combine avec les autres corps, absolument comme s'il était lui-même corps simple.

Fig. 46.

Préparation. — On prépare le cyanogène en chauffant du cyanure de mercure dans une cornue de verre A (*fig.* 46) : le cyanogène se dégage, et le mercure se condense à la partie supérieure de l'appareil ; on reçoit le gaz dans la cuve à mercure B.

Le cyanogène est sans usage, mais il forme avec l'hydrogène un corps très dangereux, l'acide cyanhydrique.

Acide cyanhydrique. $HCy = 27$.

Propriétés de l'acide cyanhydrique. — *L'acide cyanhydrique*, nommé encore *acide prussique*, est un liquide incolore, d'une odeur d'amandes amères, se décomposant en peu de temps quand il est pur, se conservant mieux quand il est étendu d'eau. C'est un des poisons les plus violents : quand il est pur, sa vapeur empoisonne subitement ; quand on touche l'œil d'un chien avec la barbe d'une plume qu'on a d'abord trempée dans cet acide, l'animal meurt comme s'il était foudroyé.

Préparation. — On obtient l'acide cyanhydrique pur en décomposant le cyanure de mercure par l'acide chlorhydrique. On chauffe légèrement les deux substances dans une petite cornue, et on condense l'acide cyanhydrique dans un petit matras entouré d'un mélange réfrigérant.

Réaction :

Cyanure de mercure. $\left\{\begin{array}{l} Cy^2 \dotfill \\ Hg \dotfill \end{array}\right.$

Acide chlorhydrique. $\left\{\begin{array}{l} 2 Cl \dotfill \\ 2 H \dotfill \end{array}\right.$

$Hg Cl^2$. $2 HCy$.

Le chlore se combine avec le mercure et forme du chlorure de mercure ; l'hydrogène se combine avec le cyanogène et forme de l'acide cyanhydrique.

Cet acide existe en petite quantité dans les amandes amères, dans les feuilles de laurier-cerise, etc.

Combinaisons du carbone avec le soufre.

Le soufre forme avec le carbone deux composés, le *protosulfure de carbone*, gazeux et inflammable, qui n'est d'aucun usage, et le *bisulfure de carbone*, depuis long-temps connu sous les noms de *sulfure de carbone* proprement dit, de *sulfure de carbone de Lampadius* ou d'acide *sulfocarbonique*.

Sulfure de carbone. $CS^2 = 76$.

Propriétés du sulfure de carbone. — Le *sulfure de carbone* est un liquide incolore, d'une odeur forte et très désagréable, qui rappelle celle des choux pourris. Sa densité à 15° est 1,273, il bout à 46° et se congèle à — 116°. Il est insoluble dans l'eau, mais soluble dans l'alcool et dans l'éther. Il s'évapore rapidement à la température ordinaire et produit un froid considérable. Quand on y met le feu, il brûle avec une flamme bleue et forme de l'acide carbonique et de l'acide sulfureux. Le sulfure de carbone dissout parfaitement le soufre, le phosphore, le caoutchouc et la gutta-percha. Il se combine avec les sulfures métalliques, comme les oxydes avec les acides oxygénés, et c'est pour cette raison qu'il a reçu le nom d'acide *sulfocarbonique*.

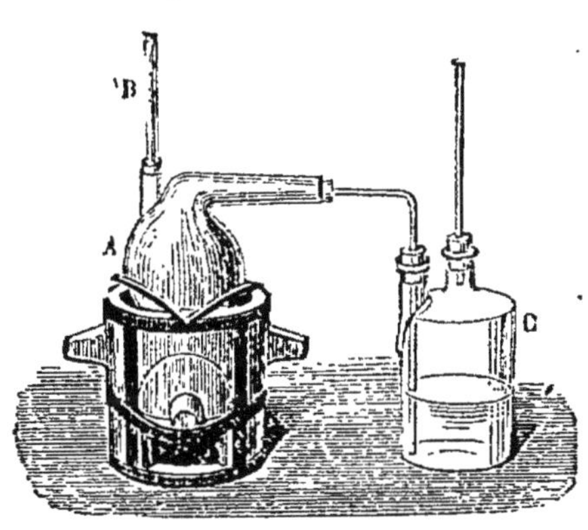

Fig. 47.

Préparation. — On prépare le sulfure de carbone en chauffant de la braise au rouge dans une cornue de grès A (*fig. 47*). Cette cornue tubulée est munie d'un tube B fermé par un bouchon; de temps en temps on laisse tomber par ce tube des fragments de soufre, qui ne peuvent brûler, puisqu'il n'y a pas d'air; les vapeurs de soufre se combinent avec le carbone de la braise et forment du sulfure de carbone, dont les vapeurs se dégagent par une allonge et se rendent dans un flacon C, contenant de l'eau froide; les vapeurs se condensent dans ce vase froid et forment au fond de l'eau un liquide jaunâtre, parce qu'il contient un peu de soufre en dissolution, mais que l'on obtient tout à fait incolore en le distillant.

Usages. — Les usages du sulfure de carbone sont actuellement très nombreux et très importants. Pour *vulcaniser* le caoutchouc, on le trempe plus ou moins longtemps dans une dissolution de soufre dans le sulfure de carbone : il devient alors moins cassant à froid, et moins poisseux à chaud. Le caoutchouc vulcanisé, qui peut, suivant son mode de préparation, prendre des degrés très variables de dureté, est propre à une foule d'usages. Le sulfure de carbone est aussi employé comme dissolvant des corps gras, des phosphates, de certains parfums; il sert à extraire la graisse de la toison des moutons, l'huile de certaines graines et des vieux chiffons qui ont servi à nettoyer les machines à vapeur. Le traitement des vignes phylloxérées et la fabrication des sulfocarbonates destinés au même usage en consomment de grandes quantités.

Bore. B = 11.

Propriétés du bore. — Le *bore* est un corps simple, tantôt cristallisé, tantôt amorphe sous forme de poudre d'un brun verdâtre. On le retire de l'acide borique. Il est sans usages.

Combinaison du bore avec l'oxygène.

Le bore forme avec l'oxygène un seul composé, l'*acide borique*.

8.

Acide borique. $B^2O^3 = 70$.

Propriétés de l'acide borique. — *L'acide borique* se présente sous la forme de petites paillettes blanches, nacrées, douces au toucher; il est connu en médecine sous le nom de *sel sédatif de Homberg*. Il est peu soluble dans l'eau, plus soluble dans l'alcool, et communique à la flamme de ce dernier liquide une couleur verte.

Préparation. — L'acide borique se dégage en Toscane par des crevasses du sol, entraîné par divers gaz. On l'arrête en creusant autour de ces crevasses des bassins, dans lesquels on met de l'eau, pour le dissoudre. On le retire ensuite par évaporation.

Dans les laboratoires, on l'obtient en décomposant le borate de soude (borax) par l'acide sulfurique.

Usages. — L'acide borique sert principalement à la fabrication du borax ou borate de soude, usité comme fondant pour la soudure de plusieurs métaux : c'est là sa principale utilité. On l'emploie encore dans la fabrication des bougies stéariques, pour courber les mèches et pour vitrifier leurs cendres, et, dans les laboratoires, pour les analyses au chalumeau. En effet, si on le fond avec des sels métalliques, il dissout les oxydes métalliques et forme une espèce de verre diversement coloré suivant l'oxyde avec lequel il est combiné. Comme il se vitrifie par la fusion, il entre dans la composition du diamant et des pierres précieuses artificielles, et dans le vernissage de certaines poteries. Nous avons vu plus haut son usage en médecine.

Silicium. $Si = 28$.

Propriétés du silicium. — Le *silicium* est un corps simple, solide, sans usages. Mais un de ses composés, l'acide silicique, est extrêmement répandu dans la nature.

Combinaison du silicium avec l'oxygène.

Le silicium forme avec l'oxygène un seul composé, la *silice* ou *acide silicique*.

Silice ou acide silicique. $SiO^2 = 60$.

Propriétés de la silice. — La *silice pure* ou *acide silicique* est une substance incolore, isoluble dans l'eau, très difficilement fusible. Le *cristal de roche* ou *quartz hyalin* est de la silice pure. Différentes variétés de silice moins pures forment les autres espèces de quartz, le sable, le grès, le silex, la pierre meulière, l'opale, etc. Ces diverses variétés d'acide silicique ont une grande importance.

En traitant le quartz à la chaleur rouge par du carbonate de soude sec, on obtient du silicate de soude soluble, et si l'on ajoute à la dissolution quelques gouttes d'acide sulfurique ou chlorhydrique, on précipite la silice sous forme gélatineuse. La silice gélatineuse, qui est un peu soluble dans l'eau, prend naturellement naissance par la décomposition des roches siliceuses sous l'influence des agents atmosphériques : c'est pourquoi on trouve la silice en dissolution dans les eaux qui coulent à la surface de la terre, et dans certaines eaux thermales, telles que les *geisers* d'Islande. La silice se trouve aussi dans beaucoup de tissus animaux et végétaux (paille de blé, prêle, palmiers, roseaux, carapaces d'animalcules aquatiques, barbes de plumes). Les silicates sont fort nombreux dans la nature : nombre de pierres précieuses et de roches importantes (*mica, feldspath, amiante, granits, porphyres, argile*) sont des silicates.

Usages. — La silice pure n'est pas employée; mais on se sert fréquemment des corps siliceux qu'on rencontre abondamment dans la nature. Le grès est employé pour le pavage; la pierre meulière, pour les constructions; le silex, comme briquet, pour obtenir du feu par la percussion ; le sable, pour préparer dans l'industrie les silicates dont il sera question à propos des sels. C'est encore le sable qui rend la terre meuble et perméable. La décomposition des silicates par l'atmosphère fournit, sous la forme gélatineuse soluble, la silice nécessaire au développement de certaines plantes, notamment des céréales.

DEUXIÈME PARTIE.

MÉTAUX,

PRINCIPAUX COMPOSÉS QU'ILS FORMENT ENTRE EUX.

CHAPITRE PREMIER.

Métaux.

Caractères des métaux. — Propriétés physiques des métaux. — Fusion des métaux : chalumeau. — Propriétés chimiques des métaux. — Action de l'oxygène, de l'air et de l'eau sur les métaux. — Action du soufre et du chlore sur les métaux. — État des métaux dans la nature. — Classification des métaux. — Emploi des métaux. — Notions de métallurgie.

Caractères des métaux. — Les *métaux* ont pour caractères distinctifs d'être généralement doués d'un éclat particulier, dit *éclat métallique*, d'être bons conducteurs de la chaleur et de l'électricité, et de former toujours, en se combinant avec l'oxygène, au moins un composé basique. Ils sont tous solides à la température ordinaire, excepté le mercure, qui est liquide. Leur couleur est généralement d'un gris blanc ou bleuâtre, excepté l'or, qui est jaune, le cuivre qui est rouge, et deux ou trois autres sans utilité. Quelques métaux acquièrent par le frottement une odeur désagréable et caractéristique : tels sont le fer, le cuivre, le plomb, l'étain.

Propriétés physiques des métaux. — Les principales propriétés physiques des métaux sont l'opacité, la densité, la dureté, la malléabilité, la ductilité, la ténacité, la fusibilité.

Opacité. L'opacité d'un corps consiste à n'être pas transparent. Celle des métaux n'est point absolue : car, si on les réduit en feuilles minces, ils laissent passer la lumière. En regardant à travers une feuille d'or extrêmement mince, on voit les objets colorés en vert.

Densité. La densité des métaux varie depuis la densité du potassium, qui est plus faible que celle de l'eau, jusqu'à la densité du platine, qui est vingt et une fois et demie celle de l'eau.

Dureté. La dureté des métaux est très variable : le métal le moins dur est certainement le mercure, puisqu'il est liquide ; le potassium et le sodium sont mous et se coupent avec l'ongle ; le zinc, le plomb et l'étain sont faciles à rayer ; mais le fer et le manganèse sont très durs.

Malléabilité. La malléabilité, ou propriété des métaux de pouvoir être réduits en lames minces par l'action du marteau ou par celle du laminoir, est aussi très variable ; généralement, les métaux sont plus malléables à chaud qu'à froid. L'or, l'argent et le cuivre sont très malléables.

Le *laminoir* consiste en deux cylindres d'acier ou de fonte que l'on rapproche à volonté : pendant qu'ils tournent en sens contraire, on fait passer entre eux le métal à laminer, qui s'amincit en feuilles plus ou moins épaisses.

Ductilité. La ductilité est la propriété qu'ont les mé-

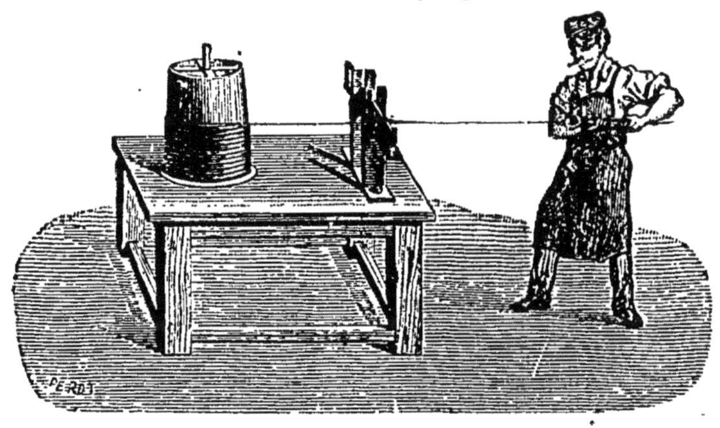

Fig. 48.

taux de pouvoir être tirés en fils plus ou moins minces au moyen de la filière.

La *filière* (*fig.* 48) consiste en une plaque d'acier percée de trous d'un diamètre de plus en plus petit : on amincit une extrémité du métal que l'on engage à travers le trou n° 1, qui a le plus grand diamètre; on la saisit avec une pince; on tire le métal à travers l'ouverture, et on obtient un fil d'un gros diamètre; on amincit de nouveau l'extrémité de ce fil, et on le fait passer successivement par les autres trous n°s 2, 3 et 4, ce qui rend les fils de plus en plus ténus. Par la filière, comme par le laminoir, le métal devient souvent cassant : on dit alors qu'il est *écroui*, et on le recuit pour lui rendre sa malléabilité et sa ductilité. Quand on atteint la limite de malléabilité du métal, le fil se brise sous l'effort et ne passe plus dans la filière.

Les métaux les plus malléables et les plus ductiles sont, dans leur ordre de malléabilité et de ductilité :

Malléabilité.		Ductilité.	
Or,	Platine,	Or,	Cuivre,
Argent,	Plomb,	Argent,	Zinc.
Cuivre,	Zinc.	Platine,	Étain.
Étain,	Fer.	Fer,	Plomb.

Ténacité. La ténacité est l'effort de traction nécessaire pour rompre des fils de métal d'égal diamètre. Pour connaître la ténacité des métaux, on suspend à un point fixe des fils d'égale longueur et de même diamètre, et on leur fait supporter des poids de plus en plus considérables jusqu'à ce que ces poids déterminent la rupture des fils. En employant des fils de 2 millimètres de diamètre, on peut les rompre en employant les poids suivants :

Fer,	249 kilogrammes.
Cuivre,	137
Platine,	124
Argent,	85
Or,	68

Fusibilité. La fusibilité des métaux est la propriété de devenir liquide à une certaine température. Le mercure est liquide jusqu'à — 40°. Le point de fusion des principaux métaux est variable, comme on le voit par la table suivante :

Potassium fond à	58°.	Argent fond à	1000°.
Étain	228°.	Cuivre	1050°.
Plomb	335°.	Or	1050°.
Zinc	410°.	Fer et manganèse	1500°.
Aluminium	600°.	Platine	1775°.

Le mercure se volatilise à 350°; le potassium, à 700; le zinc, à 1300. Le plomb et l'argent émettent des vapeurs à la chaleur blanche, sans pouvoir être distillés. Les autres métaux sont plus fixes encore, c'est-à-dire plus difficiles à volatiliser.

Fusion des métaux, chalumeau. — Les feux de forge les plus violents sont souvent impuissants à déterminer la fusion, et, à plus forte raison, la volatilisation des métaux les plus réfractaires. Dans ce cas, on se sert avec avantage du *chalumeau à gaz oxhydrique,* qui permet d'obtenir une température extrêmement élevée (voy. *fig.* 8). La combinaison de l'oxygène et de l'hydrogène qui se produit en un petit espace, à l'extrémité du bec, y détermine une élévation de température suffisante pour fondre le platine, qui résiste au feu de forge le plus intense. Le métal que l'on veut fondre est enfermé dans un petit four en chaux vive, dans lequel on fait arriver la flamme du chalumeau : de cette manière la chaleur ne se perd pas à l'extérieur par rayonnement.

Si l'on remplace dans le chalumeau l'oxygène par l'air, et l'hydrogène par le gaz d'éclairage, on a une température notablement moins élevée, mais encore suffisante dans la plupart des cas.

On peut employer le chalumeau à d'autres usages qu'à la fusion des corps réfractaires : il peut être utilisé tantôt pour leur oxydation, tantôt, au contraire, pour leur desoxydation (ou réduction), s'ils sont oxygénés. Qu'on chauffe, en effet, du fer avec le chalumeau, de manière à le fondre, et qu'on ouvre alors plus grand le robinet à oxygène ; la flamme contiendra un excès d'oxygène, qui se portera sur le fer et l'oxydera : on aura une *flamme oxydante*. Au contraire, si l'on chauffe de l'oxyde de fer, et qu'on ouvre plus grand le robinet à hydrogène, on a une flamme qui renferme un excès d'hydrogène ; ce gaz se porte sur l'oxyde de fer, lui prend son oxygène, pour former de l'eau, et laisse le métal en liberté : on a une *flamme réductrice*.

Pour ces divers usages, quand on veut faire un *essai* en petit, on remplace l'appareil précédent par un chalumeau infiniment plus simple, d'un grand usage en chimie, en minéralogie et en géologie.

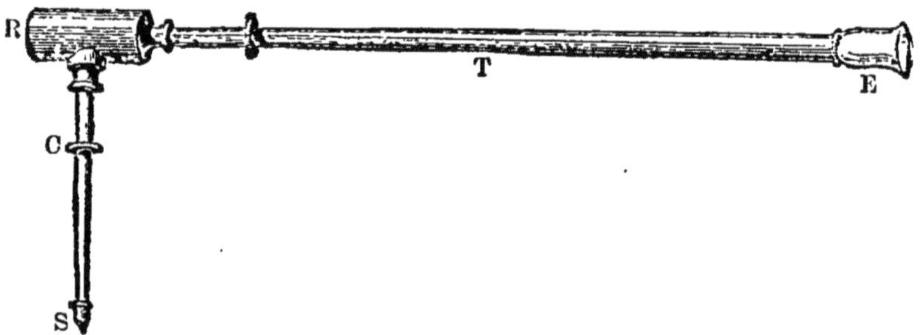

Fig. 49.

C'est un tube de laiton T (*fig.* 49), long de 20 à 25 centimètres et muni à l'une de ses extrémités d'une embouchure en ivoire E.

A l'autre extrémité est un petit réservoir R, destiné à condenser la vapeur qui s'échappe des poumons. Un petit tube C se termine par un petit bec S, percé d'un trou excessivement fin.

Fig. 50.

Si l'on souffle par E en dirigeant le bec de haut en bas

sur la flamme d'une bougie (*fig.* 50), on recourbe la flamme en un dard long et effilé, beaucoup plus chaud, auquel on expose la substance que l'on veut fondre, oxyder (on la met alors dans la partie pâle de la flamme), ou réduire (on la met dans la partie bleue).

Propriétés chimiques des métaux. — Les propriétés chimiques consistent à pouvoir : 1° s'unir avec l'oxygène pour former des oxydes, qui s'unissent ensuite aux acides pour former des sels ; 2° se combiner avec presque tous les métalloïdes, le phosphore, le soufre, le chlore, etc., pour former des phosphures, des sulfures, des chlorures ; 3° s'associer entre eux deux à deux, trois à trois, etc., pour former des alliages ; 4° enfin, subir certaines altérations sous l'influence de l'air, de l'eau et de la chaleur.

Action de l'oxygène et de l'air sur les métaux. — Beaucoup de métaux s'oxydent au contact de l'air, c'est-à-dire se combinent avec l'oxygène que l'air contient. Les uns s'oxydent à la température ordinaire, d'autres à des températures plus ou moins élevées. Quelques métaux seulement, tels que l'or, l'argent, le platine, ne prennent jamais directement l'oxygène de l'air. L'action sera la même, mais plus énergique, avec l'oxygène pur ; certains métaux, à une température suffisamment élevée, brûlent même avec incandescence.

En général, l'oxydation d'un métal se fait plus rapidement dans l'air humide que dans l'air sec : c'est qu'alors le métal se combine à la fois avec l'oxygène et avec la vapeur d'eau et forme un oxyde hydraté. Ainsi, le fer se conserve dans l'air sec, mais se rouille facilement à l'air humide : la rouille est de l'oxyde de fer hydraté.

Quelquefois le métal, après s'être oxydé au contact de l'air, absorbe l'acide carbonique et forme un carbonate : ainsi, le cuivre se recouvre à l'air de carbonate de cuivre connu sous le nom de *vert-de-gris*.

Quelquefois l'oxydation d'un métal ne se fait qu'à la surface, et la mince couche d'oxyde ainsi formée est une espèce de vernis qui empêche l'oxydation ultérieure, comme cela a lieu pour le zinc, le plomb; et d'autres fois l'oxydation s'étend de couche en couche, et le métal se convertit entièrement en oxyde : tel est le fer.

Action de l'eau sur les métaux. — Quelques métaux, comme le potassium, ont tellement d'affinité pour l'oxygène, qu'ils décomposent l'eau à froid, se combinent avec l'oxygène et dégagent l'hydrogène. D'autres, comme l'étain, ne décomposent l'eau qu'à une température plus ou moins élevée. Quelques-uns ne peuvent décomposer l'eau à aucune température.

Souvent l'eau agit à froid sur les métaux par l'oxygène de l'air qu'elle tient en dissolution. Ainsi, le fer à froid se rouille dans l'eau en se combinant avec l'oxygène de l'air que ce liquide a dissous.

Action du soufre et du chlore sur les métaux. — Le soufre s'unit directement à tous les métaux, à une température plus ou moins élevée. On prépare facilement les sulfures en chauffant le soufre au contact des métaux. Le chlore s'unit plus aisément encore aux métaux : car alors l'action se produit à la température ordinaire.

États des métaux dans la nature. — On trouve dans la nature les métaux sous les cinq états suivants :

1° *État natif,* c'est-à-dire à l'état de liberté, non unis à d'autres corps, et simplement mélangés avec des matières terreuses; ces métaux sont rares : on trouve ainsi principalement l'or, l'argent et le fer;

2° *État d'alliage,* c'est-à-dire qu'ils sont combinés avec un autre métal ;

3° *État d'oxydes,* c'est-à-dire qu'ils sont combinés avec l'oxygène;

4° *État de sulfures, chlorures,* etc., c'est-à-dire qu'ils sont combinés avec divers métalloïdes tels que le soufre, le chlore, etc.;

5° *État de sels,* c'est-à-dire qu'ils sont combinés à la fois avec l'oxygène et avec un acide.

Classification des métaux. — Les métaux sont classés en sept sections, d'après leur affinité pour l'oxygène. Cette affinité est mesurée par la facilité plus ou moins grande avec laquelle les métaux s'oxydent à froid ou à chaud, par la facilité avec laquelle ils décomposent l'eau pour s'emparer de son oxygène, et par la difficulté que l'on éprouve à décomposer leurs oxydes sous l'action de la chaleur.

Première section : Elle contient les métaux qui s'oxydent le plus facilement. Ces métaux décomposent l'eau à froid en se combinant avec l'oxygène et dégagent l'hydrogène. Les oxydes de ces métaux sont irréductibles par la chaleur seule, et sont solubles; ils verdissent le sirop de violettes, rougissent le curcuma et ramènent au bleu le tournesol rougi par un acide. On les appelle *alcalis*, et les métaux, *alcalins* ou *alcalino-terreux*. Les principaux de ces métaux sont :

Potassium,	Strontium,
Sodium,	Calcium.
Barium,	

Les oxydes de potassium et de sodium (potasse et soude) sont très solubles; les autres le sont moins.

Deuxième section : Les métaux de la deuxième section ne décomposent l'eau que vers 100°. Les oxydes de ces métaux sont irréductibles par la chaleur seule. Les métaux de cette section sont :

Magnésium,	Manganése.

Troisième section : Les métaux de la troisième section décomposent l'eau à une température rouge, ou à froid, en présence d'un acide énergique. Les oxydes de ces métaux sont irréductibles par la chaleur seule. Les principaux métaux de cette section sont :

Fer,	Chrome,
Nickel,	Zinc.
Cobalt,	

Quatrième section : Les métaux de la quatrième section décomposent l'eau au rouge blanc et s'oxydent facilement à l'air. Le principal métal de cette section est :

Aluminium.

Cinquième section : Les métaux de la cinquième section décomposent l'eau à une température rouge; mais ils ne décomposent pas l'eau à froid en présence d'un acide. Les oxydes de ces métaux sont irréductibles par la chaleur seule. Les principaux métaux de cette section sont :

Étain,   Antimoine.

Sixième section : Les métaux de la sixième section ne décomposent la vapeur d'eau qu'avec difficulté et à une température très élevée; ils ne décomposent l'eau à froid en aucun cas. Les oxydes de ces métaux sont irréductibles par la chaleur seule. Les métaux de cette section sont :

Cuivre,   Bismuth.
Plomb,

Septième section : Les métaux de la septième section ne décomposent l'eau à aucune température, pas même en présence d'un acide; leurs oxydes sont réductibles par la chaleur seule. Ces métaux sont encore appelés *métaux précieux;* ils doivent en partie leur prix à ce qu'ils ne s'oxydent ni au contact de l'air ni au contact de l'eau. Les principaux métaux de cette section sont :

Mercure,   Platine,
Argent,   Or.

Emploi des métaux. — Peu de métaux sont employés à l'état métallique : cela tient à différentes causes. D'abord, pour qu'un métal puisse être utilisé seul, il faut qu'il résiste facilement à l'action de l'air et à celle de l'eau. Par conséquent, les métaux des deux premières sections ne peuvent servir : car leur affinité pour l'oxygène est trop grande. Dans la troisième section, on a le fer, qui est attaqué assez rapidement par l'air humide ; mais une simple couche de peinture ou un vernis d'un autre métal moins oxydable (zinc, étain, cuivre) empêche l'oxydation. Parmi les métaux des quatre dernières sections, les uns sont trop rares, et, par conséquent, d'un prix trop élevé, d'autres sont cassants.

On peut résumer ainsi les principales propriétés qu'un métal doit avoir pour être employé : 1° *il faut qu'il résiste à l'action de l'air et à celle de l'eau; 2° il faut qu'il soit malléable et ductile.*

Les métaux principalement employés sont :

Aluminium,	Plomb,
Fer,	Mercure,
Zinc,	Argent,
Étain,	Platine,
Cuivre,	Or.

Quelques métaux trop cassants pour être utilisés seuls peuvent servir à former des alliages; tels sont :

Bismuth,	Antimoine.

Les autres métaux ne servent que par les composés qu'ils forment avec l'oxygène et avec les autres métalloïdes, ou surtout par leurs sels, c'est-à-dire dans les combinaisons qu'ils forment à la fois avec l'oxygène et avec un acide. Les métaux qui offrent les composés les plus utiles sont :

Potassium,	Magnésium,
Sodium,	Fer,
Barium,	Cuivre,
Calcium,	Mercure.
Aluminium.	

Nous étudierons, en suivant l'ordre des sections, d'abord les principaux métaux et leurs alliages, ensuite leurs oxydes, et enfin les principaux composés résultant de leurs combinaisons avec les métalloïdes.

Notions de métallurgie. — La *métallurgie* est l'art d'extraire de leurs minerais les métaux usuels. Les principaux minerais métalliques sont les *sulfures* et les *oxydes*. Mais on les trouve rarement à l'état de pureté dans le sol. Le plus ordinairement, le minerai est mélangé à une forte proportion de matières étrangères, dont il faut d'abord le débarrasser aussi complètement que possible. Pour cela, on procède d'abord à un *triage*, pour séparer les plus gros fragments de matières étrangères; puis au *bocardage*, qui a pour but de broyer le minerai à l'aide de lourds marteaux; ensuite un *lavage* dans un courant d'eau entraîne la plus grande partie des matières terreuses, plus légères que le minerai. On peut alors procéder à l'extraction proprement dite.

Pour cela, si l'on a un sulfure, on le *grille* à l'air, pour faire brûler le soufre, qui s'en va à l'état d'acide sulfureux, tandis que le métal, oxydé lui-même, reste à l'état d'oxyde.

Cet oxyde est alors chauffé avec du charbon, qui lui enlève son oxygène, et donne le métal en liberté : c'est la *fonte* ou *réduction*. Si le minerai est un oxyde, on *réduit* de suite, sans avoir besoin de procéder d'abord au grillage. Si l'on veut, enfin, purifier le métal obtenu, on procède à l'*affinage*.

En étudiant chaque métal, on verra les différentes modifications que comportent les procédés généraux de la métallurgie.

CHAPITRE II.

Aluminium, ses propriétés, sa préparation, ses usages. — Fer, ses propriétés, sa préparation, ses usages. — Zinc, ses propriétés, sa préparation, ses usages. — Étain, ses propriétés, sa préparation, ses usages. — Cuivre, ses propriétés, sa préparation, ses usages. — Plomb, ses propriétés, sa préparation, ses usages. — Mercure, ses propriétés, sa préparation, ses usages. — Argent, ses propriétés, sa préparation, ses usages. — Platine, ses propriétés, sa préparation, ses usages. — Or, ses propriétés, sa préparation, ses usages; procédés pour dorer.

Aluminium. Al. = 27,5.

Propriétés de l'aluminium. — L'*aluminium* présente à peu près l'aspect de l'argent; il en a la couleur, mais plus terne. Il est ductile, malléable et tenace; il ne fond qu'à une température un peu supérieure au point de fusion du zinc : si l'on élève davantage la température, il brûle dans l'oxygène et passe à l'état d'alumine. Ce métal pèse, à volume égal, environ quatre fois moins que l'argent, sa densité n'étant que 2,56. Il résiste, soit à froid, soit à de très hautes températures, à l'action de l'air et de l'oxygène, ce qui le rend propre aux applications les plus diverses dans l'industrie et les arts.

Préparation. — L'aluminium se trouve abondamment dans la nature à l'état d'alumine combinée avec la silice dans les terres argileuses; les argiles pures en contiennent près de 25 pour 100 de leur poids. Pour l'extraire, on calcine de l'alun ammoniacal, qui est un sulfate double d'alumine et d'ammoniaque : il en résulte de l'alumine pure que l'on mélange avec du charbon et du sel marin (chlorure de sodium). En soumettant ce mélange à l'action du chlore, on a un chlorure double d'aluminium et de sodium; on mélange ce chlorure double avec du sodium en morceaux et du fluorure de calcium pulvérisé, et l'on introduit le tout dans un four à réverbère incandescent. Au bout d'une heure et demie, on débouche une bonde pratiquée à la partie inférieure du four, et l'aluminium fondu s'en échappe. On refond l'aluminium pour le débarrasser des scories, et on le coule en lingots. On voit que ce mode de préparation est fort laborieux, ce qui explique le prix si élevé du métal. Des procédés aujourd'hui à l'étude, et basés sur les décompositions qui se produisent sous l'action d'un fort courant électrique, sont vraisemblablement à la veille de ranger l'aluminium parmi les métaux véritablement utiles.

Usages. — A cause de son prix élevé, l'usage de l'aluminium est jusqu'ici limité à la fabrication des objets de luxe ; allié au cuivre, il forme le *bronze d'aluminium*, qui a presque l'éclat et l'inaltérabilité de l'or avec la solidité du fer. Si l'on parvenait à l'obtenir à bon marché, il serait susceptible, grâce à sa solidité, à sa légèreté, à son inaltérabilité, de remplacer avantageusement le cuivre et le fer dans un grand nombre de leurs applications.

Fer. Fe $= 56$.

Propriétés du fer. — Le *fer* est un métal gris, ne fondant qu'à une température évaluée à environ 1500°. Sa densité est 7,8. Il est très ductile, malléable et le plus tenace de tous les métaux. Exposé à l'air humide, il se recouvre de rouille ou sesquioxyde de fer hydraté. On préserve le fer de la rouille en le recouvrant de peinture, ou encore d'une mince couche de *zinc* (*fer galvanisé*), d'*étain* (*fer étamé*), ou de *cuivre* (*fer cuivré*).

Le fer est rarement pur, du moins dans le commerce. Il renferme toujours une petite quantité de carbone, et assez souvent du silicium, du phosphore ou du soufre, qui le rendent cassant, soit à froid, soit à chaud.

Le fer tend à cristalliser ; mais, sous la main de l'ouvrier, il prend une texture grenue ou fibreuse. On explique par la tendance à reprendre sa forme naturelle la rup-

9.

ture brusque des essieux, des barres et autres instruments.

Le fer en lames minces s'appelle *tôle*. Quand cette tôle est recouverte d'une couche d'étain, on l'appelle *fer-blanc*. En dissolvant les couches d'étain les plus superficielles du fer-blanc par de l'eau à laquelle on ajoute quelques gouttes d'acide chlorhydrique, on met à nu une belle cristallisation, qu'on appelle *moiré métallique*.

Préparation. — Le fer est de tous les métaux le plus universellement répandu dans la nature. On le rencontre principalement à l'état d'oxyde, de sulfure ou de carbonate. Les aérolithes ou pierres tombées du ciel le renferment à l'état natif, mêlé à du chrome, du nickel et du soufre.

Les seuls minerais de fer exploités sont les divers oxydes et le carbonate. Pour en extraire le métal, on les traite par le charbon, à une température élevée, afin de les priver de leur oxygène. On ajoute en même temps un corps supplémentaire, généralement du carbonate de chaux, capable de se combiner avec les impuretés mêlées au minerai, ce qui permet d'enlever ces impuretés sous forme d'un liquide qui se sépare aisément du métal.

L'opération se fait ordinairement dans un *haut fourneau* (*fig. 51*) de dix à vingt mètres de hauteur. On y met un mélange de minerai, de charbon et de carbonate de chaux, qu'on enflamme à la partie inférieure : un fort courant d'air entretient la combustion. Le charbon réduit l'oxyde de fer, et le métal, fondu, s'écoule à la partie inférieure de l'appareil. Mais, à cette température, le fer fondu dissout une petite quantité de charbon, ce qui le transforme en *fonte*, plus fusible, mais moins ductile et moins malléable que le fer pur.

Quand on débouche les ouvertures pratiquées à la partie inférieure du fourneau, la fonte coule en flots de feu dans une rigole creusée dans le sable et forme par le refroidissement de gros lingots nommés *gueuses*.

Souvent on utilise la *fonte* directement, mais souvent

aussi on la soumet à une opération nouvelle, l'*affinage*, qui a pour but de préparer du fer pur. Pour cela, on chauffe la fonte au contact de l'air ; on dirige même un courant d'air à sa surface : le charbon se brûle progressi-

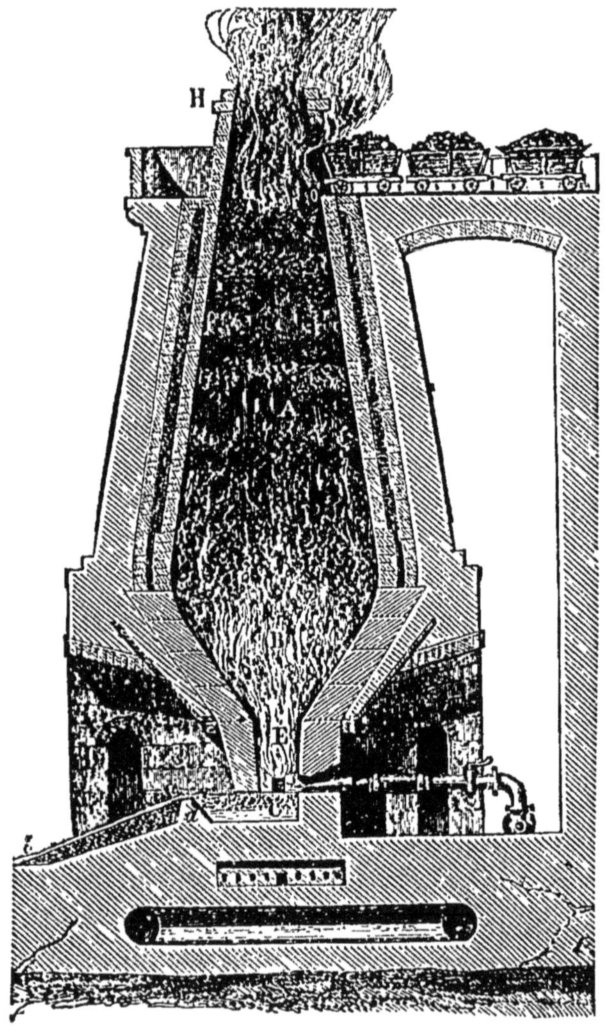

Fig. 51.

vement. A mesure que ce charbon disparaît, la matière devient noire, fluide, car le fer est beaucoup plus difficile à fondre que la fonte. Elle finit même par se solidifier en une masse pâteuse, nommée *loupe*, que l'on bat fortement au marteau pour lui donner plus de cohésion : on a alors du fer.

Usages. — Les usages du fer sont très nombreux et connus de tout le monde. On l'emploie à l'état de fonte, de fer et d'acier.

La fonte (composé de fer et de carbone), étant beaucoup plus fusible que le fer, se prête au moulage; on s'en sert pour faire des marmites, des poêles, des cylindres creux, des colonnes qui remplacent le bois dans les constructions, des grilles, des balcons, diverses pièces des machines à vapeur, etc. Cette substance est cassante et cède au choc du marteau; elle n'est pas malléable.

Le fer est moins fusible que la fonte, mais il est plus ductile, plus malléable, et il a la propriété de se ramollir davantage quand on le chauffe : au rouge blanc on peut le souder à lui-même et le travailler au marteau. Beaucoup moins cassant que la fonte, il est employé de préférence pour façonner les objets qui ne peuvent être coulés, et ceux qui doivent supporter des chocs.

Par sa composition, l'*acier* est intermédiaire entre le fer et la fonte. Il contient un peu de charbon, mais beaucoup moins que la fonte. On le prépare soit en enlevant à la fonte une partie seulement de son charbon, soit en ajoutant un peu de charbon au fer. Il y a trois espèces principales d'acier : 1° l'acier de forge; 2° l'acier de cémentation; 3° l'acier fondu. L'acier de forge est le plus commun; il sert à faire les instruments aratoires; on l'obtient en affinant incomplètement la fonte. L'acier de cémentation est préférable au précédent; on l'obtient en chauffant pendant plusieurs jours des lames de fer placées dans une caisse de tôle; entre ces lames on met une couche de suie de cheminée (carbone); le tout est recouvert de sable pour empêcher le contact de l'air, qui brûlerait le carbone. On obtient l'acier fondu en fondant l'acier de cémentation dans un creuset ; on le recouvre de verre pilé pour empêcher le contact de l'air.

En décarburant partiellement la fonte dans un appareil spécial, on obtient l'acier Bessemer, qu'on prépare aujourd'hui en grandes masses.

L'acier est presque aussi fusible que la fonte ; il est plus ductile, plus malléable et plus tenace que le fer : il a donc toutes les propriétés précieuses du fer et toutes celles de la fonte. De plus, il devient dur et élastique quand, après l'avoir chauffé au rouge, on le refroidit brusquement par immersion dans l'eau : il se *trempe*. Toutes ces propriétés précieuses en font le premier des métaux usuels. Chaque jour il se substitue davantage au fer dans la plupart de ses applications. Avec l'acier on fabrique les nombreux objets de coutellerie, les ressorts, les instruments aratoires, les canons, les rails de chemin de fer, les tôles pour chaudières à vapeur, etc.

Zinc. $Zn = 66$.

Propriétés du zinc. — Le *zinc* est un métal blanc bleuâtre, se ternissant facilement à l'air ; sa densité est 7,2 ; il est le plus dilatable de tous les métaux et fond à 410°. Chauffé à blanc sans le contact de l'air, il se volatilise : on peut, par conséquent, purifier le zinc par distillation. Chauffé fortement au contact de l'air, le zinc brûle avec une flamme blanche et forme de l'oxyde de zinc, dont les vapeurs, en se refroidissant, donnent une substance blanche ressemblant à des flocons de laine : c'est le blanc de zinc employé en peinture.

Les acides et les sels peuvent attaquer le zinc : aussi faut-il se garder de mettre du vin dans des vases de ce métal, de peur qu'il n'acquière des propriétés malfaisantes.

Préparation. — Le zinc se trouve dans la nature sous deux états différents : 1° en grande partie à l'état de carbonate de zinc (*calamine*); 2° souvent à l'état de sulfure de zinc (*blende*).

Pour extraire le zinc de la calamine, on chauffe ce minerai mêlé avec du charbon.

Pour extraire le zinc du sulfure ou blende, on grille d'abord le minerai pour brûler le soufre et oxyder le zinc, puis on le chauffe mêlé avec du charbon : le charbon s'empare de l'oxygène, et le métal reste isolé.

Usages. — On emploie le zinc en grenaille pour obtenir l'hydrogène; en cylindre dans les piles de Bunsen; en lames minces pour recouvrir les toitures, former des gouttières et faire des baignoires. Il remplace le plomb et le cuivre pour les statues, les vases et ustensiles de toute sorte. On l'emploie encore en couches minces pour recouvrir le fer et le préserver de l'oxydation. Il entre également dans la composition de quelques alliages : avec le cuivre, il forme le *laiton* ou cuivre jaune. L'un des principaux usages du zinc est la préparation, pour la peinture en bâtiments, de l'*oxyde de zinc* ou *blanc de zinc*, corps tout à fait inoffensif, qui remplace le blanc de plomb, ou carbonate de plomb, dangereux pour la santé des peintres, et noircissant peu à peu à l'air, sous l'influence des émanations d'acide sulfhydrique.

Étain. Sn = 118.

Propriétés de l'étain. — L'*étain* est un métal blanc à reflet jaunâtre; il se ternit lentement au contact de l'air; il fond à 228°; sa densité est 7,3. Lorsqu'on tord entre les mains une tige d'étain, on entend un craquement, qui est appelé *cri de l'étain*. L'acide chlorhydrique attaque l'étain et le convertit en chlorure d'étain; l'eau régale le dissout facilement.

Préparation. — L'étain se trouve dans la nature à l'état d'oxyde d'étain. On obtient le métal en chauffant un mélange d'oxyde d'étain et de charbon : le gaz carbonique se dégage, et l'étain reste.

Usages. — L'étain sert à former des couverts de table, des vases et ustensiles de cuisine qui ne doivent pas être fortement chauffés. On l'emploie surtout pour étamer les vases de fer et de cuivre, c'est-à-dire pour les recouvrir d'une couche métallique qui les empêche de s'oxyder. Le fer réduit en tôle et couvert d'étain prend, comme nous l'avons vu, le nom de *fer-blanc*. C'est l'étain qui est allié au cuivre dans la préparation du bronze, du métal des cloches, etc. Avec le mercure, il constitue l'étamage ou le *tain* des glaces.

Cuivre. Cu = 63.

Propriétés du cuivre. — Le *cuivre* est un métal rouge ; il fond à une forte chaleur ; il acquiert une mauvaise odeur par le frottement ; il est très ductile, très malléable, et d'une assez grande ténacité. Exposé à l'air humide, il s'oxyde d'abord ; puis l'oxyde se combine avec l'acide carbonique de l'air et forme à la surface une couche de carbonate de cuivre ou *vert-de-gris*, qui est un poison. La densité du cuivre est 8,9 ; il est attaqué par le sel marin (chlorure de sodium) et devient chlorure de cuivre. On empêche la destruction de la doublure des vaisseaux en mettant le cuivre en contact avec quelques lames de zinc ; le cuivre est électro-négatif ; il devient positif quand il est en contact avec le zinc, et alors il n'est plus attaqué par le chlore.

Préparation. — Le cuivre se trouve dans la nature principalement à l'état d'oxyde ou de carbonate et à l'état de sulfure.

Pour le retirer de l'oxyde ou du carbonate de cuivre, on chauffe le minerai mêlé avec du charbon : il se forme de l'acide carbonique, qui s'en va, et le cuivre reste.

Pour le retirer du sulfure, on le grille plusieurs fois afin de brûler le soufre, ce qui forme de l'acide sulfureux ; le cuivre s'oxyde ; mais on le chauffe ensuite mêlé avec du charbon, et il reste pur.

Usages. — Après le fer, le cuivre est incontestablement le plus important des métaux. Il sert à faire des instruments de physique et de musique, à doubler les vaisseaux, à confectionner différents ustensiles de cuisine. Les casseroles et autres vases de cuivre que l'on emploie dans les cuisines doivent toujours être maintenues très propres, et il faut avoir soin de n'y jamais laisser refroidir les aliments, parce qu'il se formerait des composés de cuivre vénéneux. Ordinairement on étame intérieurement ces vases, c'est-à-dire qu'on les recouvre à l'intérieur d'une mince couche d'étain. Le cuivre est encore employé à l'état d'alliage avec l'or et l'argent pour la monnaie et les bijoux ; avec le zinc et avec l'étain pour le bronze, les miroirs de télescope, etc. Avec l'acide sulfurique, son oxyde donne le sulfate de cuivre employé dans la galvanoplastie : la pile voltaïque décompose le sel, et le métal se dépose sur les corps que l'on a mis en communication avec le pôle négatif.

Plomb. Pb = 207.

Propriétés du plomb. — Le *plomb* est un métal blanc bleuâtre ; il fond à 335° ; il s'oxyde à l'air à la température ordinaire ; mais cette légère couche d'oxyde forme un vernis qui préserve le reste du métal. Sa densité est 11,4. Le plomb est mou et malléable à froid : on peut le réduire en feuilles très minces. Mais il n'a presque aucune ductilité. Il est tellement mou que, lorsqu'on le frotte sur le papier, il y laisse une trace noire. Tous les composés du plomb sont vénéneux.

Préparation. — Le plomb se trouve dans la nature principalement à l'état de sulfure (*galène*). On chauffe le sulfure de plomb mêlé avec du fer : le soufre forme avec le fer un sulfure de fer, et le plomb est libre. On emploie de la ferraille ou de la fonte dans cette opération.

Usages. — Les anciens faisaient avec le plomb des tablettes à écrire : quelques-unes ont été retrouvées de nos jours. On s'en sert pour recouvrir les toits des édifices ou les terrasses. L'extraction de l'or et de l'argent en absorbe de grandes quantités. On l'emploie encore à faire des réservoirs, des chéneaux et des tuyaux de conduite pour les eaux, pourvu qu'elles ne soient pas pures, car l'eau de pluie le change en carbonate. Il peut remplacer le soufre pour le scellement du fer avec la pierre et donne des fils au jardinage. Enfin, il sert à fabriquer des balles et du plomb de chasse. Les balles se font dans des moules. On obtient le plomb de chasse en versant du plomb fondu sur un tamis métallique placé à une grande hauteur : les gouttes de plomb en tombant prennent la forme sphérique; on les reçoit dans un vase plein d'eau, pour les refroidir et pour amortir la vitesse de la chute. Nous verrons le plomb entrer dans différents alliages, surtout pour la soudure des plombiers et les caractères d'imprimerie.

Mercure. $Hg = 200$.

Propriétés du mercure. — Le *mercure* est un métal liquide à la température ordinaire, blanc comme l'argent fondu : on l'appelait autrefois *vif-argent ;* sa densité est 13,596 ; il se congèle à — 40°, et bout à 350° ; il ne mouille pas le verre quand il est pur, et forme dans les tubes une surface convexe ; mais quand il contient des métaux étrangers, il s'attache au verre et forme dans les tubes une surface plane : on dit alors qu'il fait *queue.* Il dissout la plupart des métaux en formant des amalgames ; il n'attaque cependant ni le platine ni le fer. L'acide azotique l'attaque à froid et forme de l'azotate de mercure.

Les vapeurs de mercure sont nuisibles à la respiration : les personnes qui sont exposées à les respirer fréquemment peuvent gagner des fièvres dangereuses, éprouvent de nombreux accidents, tels qu'une salivation abondante, la perte des cheveux et des dents, et meurent jeunes.

Préparation. — Le mercure se trouve dans la nature principalement à l'état de sulfure de mercure (*cinabre*). On introduit le cinabre dans une voûte communiquant avec plusieurs chambres, qui toutes sont en communication avec un réservoir ; la voûte est percée inférieurement de trous pour la circulation de l'air ; on allume du bois sous cette voûte, le soufre du cinabre s'allume et forme du gaz sulfureux, qui se dégage ; les vapeurs de mercure se condensent dans les chambres froides, et le mercure liquide se rend dans le réservoir.

Usages. — Le mercure sert à la confection des baromètres et des thermomètres ; il sert à recueillir les gaz solubles dans l'eau, à extraire l'argent de son minerai, à former le tain des glaces, à dorer et à argenter. La médecine l'emploie tantôt pur, tantôt combiné, mais à des doses très petites, comme un dépuratif énergique.

Argent. Ag = 108.

Propriétés de l'argent. — L'*argent* est le plus blanc de tous les métaux et celui qui possède le plus d'éclat lorsqu'il est poli ; il fond vers 1000°. Sa densité est 10,5 ; il est très ductile et très malléable. Il n'est attaqué ni par l'air ni par l'eau. Le soufre et l'acide sulfhydrique le noircissent rapidement en formant un sulfure d'argent. L'acide azotique le dissout en formant de l'azotate d'argent et en dégageant du gaz bioxyde d'azote.

Préparation. — L'extraction de l'argent est très difficile, principalement parce que les minerais d'argent sont très pauvres, étant mêlés à d'abondantes matières terreuses.

Le minerai, qui est du sulfure d'argent, est d'abord traité par du chlorure de sodium (*sel marin*), qui le transforme en chlorure d'argent. Puis on décompose le chlorure d'argent par le fer, qui donne du chlorure de fer et de l'argent métallique. Mais le métal, mélangé avec les matières terreuses, ne peut pas aisément en être séparé.

On opère cette séparation en ajoutant du mercure, qui dissout l'argent et se dépose en coulant au fond. Quand on chauffe ensuite cet amalgame, le mercure distille, et l'argent reste dans le vase.

On retire aussi beaucoup d'argent du cuivre et du plomb provenant des minerais argentifères. Le *plomb argentifère* est chauffé dans des vases larges et peu profonds, nommés *coupelles;* à sa surface on dirige un courant d'air, qui oxyde le plomb, sans oxyder l'argent. L'oxyde de plomb formé (*litharge*) fond et s'écoule par une rigole au fur et à mesure de sa formation. L'argent pur reste dans la coupelle. Ce procédé d'extraction s'appelle *coupellation.*

Usages. — L'argent est employé pour argenter les métaux par les procédés de galvanoplastie qui sont indiqués pour la dorure. Sous forme de lame plus ou moins épaisse, il peut s'appliquer sur le cuivre, et même sur le fer : c'est l'espèce d'argenture que l'on appelle *plaqué*. Combiné avec de petites quantités de cuivre, il forme des alliages qui servent pour la monnaie, les médailles, la vaisselle et les bijoux. Avec l'acide azotique, l'oxyde d'argent forme l'azotate d'argent, que l'on peut dissoudre ou fondre : dissous, il peut servir à marquer le linge, parce qu'il noircit en séchant; fondu et coulé en petits cylindres, il constitue la *pierre infernale*, employée en médecine pour cautériser les plaies.

Platine. Pt = 197.

Propriétés du platine. — Le *platine* ne fond pas au feu de forge ; mais on peut le fondre au chalumeau à gaz hydrogène et oxygène ou sous l'influence du courant électrique. A la chaleur blanche il se ramollit et se laisse forger et souder à lui-même.

La couleur du platine est d'un gris plombé intermédiaire entre celle de l'argent et celle de l'étain. Sa densité est **22,5**. Il est très ductile et très malléable. Il n'est attaqué ni par l'air, ni par l'eau, ni par le mercure. L'eau régale le dissout et forme du chlorure de platine. La potasse, la soude et la lithine l'attaquent à la chaleur rouge.

Si l'on suspend une spirale de fil de platine au-dessus de la mèche d'une lampe à alcool, et qu'on allume d'abord cette lampe, puis qu'on l'éteigne après que le fil a été chauffé au rouge, ce fil reste très longtemps lumineux ; on réussit mieux en ajoutant à l'alcool une petite quantité d'éther : cette expérience s'appelle *lampe sans flamme*.

Préparation. — Le platine se trouve dans la nature à l'état natif, mêlé dans le sable avec un peu d'or, d'iridium, d'osmium, de palladium. Pour l'isoler, on traite le sable par l'eau régale, qui donne du *bichlorure de platine*, qu'on précipite par l'ammoniaque à l'état de chlorure double de platine et d'ammoniaque. Ce précipité, calciné au rouge, se décompose et donne une masse spongieuse appelée *mousse de platine*. Chauffée au rouge vif, puis comprimée fortement dans un cylindre d'acier (*fig.* 52) et martelée longuement, la mousse de platine se transforme en platine malléable. Aujourd'hui on préfère généralement fondre la mousse de platine à l'aide du chalumeau à gaz oxhydrique.

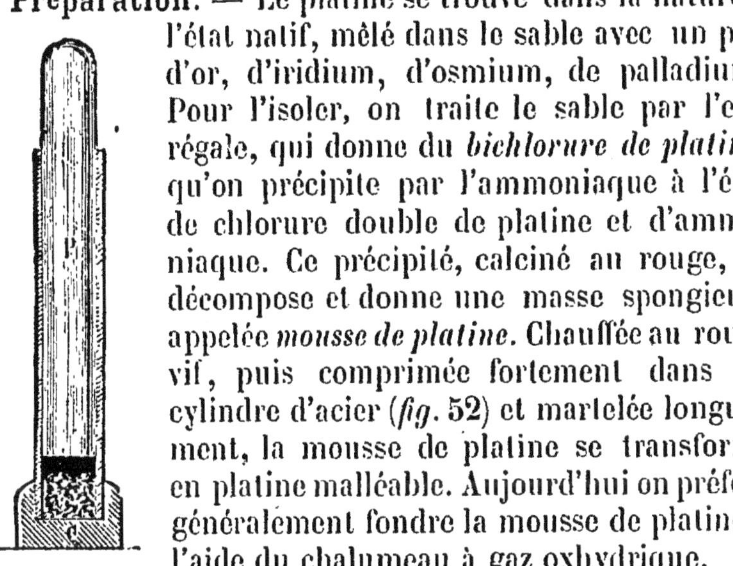

Fig. 52.

Usages. — Le platine, étant inaltérable à l'air, à l'eau et à plusieurs acides, est particulièrement employé pour confectionner des capsules et des creusets qui servent à différentes opérations chimiques dans les laboratoires et dans les arts. On en garnit la pointe des paratonnerres. Son peu de dilatabilité et son inaltérabilité le font encore servir à fabriquer les étalons des poids et mesures. Enfin, la Russie s'en est longtemps servie en guise de monnaie. On s'en sert aussi pour fabriquer des bijoux.

La *mousse de platine*, qui n'est que du platine très divisé, absorbe rapidement les gaz et les comprime dans ses pores, ce qui lui permet de déterminer un grand nombre de réactions chimiques. Pour cette raison, la mousse de platine est fort employée dans les laboratoires.

Or. Au = 197.

Propriétés de l'or. — *L'or* fond vers 1050°; sa densité est 19,4; il est très ductile et très malléable, au point qu'avec un gramme d'or on peut obtenir un fil de 3000 mètres, et que 10000 feuilles d'or peuvent ne faire qu'un millimètre d'épaisseur; mais sa ténacité est peu considérable. Il est d'une belle couleur jaune; mais lorsqu'on regarde l'intérieur d'un vase d'or bien poli, il paraît rouge; d'autre part, l'or en feuilles très minces laisse passer la lumière et donne une belle couleur verte. Ce métal n'est attaqué ni par l'air ni par l'eau; il se dissout dans l'eau régale, mélange de 2 parties d'acide azotique et de 3 parties d'acide chlorhydrique, et forme un chlorure d'or. Le soufre et l'acide sulfhydrique n'ont pas d'action sur l'or. Ce métal est soluble dans le mercure, avec lequel il forme un amalgame.

Préparation. — L'or se trouve dans la nature à l'état natif; on le rencontre en paillettes ou en grains arrondis mêlés avec du sable. Les mines d'or les plus abondantes sont aujourd'hui en Californie et en Australie. On trouve quelquefois des morceaux d'or assez considérables : on les appelle *pépites*.

On place le *sable aurifère* sur une planche inclinée contenant un grand nombre de traverses ; on dirige sur cette planche un courant d'eau, qui enlève le sable et laisse la poudre d'or, qui est très dense, mais qui est ordinairement accompagnée de plomb ou de cuivre. On se débarrasse du plomb par la coupellation, et du cuivre en dissolvant la poudre d'or dans le mercure, ce qui la débarrasse en même temps des dernières parties de sable; puis, si l'on distille l'amalgame, le mercure se réduit en vapeurs, et l'or reste pur.

Usages. — Combiné avec de petites quantités de cuivre, l'or forme des alliages pour les monnaies, la vaisselle et les bijoux. Pur, il est employé pour la dorure, c'est-à-dire pour revêtir d'une couche métallique le bois, le carton, le cuivre, le laiton, l'argent, etc. L'argent recouvert d'or se nomme *vermeil*.

Procédés pour dorer. — Trois procédés sont surtout employés aujourd'hui pour dorer : 1° au moyen de l'huile ; 2° par immersion ; 3° par la galvanoplastie.

1° La dorure à l'huile est la dorure sur bois. On dépose sur les objets une couche de céruse à l'huile de lin, puis un mordant, et on y applique l'or en feuilles très minces.

2° La dorure par immersion, qui réussit principalement sur le cuivre, est due à M. Elkington. Elle consiste à plonger l'objet dans un bain bouillant de chlorure d'or dissous dans un bicarbonate alcalin : l'or abandonne le chlorure et se dépose sur le métal.

3° Pour dorer par la galvanoplastie, procédé inventé par M. de Ruolz, on dissout le cyanure d'or dans le cyanure de potassium, puis on plonge dans cette solution les corps que l'on veut dorer, en les attachant à un fil d'or communiquant avec le pôle négatif d'une pile ; on plonge en même temps dans cette solution une feuille d'or pur, attachée à un autre fil d'or communiquant au pôle positif de la même pile, afin de revivifier la solution à mesure qu'elle s'appauvrit par le dépôt métallique.

CHAPITRE III.

Alliages. — Leurs propriétés. — Alliages usuels. — Alliages d'étain. — Poterie d'étain. — Amalgame d'étain : tain des glaces. — Alliages de cuivre. — Monnaies. — Médailles. — Bronzes. — Chrysocales. — Laiton. — Maillechort. — Alliages de plomb. — Soudure des plombiers. — Soudure des ferblantiers. — Caractères d'imprimerie. — Alliages d'argent et d'or. — Monnaies. — Médailles. — Vaisselle. — Bijouterie. — Essais d'or et d'argent.

Alliages.

Les *alliages* résultent de la combinaison des métaux entre eux. Lorsque c'est le mercure qui se combine avec un autre métal, l'alliage s'appelle *amalgame*.

Les métaux ne peuvent s'allier ensemble qu'à l'état liquide : il faut donc les chauffer, et, en les laissant refroidir, ils se prennent en une masse solide. Mais alors il est possible qu'il y ait seulement mélange, et non pas combinaison : tel est le fer avec le plomb ou avec le cuivre. Le plus souvent, il y a combinaison réelle dans des proportions définies, avec excès de l'un des métaux constitutifs. C'est ce que prouvent le dégagement de chaleur qui accompagne toute combinaison, l'analyse de certaines parties du solide qui accuse des proportions définies, la constatation de propriétés, dans l'alliage, différentes de celles qui existent dans les éléments.

Propriétés des alliages. — Les alliages sont généralement plus durs, moins ductiles et moins tenaces que le plus ductile et le plus tenace des métaux composants, et plus fusibles que le moins fusible. La densité est tantôt plus forte, tantôt plus faible que la moyenne des éléments. Si l'un des métaux est volatil, il se vaporise par la chaleur et abandonne le composé. S'il y a plusieurs combinaisons fusibles dans un alliage, la combinaison la plus fusible, quand on le chauffe, suintera à travers la masse solide : c'est ce qu'on appelle *liquation*.

En combinant les métaux ensemble, on modifie leurs propriétés ; ainsi, un métal cassant combiné avec un métal trop mou donne un alliage suffisamment malléable. Le but de la fabrication des alliages est d'obtenir des composés dont les propriétés intermédiaires permettent l'emploi des métaux dans l'industrie. Plusieurs alliages sont fréquemment employés ; on les obtient en fondant ensemble les métaux qui les composent.

Alliages usuels. — Onze métaux seulement sont employés seuls ; quatorze entrent dans des alliages. Les principaux sont : 1° l'étain, qui donne, avec l'antimoine, la poterie d'étain ; avec le mercure, le tain des glaces ; 2° le cuivre, qui constitue, avec le zinc et le nickel, le maillechort ; avec le zinc, le chrysocale et le laiton ; avec l'étain, les différents bronzes, le métal des cloches, le tam-tam et les miroirs des télescopes ; 3° le plomb, qui forme, avec l'étain, la soudure des plombiers et des ferblantiers ; avec l'antimoine et l'étain, le métal d'Alger ; avec l'antimoine et le bismuth, les caractères d'imprimerie ; 4° l'argent et l'or, qui forment, avec le cuivre, la monnaie, la vaisselle et les bijoux.

Alliages d'étain.

Poterie d'étain. — La poterie d'étain comprend toute sorte de vaisselle et d'ustensiles d'étain. L'alliage est formé de

Étain,	90 parties.
Antimoine,	10

Amalgame d'étain : tain des glaces. — Pour étamer une glace, on étend une feuille d'étain sur une table horizontale, on verse du mercure dessus, on fait glisser la glace de manière à couper la couche métallique en deux, et l'on charge la glace de poids. L'excès de mercure s'échappe ; il ne reste plus qu'un amalgame, qui a la propriété de réfléchir les objets, et qui est formé de

Étain,	80 parties.
Mercure.	20

Aujourd'hui on remplace l'étamage des glaces par l'argenture, plus solide, plus économique, et beaucoup moins insalubre pour les ouvriers qui se livrent à ce travail.

Alliages de cuivre.

Bronzes. — Les différents bronzes sont des alliages de cuivre et d'étain, dans lesquels la proportion des éléments varie. En général, le bronze, qui n'est autre chose que l'airain des anciens, est plus fusible que le cuivre et devient malléable par la trempe. Fondu et refroidi, il se partage en plusieurs alliages, qui diffèrent de composition et de propriétés.

Monnaies. Le bronze des monnaies de cuivre, pièces d'un, deux, cinq et dix centimes, se compose de

Cuivre	95 parties.
Étain,	4
Zinc,	1

Médailles et jetons. Le bronze des médailles et des jetons contient

Cuivre,	95 parties.
Étain,	4
Zinc,	1

Vases et statues. Le bronze des vases et des statues se compose de

Cuivre,	95 parties.
Étain,	5

La couleur *bronze artistique* ou *bronze vert*, qu'ont certains objets de bronze, n'est pas la couleur naturelle de l'alliage, qui est jaune ; c'est une imitation de l'oxydation du métal qui se fait à l'air, comme cela a lieu pour les sous qui se recouvrent de vert-de-gris. On donne artificiellement cette couleur soit par l'action de la chaleur et de l'air, soit par l'action d'un acide faible.

10.

Timbres d'horloge et cymbales. — Le bronze des timbres d'horloge et des cymbales contient :

Cuivre,	80 parties.
Étain,	20

Miroirs des télescopes. Les miroirs sur lesquels on reçoit l'image des objets dans l'intérieur des télescopes sont formés de

Cuivre,	67 parties.
Étain,	33

L'alliage est d'un blanc d'acier, très dur, très cassant, susceptible d'un beau poli. Les anciens miroirs métalliques des télescopes sont le plus souvent remplacés aujourd'hui par des miroirs de verre argentés sur leur face supérieure.

Cloches. Le bronze des cloches renferme :

Cuivre,	78 parties.
Étain,	22

Quelquefois on ajoute un peu de zinc et de plomb.

Canons. Le bronze des canons est un alliage de

Cuivre,	90 parties.
Étain,	10

Chrysocale. — Le chrysocale ou similor sert à la fabrication des bijoux d'imitation, dits faux bijoux. Il se compose de

Cuivre,	90 parties.
Zinc,	10

Laiton. — Le laiton ou cuivre jaune est formé de

Cuivre,	65 parties.
Zinc,	35

Le laiton renferme souvent un peu de plomb et d'étain aux dépens de la proportion de zinc. Il sert à fabriquer le fil de laiton, les épingles, plusieurs instruments de physique et divers ustensiles de ménage.

Maillechort. — Le maillechort est un alliage de cuivre, de zinc et de nickel :

Cuivre,	50 parties.
Zinc,	25
Nickel,	25

Cet alliage ressemble à l'argent, mais l'usage lui fait perdre son éclat que rien ne peut lui redonner. Il sert à faire les parures des voitures et des harnais de luxe ou à fabriquer des éperons.

Alliages de plomb.

Soudure des plombiers. — La soudure des plombiers, employée pour souder les tuyaux de plomb, est composée de

Plomb,	67 parties.
Étain,	33

A la chaleur rouge elle absorbe l'oxygène de l'air, brûle comme un pyrophore, et donne lieu à une combinaison d'oxyde d'étain et d'oxyde de plomb.

Soudure des ferblantiers. — Si l'on combine

Plomb,	50 parties.
Étain,	50

on a la soudure des ferblantiers, qui brûle plus facilement, en donnant des résultats identiques.

Caractères d'imprimerie. — L'alliage des caractères d'imprimerie est formé de

Plomb,	80 parties.
Antimoine,	20

On y ajoute quelquefois un peu de bismuth ou de cuivre: le plomb seul serait trop mou, l'antimoine trop dur. L'alliage peut supporter la presse sans être altéré, et le papier n'éprouve aucun déchirement.

Alliages d'argent et d'or.

Les alliages d'argent et d'or sont faits surtout pour la monnaie, la bijouterie et la vaisselle. Le titre de chaque pièce, c'est-à-dire la quantité d'argent ou d'or devant entrer dans l'alliage, est fixé par la loi. De là on dit que la monnaie d'or ou d'argent est au titre de 900 millièmes, lorsqu'elle comprend 900 parties d'or ou d'argent et 100 de cuivre.

Monnaies. — Les monnaies d'argent se composent comme suit :

Pièces de 5 francs :

Argent,	900 parties.
Cuivre,	100

Pièces de 2 francs, de 1 franc, et de 50 et 20 centimes :

Argent,	835 parties.
Cuivre,	165

Les monnaies d'or comprennent :

Pièces de 5, 10, 20, 50 et 100 francs :

Or,	900 parties.
Cuivre,	100

Médailles et jetons. — Les médailles et jetons en argent se composent de

Argent,	950 parties.
Cuivre,	50

Les médailles et jetons en or comprennent :

Or,	916 parties.
Cuivre,	84

Vaisselle. — La vaisselle en argent, telle que couverts, plats, etc., est à deux titres différents ; elle comprend :

Argent,	950 ou 800	parties.
Cuivre,	50	200

La vaisselle en or est à trois titres différents :

Or,	920	ou 810	ou 750	parties.
Cuivre,	80	160	250	

Bijouterie. — Les bijoux en argent sont à deux titres :

Argent,	950	ou 800	parties.
Cuivre,	50	200	

Les bijoux en or sont à trois titres :

Or,	920	ou 810	ou 750	parties.
Cuivre,	80	160	250	

L'*or vert* est de 700 parties or contre 300 argent.

Il ne faut pas compter parmi les alliages : le *vermeil*, pièce d'argent revêtue d'une couche d'or ; le *plaqué*, pièce de cuivre revêtue d'une mince feuille d'argent soudée ; l'*argenture* et la *dorure galvaniques*, pièces de cuivre imprégnées d'argent ou d'or par les procédés galvanoplastiques ; le *fer-blanc*, feuille de fer laminé ou de cuivre recouverte sur sa surface d'une petite quantité d'étain.

Essais d'or et d'argent. — Avant la mise en circulation des monnaies, ou la mise en vente des objets d'orfèvrerie, les agents de l'État leur font subir une opération appelée *essai*, afin d'en constater le titre : s'il est exact, on les poinçonne ; sinon, on les brise. On prend au hasard dans la fonte une pièce de monnaie, ou l'on détache et l'on pèse un petit appendice laissé à la pièce d'orfèvrerie.

Si c'est de l'argent, on le dissout dans l'acide azotique, puis on verse dans la liqueur une dissolution de sel marin préparée d'avance, de manière qu'il en faille cent centimètres cubes pour un gramme d'argent : le chlore s'empare de l'argent sans toucher au cuivre ; il se forme du chlorure d'argent insoluble, et l'on juge du titre par la quantité de dissolution employée. C'est l'*essai par la voie humide.*

Si c'est de l'or, on le fond avec du plomb et de l'argent dans des *coupelles*, petits vases poreux de phosphate de chaux qui laissent échapper entre leurs pores tous les oxydes ; il ne reste plus qu'un bouton d'or et d'argent, dont on dissout l'argent par l'acide azotique, et l'on a l'or pur. C'est l'*essai par coupellation*, dont on s'est longtemps servi pour l'argent, mais qui est moins facile.

Pour les menus bijoux, on se contente de les frotter avec une pierre noire très dure, nommée *pierre de touche :* on obtient ainsi des traces métalliques, que l'on traite par l'acide azotique ou par l'eau régale. C'est l'*essai au touchau*, qui suffit pour avoir le titre à un centième près.

CHAPITRE IV.

Oxydes. — Protoxyde de potassium. — Protoxyde de sodium. — Protoxyde de calcium. — Oxyde d'aluminium. — Oxyde de magnésium. — Oxyde de fer. — Oxyde de zinc. — Protoxyde de plomb. — Bioxyde de plomb. — Oxyde salin de plomb.

Oxydes.

Les oxydes métalliques sont en nombre considérable.

Les plus employés sont : le *protoxyde de potassium*, le *protoxyde de sodium*, le *protoxyde de calcium*, l'*oxyde d'aluminium*, l'*oxyde de magnésium*, le *sesquioxyde de fer*, l'*oxyde de fer magnétique*, l'*oxyde de zinc*, le *protoxyde de plomb*, le *bioxyde de plomb*, l'*oxyde salin de plomb ;* les uns sont naturels, et les autres préparés par l'industrie.

Protoxyde de potassium (potasse caustique).
$$K^2O, H^2O \text{ ou } KOH = 56.$$

Propriétés. — Le *protoxyde de potassium* ou *potasse caustique* est une substance blanche, fusible au rouge sombre, attaquant le verre, caustique, déliquescente, très soluble dans l'eau, attirant l'acide carbonique et l'humidité de l'air et se liquéfiant ainsi en carbonate de potasse dissous.

La potasse ne se trouve dans la nature qu'à l'état de combinaison sous forme de sels. Elle fait partie des terres arables, des cendres des végétaux et des parties liquides ou solides des animaux. On la prépare en décomposant par la chaux une dissolution bouillante de carbonate de potasse.

La chaux se combine avec l'acide carbonique et forme du carbonate de chaux insoluble ; la potasse reste en solution. On filtre la liqueur, on la concentre, on fond le résidu, et l'on obtient par le refroidissement la *potasse à la chaux*. Souvent cette potasse n'est pas pure ; on la dissout dans l'alcool, on l'évapore, on la fond de nouveau, et l'on a ainsi la *potasse pure* ou *potasse à l'alcool*.

La potasse à la chaux ou à l'alcool est toujours hydratée. On l'appelle *potasse caustique* pour la distinguer de la potasse du commerce, qui est du carbonate de potasse.

Usages. — La potasse caustique est employée en médecine sous le nom de pierre à cautère pour cautériser les chairs. La solution de potasse dans l'eau sert de réactif dans les laboratoires.

Protoxyde de sodium (soude caustique).
$$Na^2O, H^2O \text{ ou } NaOH = 40.$$

Propriétés. — Le *protoxyde de sodium* ou *soude caustique* est blanc et ressemble beaucoup à la potasse ; il est fusible, très soluble dans l'eau, caustique ; mais à l'air il s'effleurit et devient une poussière sèche de carbonate de soude, au lieu d'être déliquescent comme la potasse.

La soude ne se trouve dans la nature qu'engagée dans les mêmes combinaisons que la potasse ; mais, si elle existe en quantité moins grande dans les plantes, elle est très abondante dans les varechs ou fucus, végétaux communs sur les côtes de la mer. Les cendres des varechs sont aussi riches en carbonate de soude que les cendres de nos arbres en carbonate de potasse.

On obtient la soude en décomposant d'abord le carbonate de soude par la chaux : la chaux forme avec l'acide carbonique du carbonate de chaux insoluble, et la soude reste en solution. On filtre, on évapore, puis on fond le résidu, et, si l'on veut, on le purifie par l'alcool comme la potasse ; d'où il suit que l'on a pareillement de la soude à la chaux ou à l'alcool, que l'on appelle *soude caustique* pour la distinguer de la *soude du commerce*, qui est du carbonate de soude.

Usages. — Les usages sont les mêmes que ceux de la potasse.

Protoxyde de calcium (chaux). $CaO = 56$.

Propriétés. — Le *protoxyde de calcium* ou *chaux* est blanc, peu soluble dans l'eau ; il ne fond pas au feu de forge le plus ardent ; il absorbe l'humidité et l'acide carbonique de l'air.

Dans la nature, la chaux est toujours combinée avec des acides, formant des sels. Le phosphate de chaux entre dans les os du squelette animal ; le sulfate est la pierre à plâtre ; le carbonate constitue le marbre, la pierre calcaire, la craie, les coquilles d'huître, etc., et se nomme *pierre à chaux* par excellence.

On obtient la chaux en calcinant la *pierre à chaux* : par la chaleur, l'acide carbonique se dégage, et il reste la chaux anhydre, dite *chaux vive* ou *caustique*.

L'opération se fait dans des fours en maçonnerie nommés *fours à chaux* (*fig.* 53). Sous les pierres empilées on allume un grand feu, qu'on maintient pendant plusieurs heures.

La chaux anhydre se combine rapidement avec l'eau, en dégageant de la chaleur, et forme de la chaux hydratée ou *chaux éteinte*. En se combinant avec l'eau, elle foisonne, c'est-à-dire qu'elle augmente de volume. La solution aqueuse de chaux s'appelle *eau de chaux* ; l'eau qui tient en suspension de la chaux éteinte est blanche, et se nomme *lait de chaux*.

La chaux vive se distingue, suivant la nature du calcaire calciné, en *chaux grasse*, *chaux maigre* et *chaux hydraulique*. La chaux grasse, provenant des calcaires les plus purs, est blanche, foisonne beaucoup et donne d'excellents mortiers. La chaux maigre, où l'on trouve du fer et de la magnésie, est grise, augmente peu de volume, est peu liante, peu tenace. La chaux hydraulique forme des mor-

Fig. 53.

tiers qui durcissent dans l'eau : elle provient de matières qui contiennent de 10 à 40 pour 100 d'argile.

Usages. — La chaux sert de réactif dans les laboratoires; mais elle est beaucoup plus employée dans les constructions, l'agriculture et l'industrie. Elle sert dans la fabrication du verre, des bougies, du sucre, etc. ; on l'emploie pour gonfler les peaux dans le tannage, pour débarrasser le gaz de l'éclairage des acides carbonique et sulfhydrique. En agriculture, on amende avec la chaux les terres sableuses, légères ou tourbeuses, et on passe à la chaux le grain avant de le semer, ce qu'on appelle *chaulage*, afin d'en éloigner les insectes et d'en activer la végétation. Mais la principale utilité de la chaux est pour les constructions. Les mortiers destinés à lier entre eux les matériaux de construction sont des mélanges de chaux éteinte et de sable. Ce mélange se durcit peu à peu à l'air, en se desséchant et absorbant de l'acide carbonique : il forme alors une véritable pierre. Le sable y est ajouté, parce que la chaux seule se contracte et se fendille en se desséchant, ce qui l'empêche de prendre une grande dureté. Les mortiers faits avec de la chaux aérienne ne peuvent durcir dans l'eau. Au contraire, ceux qui renferment de la chaux hydraulique deviennent bientôt sous l'eau d'une grande dureté : cet effet est dû à l'argile que renferment les chaux hydrauliques.

Les *ciments*, plus riches encore en argile, se prennent avec une grande rapidité. On fabrique des chaux hydrauliques artificielles et des ciments artificiels en mélangeant des chaux grasses avec certaines argiles cuites et pulvérisées.

Oxyde d'aluminium (alumine). $Al^2O^3 = 103$.

Propriétés. — L'*oxyde d'aluminium* ou *alumine* se trouve naturellement pur et cristallisé sous le nom de *corindon hyalin*. Dans les laboratoires, on l'obtient en poudre blanche, anhydre, infusible et insoluble dans l'eau, quand on précipite une dissolution d'alun (sulfate double d'alumine et de potasse) par un excès de carbonate d'ammoniaque, puis qu'on lave, qu'on dessèche et calcine le dépôt gélatineux qui s'est formé.

Usages. — L'alumine naturelle ou *corindon* est après le diamant la première des pierres précieuses. Incolore, elle constitue le *corindon* proprement dit ; légèrement colorée, elle prend les noms de *topaze orientale* (jaune), *saphir oriental* (bleu), *rubis oriental* (rouge), *améthyste orientale* (pourpre). L'émeri, assez dur pour servir à polir le verre et les métaux, est du corindon coloré en noir.

L'alumine préparée dans les laboratoires sous forme gélatineuse absorbe les matières colorantes et forme avec ces matières des composés insolubles nommés *laques*, fort employés en teinture.

L'alumine est une des parties constituantes de l'argile, du feldspath et de l'alun.

Oxyde de magnésium (magnésie calcinée).
$$MgO = 40.$$

Propriétés. — *L'oxyde de magnésium* ou *magnésie calcinée* est une poudre blanche, douce au toucher, sans saveur ni odeur, et à peine soluble dans l'eau.

La magnésie est très répandue dans la nature, mais combinée avec les acides ou d'autres oxydes. On l'obtient en calcinant le carbonate de magnésie : l'acide carbonique se dégage.

Usages. — La magnésie est employée en médecine contre les aigreurs de l'estomac : c'est un excellent contre-poison de l'acide arsénieux. Pour qu'elle possède ces propriétés médicales, on doit l'obtenir en calcinant légèrement le carbonate de magnésie.

Oxydes de fer.

Propriétés. — On connaît quatre oxydes de fer, dont deux, très répandus dans la nature, sont particulièrement importants.

Le *sesquioxyde* Fe^2O^3 se rencontre à l'état anhydre et à l'état hydraté, constituant le *fer oligiste*, l'*hématite rouge*. On le prépare dans les laboratoires en calcinant le sulfate de protoxyde de fer : on a alors le *colcothar* ou *rouge d'Angleterre*. C'est le sesquioxyde hydraté qui constitue le rouge ; dans la nature il constitue l'*hématite brune*, ou la *limonite*.

L'*oxyde magnétique* Fe^3O^4 a la propriété d'attirer le fer. On le trouve surtout en Algérie, en Suède et en Norvège.

Usages. — Ces oxydes sont principalement employés comme minerai de fer. Le *colcothar* ou *rouge d'Angleterre* sert dans les peintures grossières (*ocre rouge*) ; on l'utilise aussi pour polir les métaux et les glaces.

Oxyde de zinc (blanc de zinc). $ZnO = 82$.

Propriétés. — L'*oxyde de zinc* ou *blanc de zinc* est une poudre blanche, insoluble dans l'eau ; quand on le chauffe, il jaunit ; mais cette teinte disparaît par le refroidissement.

On obtient le blanc de zinc en brûlant le zinc au contact de l'air.

Usages. — Le blanc de zinc a été substitué au blanc de plomb (carbonate de plomb) pour la peinture en bâtiments, d'abord parce que sa préparation ne peut nuire à la santé des ouvriers ; de plus, il n'est pas noirci par les émanations sulfureuses, parce que le sulfure de zinc est lui-même blanc, tandis que les peintures au blanc de plomb noircissent à ces émanations, parce que le sulfure de plomb est noir.

Protoxyde de plomb (massicot, litharge).
$$PbO = 224.$$

Propriétés. — Le *protoxyde de plomb*, nommé dans les arts *massicot*, est une poudre jaune qui fond par la chaleur et cristallise par le refroidissement ; on l'appelle *litharge* après la fusion.

On l'obtient : 1° dans la préparation de l'argent ; 2° en calcinant le carbonate ou l'azotate de plomb : l'acide carbonique ou l'acide azotique se dégagent, et l'oxyde de plomb reste.

Usages. — Le protoxyde de plomb sert en peinture : il rend les huiles siccatives ; il est employé pour la même raison en médecine dans la fabrication de certains onguents ou emplâtres. Il sert à la fabrication des sels de plomb, du cristal, de l'émail, etc.

Bioxyde de plomb (acide plombique).
$$PbO^2 = 240.$$

Propriétés. — Le *bioxyde de plomb* ou *acide plombique* est encore appelé *oxyde puce* à cause de sa couleur : c'est une poudre couleur puce. Par la chaleur, il perd de l'oxygène et devient protoxyde.

On l'obtient en traitant à chaud le minium par l'acide azotique, qui dissout le protoxyde de plomb et précipite l'acide plombique.

Usages. — L'acide plombique entre dans la fabrication de certaines allumettes sans phosphore qui ne font pas d'explosion.

Oxyde salin de plomb (minium).
$$(PbO)^2, PbO^2 = 688.$$

Propriétés. — L'*oxyde salin de plomb* ou *minium* est une poudre d'une belle couleur rouge. Il est formé de deux parties de protoxyde et d'une partie de bioxyde ou acide plombique.

On obtient le minium en chauffant le massicot au contact de l'air ; la température ne doit pas dépasser 300°, car, si l'on chauffait fortement le minium, il reviendrait à l'état de protoxyde.

Usages. — Le minium est employé pour colorer le papier de tenture et comme couleur à l'huile : il sert à la fabrication du cristal, etc.

CHAPITRE V.

Combinaisons d'un métalloïde avec un métal. — Sulfures. — Action de l'air et de l'eau sur les sulfures. — Chlorures. — Action de l'eau et des métaux. — Chlorure de sodium. — Protochlorure de mercure. — Bichlorure de mercure. — Chlorure d'argent. — Iodures. — Iodure de potassium. — Cyanures. — Cyanure de potassium. — Cyanure d'argent. — Cyanure d'or.

Combinaisons d'un métalloïde avec un métal.

Tous les métalloïdes peuvent s'unir avec quelques métaux, au moins pour former des composés binaires. Il en est trois surtout, le *soufre*, le *chlore* et l'*iode*, qui se combinent avec presque tous les métaux, de manière à former des *sulfures*, des *chlorures*, des *iodures* métalliques.

La méthode la plus simple pour obtenir artificiellement ces différents composés binaires consiste à unir directement le métalloïde avec le métal. Mais on peut, comme nous le verrons, employer d'autres moyens moins directs.

Les composés les plus intéressants d'un métalloïde avec un métal sont les *sulfures*, les *chlorures*, les *iodures*. Nous y ajouterons les *cyanures*, le cyanogène se comportant vis-à-vis des métaux comme un véritable corps simple.

Sulfures.

Les *sulfures* métalliques sont des composés binaires de soufre et d'un métal.

Le soufre se combine avec presque tous les métaux, quelquefois même en plusieurs proportions : aussi l'a-t-on appelé le *grand minéralisateur*.

Les sulfures sont très abondants dans la nature. C'est des sulfures que l'on extrait le zinc, le cuivre, le plomb, le mercure. En grillant à l'air des sulfures naturels, on prépare divers sulfates. Ils n'ont guère d'autre utilité. Cependant le *sulfure de mercure* ou *cinabre*, broyé avec de l'eau, donne la couleur appelée *vermillon*, et le *bisulfure d'étain*, produit de l'art, est *l'or mussif* employé pour bronzer le bois et pour frotter les coussins de la machine électrique.

Action de l'air et de l'eau. — Tous les sulfures sont décomposés par la double action de la chaleur et de l'air. Les uns, comme le sulfure de potassium, se changent en sulfates ; d'autres, comme le sulfure de fer, deviennent d'abord sulfates, et, à une température élevée, il ne reste que l'oxyde ; d'autres enfin, comme le sulfure d'argent, abandonnent le métal.

Les sulfures de la première section et les sulfures de magnésium sont seuls solubles. Le sulfure d'aluminium se décompose au contact de l'eau, et précipite de l'alumine. L'eau ne dissout ni ne modifie aucun des autres.

Chlorures.

Les *chlorures* métalliques résultent de la combinaison directe du chlore avec les autres corps simples, ou de l'acide chlorhydrique avec un oxyde métallique, l'hydrogène de l'acide et l'oxygène de l'oxyde se combinant pour former de l'eau. Presque tous les chlorures sont volatils.

Les chlorures les plus employés sont : le *chlorure de sodium*, le *protochlorure de mercure*, le *bichlorure de mercure* et le *chlorure d'argent*.

Action de l'eau et des métaux. — Les chlorures sont généralement solides, mais volatils et indécomposables par la chaleur. Ils sont solubles dans l'eau, sauf les chlorures d'argent, de mercure et de cuivre.

Le potassium et le sodium décomposent par la chaleur tous les autres chlorures secs. Un métal décompose toujours les chlorures des sections qui suivent celles à laquelle il appartient. Quelquefois le chlorure cède une partie de son chlore au métal que l'on plonge dans sa dissolution.

Chlorure de sodium (sel marin).
Na Cl = 58.

Propriétés. — Le *chlorure de sodium* ou *sel marin* est solide, blanc, d'une saveur salée, qui est connue de tout le monde. L'eau en dissout, à froid comme à chaud, un peu plus du tiers de son poids. La dissolution, évaporée, laisse cristalliser de petits cubes, qui se superposent, de manière à former une pyramide creuse à quatre faces. Ces cristaux, formés de sel anhydre, retiennent un peu d'eau interposée entre eux, ce qui les fait décrépiter sur les charbons ardents.

Le chlorure de sodium existe dans l'eau de mer, qui en contient à peu près 27 kilogrammes par mètre cube, en même temps que de moindres quantités de divers autres

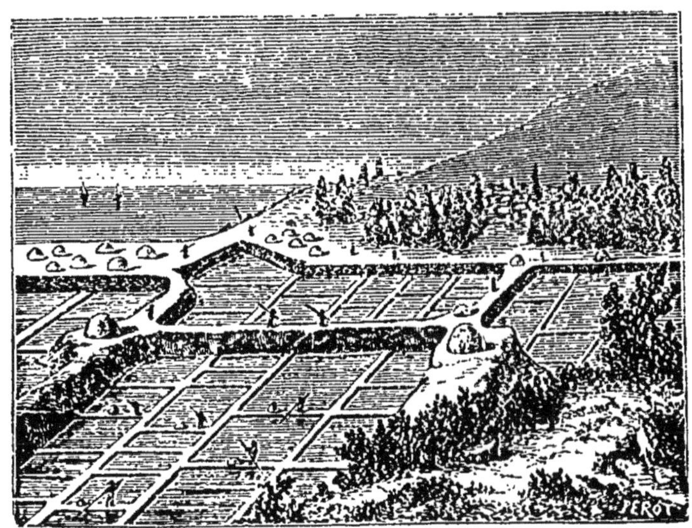

Fig. 54.

sels. Il se trouve aussi dans un grand nombre de sources salées, et en masses solides (*sel gemme*) dans le sein de la terre, principalement en Pologne et en Espagne.

Pour extraire le *sel marin* de l'eau de mer, il suffit d'évaporer cette eau au soleil, dans les *marais salants* (*fig.* 54).

le sel se cristallise. Il n'est pas pur, et on le désigne sous le nom de *sel gris*. Pour le purifier, il faut le dissoudre dans l'eau, filtrer la liqueur et l'évaporer de nouveau. En France, les marais salants établis sur toutes les côtes de la Méditerranée sont au nombre de 82, et occupent une surface totale de 25 000 hectares. Il y en a beaucoup moins sur les bords de l'Océan.

On retire de la terre le *sel gemme* en blocs, que l'on pulvérise : quand il est pur, on peut l'employer tout de suite; mais lorsqu'il est impur, on le dissout, on filtre, puis on évapore.

Usages. — Le sel sert à assaisonner les aliments et à les conserver. Les besoins de l'alimentation en consomment, en France, 300 millions de kilogrammes par an. On l'emploie pour le chaulage des grains, pour l'amendement de quelques terres, et pour vernir certaines poteries communes. Il sert aussi à la fabrication du sulfate de soude, de l'acide chlorhydrique, du sel ammoniac, des chlorures de mercure, etc. Mêlé avec de la glace pilée, il forme le mélange réfrigérant dont se servent d'ordinaire les glaciers pour faire les glaces.

Protochlorure de mercure (calomel).
HgCl = 235.

Propriétés. — Le *protochlorure de mercure*, connu encore sous le nom de *calomel*, est solide, blanc, insoluble dans l'eau, très soluble dans l'eau de chlore.

On obtient le calomel *à la vapeur* ou *en poudre fine*, en distillant un mélange de sulfate de protoxyde de mercure et de chlorure de sodium. Il se forme du sulfate de soude et du protochlorure de mercure, volatil. Les vapeurs sont conduites, par un tube large et court, dans une fontaine, où elles se condensent avant de toucher les parois, et tombent au fond, sous forme de poudre impalpable.

11.

Usages. — Le calomel est fort employé en médecine : il forme, avec le cold-cream, une pommade excellente pour guérir quelques maladies de la peau. Le calomel en poudre est administré à l'intérieur comme purgatif; on le donne aux enfants pour détruire les vers. Il est important de ne pas leur donner en même temps du bouillon ou autre liquide contenant du sel marin, dont la réaction donnerait lieu à des composés très dangereux.

Bichlorure de mercure (sublimé corrosif).
$Hg\,Cl^2 = 270$.

Propriétés. — Le *bichlorure de mercure* est encore nommé *sublimé corrosif :* c'est un caustique énergique et un poison, même à faible dose. Il est soluble dans l'eau. Il forme avec le blanc d'œuf (albumine) un composé insoluble.

On obtient le bichlorure de mercure en chauffant un mélange de sulfate de bioxyde de mercure et de chlorure de sodium. Il se forme du sulfate de soude et du bichlorure de mercure $Hg\,Cl^2$.

Usages. — Le sublimé corrosif est employé en médecine; il sert à cautériser les plaies de mauvaise nature; on l'administre aussi à l'intérieur en petite quantité. Le contrepoison du bichlorure de mercure est le blanc d'œuf.

Chlorure d'argent. $Ag\,Cl = 143$.

Propriétés. — Le *chlorure d'argent* est blanc, mais devient violet à la lumière, en subissant une décomposition partielle. Il est insoluble dans l'eau, soluble dans l'hyposulfite de soude.

On le prépare en décomposant par l'acide chlorhydrique une dissolution d'azotate d'argent. Il se forme alors un précipité de chlorure d'argent.

Usages. — Le chlorure d'argent, à cause de sa rapide décomposition par la lumière, est fort employé en photographie.

Iodures.

Les *iodures* métalliques résultent de la combinaison de l'iode avec les métaux. L'iodure le plus employé est l'*iodure de potassium*.

Iodure de potassium. $KI = 166$.

Propriétés. — L'*iodure de potassium* est solide, blanc, cristallisé en cubes; il est soluble dans l'eau, et a une saveur désagréable.

On l'obtient en chauffant de l'iode dans une dissolution concentrée de potasse caustique.

Il se forme un mélange d'iodure de potassium et d'iodate de potasse, en même temps que de l'eau. La réaction est indiquée par la formule

$$6I + 6KOH = IO^3K + 5KI + 3H^2O$$

Quand la réaction s'est produite, on chauffe doucement pour évaporer toute l'eau, puis on calcine le mélange; l'oxygène de l'iodate de potasse se dégage, et le tout devient iodure de potassium :

$$IO^3K = KI + 3O.$$

On dissout l'iodure dans l'eau, on filtre, puis on évapore, et on obtient ainsi l'iodure de potassium cristallisé.

Usages. — L'iodure de potassium est fort employé en médecine. Il sert aussi de réactif dans les laboratoires. En photographie, le bain d'iodure de potassium, dans lequel on plonge le verre ou le papier imprégné d'azotate d'argent, le recouvre d'iodure d'argent, par décomposition de l'azotate.

Cyanures.

Les *cyanures* résultent de l'action de l'acide cyanhydrique sur les bases.

Les cyanures employés sont le *cyanure de potassium*, le
cyanure d'argent et le *cyanure d'or*.

Cyanure de potassium. $KCy = 65$.

Propriétés. — Le *cyanure de potassium* est blanc,
cristallisé en cubes, d'une saveur âcre, très soluble dans
l'eau, fusible, mais indécomposable à la chaleur rouge.
A l'air, il se décompose et répand une odeur d'amande
amère.

Pour obtenir le cyanure de potassium, il suffit de cal-
ciner dans une cornue le prussiate de potasse, qui est un
cyanure double de potassium et de fer, dans la proportion de 2 à 1; il ne reste plus que du cyanure de potassium et du fer. En traitant par l'eau le résidu, le fer se
dépose, et, en évaporant la liqueur, on a le cyanure.

Usages. — Le cyanure de potassium est quelquefois
employé en médecine; mais il sert principalement dans
la galvanoplastie, parce qu'il dissout facilement les oxydes
et les cyanures métalliques des autres sections.

Cyanure d'argent. $AgCy = 134$.

Propriétés. — Le *cyanure d'argent* est blanc, insoluble dans l'eau, mais soluble dans tout cyanure alcalin;
il forme avec ce cyanure un cyanure double cristallisable.

On l'obtient en versant une dissolution d'acide cyanhydrique sur de l'azotate d'argent.

Usages. — Le cyanure d'argent, dissous dans le cyanure de potassium, constitue, en galvanoplastie, le bain
dans lequel on plonge les pièces que l'on veut argenter.

Cyanure d'or. $Au^2 Cy = 420$.

Propriétés. — Le *cyanure d'or* se dépose en cristaux grenus jaunes, quand on traite le cyanure double de potassium et d'or par l'acide chlorhydrique.

Usages. — Le cyanure d'or $Au^2 Cy$, ou un autre cyanure de même métal $Au^2 Cy^3$, sont employés pour la dorure galvanique, dans la proportion de 1 de cyanure d'or contre 10 de cyanure de potassium dissous dans 100 parties d'eau distillée.

CHAPITRE VI.

Sels. — Lois de Berthollet. — Sulfates. — Propriétés des sulfates. — Sulfates de potasse, de soude, de chaux. — Sulfate double d'alumine et de potasse. — Sulfates de magnésie, de fer, de zinc, de cuivre. — Hypochlorites. — Hypochlorites de potasse, de soude, de chaux.

Sels.

Un *sel*, comme on l'a déjà vu, est le résultat de la combinaison de deux corps composés, l'un acide, élément électro-négatif, l'autre, base électro-positive ; la base est, ordinairement, un oxyde métallique.

Les sels métalliques sont, naturellement, plus nombreux que les oxydes, puisque le même oxyde peut se combiner avec un grand nombre d'acides. Cependant il existe plusieurs oxydes qui ne peuvent servir de base : en présence d'un acide, ils perdent ou prennent de l'oxygène, et ce n'est qu'après le changement de l'oxyde que la combinaison a lieu. Ainsi, que l'on chauffe du bioxyde de manganèse avec l'acide sulfurique, il se dégage de l'oxygène, et il se forme du sulfate de protoxyde.

On classe les sels d'après leur acide ou d'après leur

oxyde : la dernière méthode est celle du minéralogiste; mais le chimiste préfère établir les genres des sels d'après l'acide, et les espèces d'après l'oxyde. Les genres de sels les plus employés sont : les *sulfates*, les *hypochlorites*, les *azotates*, les *carbonates*, les *borates*, les *silicates* et les *sels ammoniacaux*.

Lois de Berthollet. — Un sel, mis en présence d'une base, d'un acide ou d'un autre sel, est souvent, décomposé avec formation de composés nouveaux. Un chimiste français du commencement de ce siècle, Berthollet, a énoncé des lois qui, dans un grand nombre de cas, permettent de prévoir les réactions qui doivent se produire.

Ces lois s'énoncent dans les termes suivants :

1° Quand on fait agir un acide, une base ou un sel sur une dissolution d'un sel, il y a réaction et formation d'un nouveau sel, chaque fois qu'un corps insoluble dans l'eau peut prendre naissance ;

2° Quand on fait agir un acide, une base ou un sel sur une dissolution d'un sel, il y a réaction et formation d'un nouveau sel, chaque fois qu'un corps volatil peut prendre naissance.

Sulfates.

Les *sulfates* résultent de la combinaison de l'acide sulfurique avec les différentes bases.

Les sulfates principalement employés sont : les *sulfates de potasse, de soude, de chaux, d'alumine, de magnésie, de fer, de zinc* et *de cuivre*.

Propriétés des sulfates. — Tous les sulfates, excepté ceux de la première section, sont décomposés par la chaleur : il se dégage de l'acide sulfureux et de l'oxygène, et la base reste. Tous, sans exception, sont réduits par le charbon, qui les change en sulfures; le soufre donnera aussi un sulfure avec les sels des dernières sections. Il y a plus de sulfates solubles que d'insolubles. La baryte d'abord, puis la chaux, l'ammoniaque, la magnésie, chassent les autres bases et s'emparent de l'acide. A froid, un sulfate ne sera décomposé que par certains hydracides, et encore en partie; à chaud, il le sera seulement par l'acide borique ou l'acide phosphorique, qui sont plus fixes que l'acide sulfurique.

Sulfate de potasse. $SO^4K^2 = 174$.

Propriétés. — Le *sulfate de potasse* est blanc, cristallisé, soluble dans l'eau, insoluble dans l'alcool; il a une saveur amère et salée.

On obtient le sulfate de potasse par divers procédés.

1° En chauffant un mélange d'azotate de potasse et d'acide sulfurique étendu d'eau, on a de l'acide azotique, qui se dégage en vapeurs, et du sulfate de potasse, qui reste :

$$2AzO^3K + SO^4H^2 = SO^4K^2 + 2AzO^3H.$$

2° On retire beaucoup de sulfate de potasse des cendres de varechs.

3° Quand on chauffe jusqu'au rouge le bisulfate de potasse qui provient de la décomposition du nitre par l'acide sulfurique, il reste du sulfate.

Usages. — Le sulfate de potasse sert à la préparation du salpêtre et de l'alun. Il est quelquefois employé en médecine comme purgatif.

Sulfate de soude. $SO^4Na^2 = 142$.

Propriétés. — Le *sulfate de soude* est blanc, cristallisable, efflorescent, très soluble dans l'eau, insoluble dans l'alcool; il a une saveur amère, salée et très désagréable.

On l'obtient de différentes manières.

1° En chauffant un mélange d'azotate de soude et d'acide sulfurique étendu d'eau, on obtient de l'acide azotique, qui se réduit en vapeurs, et du sulfate de soude, qui reste :

$$2AzO^3Na + SO^4H^2 = SO^4Na^2 + 2AzO^3H.$$

2° En chauffant un mélange de chlorure de sodium et d'acide sulfurique étendu d'eau :

$$2\,NaCl + SO^4H^2 = SO^4Na^2 + 2\,HCl.$$

Il se dégage du gaz acide chlorhydrique, et il reste du sulfate de soude.

Usages. — Le sulfate de soude est employé comme purgatif en médecine, sous le nom de *sel de Glauber*, et dans l'industrie pour préparer artificiellement la soude du commerce.

Sulfate de chaux. $SO^4Ca = 136$.

Propriétés. — Le *sulfate de chaux* est anhydre ou hydraté.

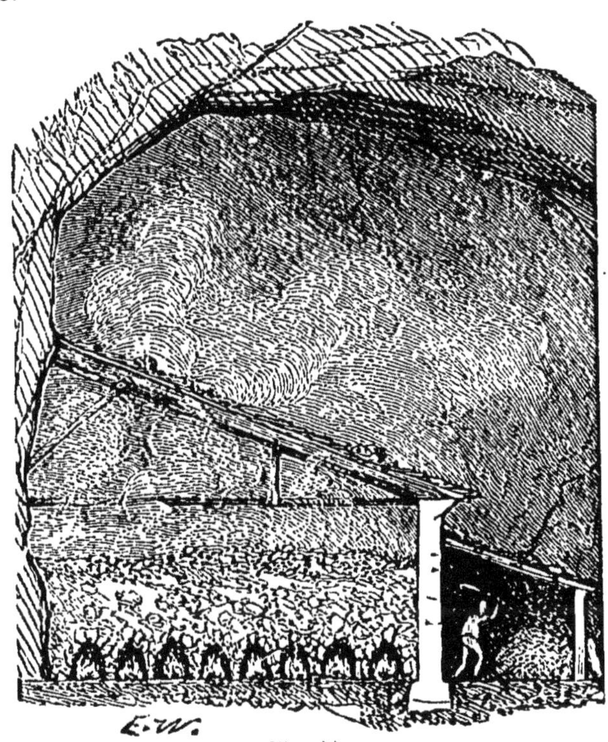

Fig. 55.

Le *sulfate hydraté* se trouve abondamment dans la nature; on l'appelle *pierre à plâtre, gypse;* il cristallise en fer de lance ou en prisme oblique. Il est peu soluble dans l'eau : il faut trois cents parties d'eau pour en dissoudre une seule partie.

Le sulfate de chaux perd, par la calcination, son eau de cristallisation, et devient *anhydre :* c'est le *plâtre.* On prépare le plâtre en chauffant, sous des hangars, de la pierre à plâtre avec un feu de fagots (*fig.* 55). Une fois cuit, le plâtre est pulvérisé, puis tamisé en une poudre fine, et conservé à l'abri de l'humidité. Gâché avec l'eau, il possède la propriété précieuse de se solidifier rapidement, en redevenant sulfate de chaux hydraté, et les cristaux qu'il forme s'entrelacent et adhèrent à la pierre de manière à former un tout parfaitement lié. Le plâtre, pour être bon, doit être conservé à l'abri de l'air; autrement, il absorbe peu à peu l'humidité de l'air, et s'hydrate : on dit alors qu'il est *éventé.*

Usages. — Le plâtre est surtout employé pour les constructions. Il sert alors, en guise de mortier, à assembler et à lier entre eux les matériaux de construction; il est surtout précieux dans les travaux d'urgence, par cela même qu'il se prend avec rapidité. Il est plus usité encore pour le revêtement des murs intérieurs et des plafonds.

On l'emploie de même pour mouler toutes sortes d'objets d'art, depuis les statues colossales jusqu'aux médailles les plus fines. On obtient le *stuc* ou faux marbre en gâchant du plâtre fin avec de la gélatine, et on le veine en y mêlant des matières colorées : il peut recevoir un beau poli.

En agriculture, il sert pour *amender* les prairies artificielles, auxquelles il fournit la chaux dont elles ont besoin.

Sulfate double d'alumine et de potasse
(alun); $SO^4K^2 + (SO^4)^3Al^2 + 24H^2O = 950$.

Propriétés. — Le *sulfate d'alumine,* combiné avec les sulfates de potasse, de soude ou d'ammoniaque, forme des sels doubles, appelés *aluns*. L'alun de potasse, le plus important des trois, est blanc, translucide, cristallisé en cubes ou en octaèdres, soluble dans l'eau, surtout à une haute température. Quand on le chauffe, il perd son eau de cristallisation, devient très léger et très friable : c'est l'*alun calciné*.

L'industrie prépare de grandes quantités d'alun, par divers procédés, dont le plus important est le suivant. On traite de l'argile pure (*silicate d'alumine*) par de l'acide sulfurique, ce qui donne un précipité d'acide silicique et une dissolution de sulfate d'alumine. On décante; on ajoute une dissolution de sulfate de potasse, pour avoir de l'alun, et on laisse cristalliser par refroidissement.

Usages. — L'alun donne à la teinture un mordant pour fixer les couleurs. Il est employé pour préserver de la putréfaction les matières animales, pour la clarification du sucre et des suifs, pour le durcissement du plâtre, etc. On s'en sert en médecine à l'extérieur, soit comme astringent, tel qu'il a cristallisé, soit, après l'avoir rendu caustique par la calcination, pour ronger et nettoyer les plaies baveuses.

Sulfate de magnésie. $SO^4Mg + 7H^2O = 246$.

Propriétés. — Le *sulfate de magnésie*, encore nommé *sel d'Epsom*, *sel de Sedlitz*, est solide, blanc, cristallisé, soluble dans l'eau, d'une saveur très amère et désagréable.

On trouve dans la nature une substance nommée *dolomie*, qui est un carbonate double de chaux et de magnésie. Pour obtenir le sulfate de magnésie, on traite la dolomie par l'acide sulfurique : l'acide carbonique se dégage, et il se forme du sulfate de chaux et du sulfate de magnésie ; on délaye le tout dans l'eau et on filtre la liqueur : le sulfate de chaux, presque insoluble, reste sur le filtre, tandis que le sulfate de magnésie, soluble, passe ; on évapore, et le sulfate de magnésie cristallise.

Usages. — Le sulfate de magnésie est employé en médecine comme purgatif. Ce sel existe dans certaines eaux minérales, telles que les eaux de Sedlitz et d'Epsom, d'où on l'expédie en bouteilles; mais la pharmacie en fait d'artificielles en dissolvant dans l'eau le sulfate, et les propriétés sont les mêmes.

Sulfate de fer. $SO^4Fe + 7H^2O = 278$.

Propriétés. — Le *sulfate de fer*, ou *couperose verte*, est solide, d'une couleur verte, d'une saveur âcre et styptique, soluble dans l'eau et se changeant à l'air en un sous-sel d'un aspect ocreux.

On le prépare industriellement soit en traitant le fer par l'acide sulfurique, soit en oxydant le bisulfure de fer naturel par un grillage à l'air.

Usages. — Le sulfate de fer sert spécialement pour la teinture en noir, la fabrication de l'encre, la préparation de l'acide sulfurique de Nordhausen et du bleu de Prusse.

Sulfate de zinc. $SO^4Zn + 7H^2O = 288$.

Propriétés. — Le *sulfate de zinc*, ou *couperose blanche*, est solide, blanc, cristallin, soluble dans l'eau, d'une saveur désagréable, et qui provoque le vomissement. C'est un poison même à petite dose.

On obtient le sulfate de zinc en traitant l'acide sulfurique par le zinc :

$$Zn + SO^4H^2 = SO^4Zn + 2H.$$

On filtre la liqueur, puis on évapore, et le sulfate de zinc cristallise.

Usages. — Le sulfate de zinc est employé en médecine, à l'extérieur, comme astringent, et dans la fabrication des étoffes dites *indiennes*, pour couvrir les parties réservées qui ne doivent pas prendre la couleur.

Sulfate de cuivre. $SO^4Cu + 5\,H^2O = 250$.

Propriétés. — Le *sulfate de cuivre*, ou *couperose bleue*, est solide; il forme de beaux cristaux bleus, solubles dans l'eau, insolubles dans l'alcool, d'une saveur désagréable.

On le prépare industriellement en grandes masses, soit en traitant les rognures de cuivre par l'acide sulfurique, soit en grillant le sulfure de cuivre naturel au contact de l'air, soit en grillant à l'air un mélange de cuivre et de fleur de soufre.

Usages. — Le sulfate de cuivre est employé pour chauler les grains, pour préparer l'oxyde de cuivre ou *cendre bleue*, dont on se sert dans la peinture ou dans la fabrication des papiers peints, et dans la teinture pour teindre la laine et la soie en noir, en lilas, en violet, ou pour fabriquer le vert de Scheele et le vert de Schweinfurt, appliqués au papier. Il est employé en galvanoplastie pour recouvrir les corps d'une couche de cuivre par les courants électriques qui le décomposent.

Hypochlorites.

Les *hypochlorites* sont des combinaisons de l'acide hypochloreux avec les différentes bases.

Trois hypochlorites sont fréquemment employés : ce sont les *hypochlorites de potasse, de soude et de chaux*.

Hypochlorite de potasse. $ClOK + KCl = 164$.

Propriétés. — Le composé vulgairement appelé *chlorure de potasse* ou *eau de Javel* est un mélange d'hypochlorite de potasse et de chlorure de potassium.

On obtient l'eau de Javel en faisant passer un courant de chlore dans une solution faible de carbonate de potasse :

$$2\,Cl + CO^3K^2 = ClOK + KCl + CO^2.$$

L'acide carbonique se dégage; une molécule de l'oxyde alcalin se décompose pour former par son potassium un chlorure, et par son oxygène de l'acide hypochlorique, qui s'unit à l'autre molécule d'oxyde non décomposée et forme l'hypochlorite.

Usages. — L'eau de Javel est employée comme décolorant par les blanchisseuses ou pour désinfecter. Elle doit ses propriétés à l'instabilité de l'acide hypochloreux, qui, sous l'influence des matières colorantes ou des gaz infectants (ammoniaque ou acide sulfhydrique), se dédouble en chlore et oxygène, lesquels agissent l'un et l'autre comme déshydrogénants.

Hypochlorite de soude. $ClONa + NaCl = 132.$

Propriétés. — Le *chlorure de soude*, ou *liqueur de Labarraque*, est un mélange d'hypochlorite de soude et de chlorure de sodium.

On l'obtient en faisant passer un courant de gaz chlore dans une solution faible de carbonate de soude.

Usages. — Ses usages sont les mêmes que ceux de l'eau de Javel.

Hypochlorite de chaux. $(ClO)^2Ca + CaCl^2 = 252.$

Propriétés. — Le composé vulgairement désigné sous les noms de *chlorure de chaux*, de *chlorure décolorant et désinfectant*, est un mélange d'hypochlorite de chaux et de chlorure de calcium. On le prépare en faisant passer un courant de chlore sur de la chaux éteinte, étendue sur les tablettes d'une grande chambre en pierre (*fig.* 56) :

$$4\,Cl + 2\,CaO = (ClO)^2Ca + CaCl^2.$$

Comme décolorant et comme désinfectant, c'est de beaucoup le plus important des trois hypochlorites que nous venons d'examiner.

Fig. 56.

Usages. — Le chlorure de chaux est vendu sous forme d'une poudre blanche ; on délaye cette poudre dans l'eau ; elle répand une odeur de chlore, qui devient plus forte dès qu'on y ajoute quelques gouttes d'un acide même faible, tel que du vinaigre : la liqueur qu'on obtient ainsi est employée pour désinfecter et pour décolorer.

Lorsqu'on exhume les cadavres, il se répand des gaz qui ont une odeur infecte, et qui proviennent de la putréfaction des matières organiques : on désinfecte les corps en les lavant ou en les injectant avec le chlorure de chaux ; on désinfecte les endroits où l'on transporte les corps, en ajoutant au chlorure une petite quantité d'un acide quelconque, même du vinaigre. Cependant il ne faut pas rendre le dégagement de chlore trop abondant, parce que ce gaz est nuisible à la respiration, dès qu'il se mêle à l'air en grande quantité.

CHAPITRE VII.

Azotates. — Propriétés des azotates. — Azotates de potasse, de soude, d'argent. — Carbonates. — Propriétés des carbonates. — Carbonates de potasse, de soude, de chaux, de magnésie, de fer, de plomb. — Borates. — Borate de soude.

Azotates.

Les *azotates* résultent de la combinaison de l'acide azotique avec les différentes bases.

Les azotates principalement employés sont : les *azotates de potasse, de soude* et *d'argent.*

Propriétés des azotates. — Tous les azotates sont décomposés par la chaleur : il se développe des vapeurs rutilantes d'acide hypoazotique. Sur des charbons ardents, ils fusent et déflagrent avec lumière; mêlés avec du charbon ou du soufre, ils détonent à une température plus ou moins élevée. L'élément combustible s'empare de l'oxygène de l'azotate, et se transforme en acide carbonique et acide sulfureux, en même temps que l'azotate est mis en liberté. Tous les azotates sont solubles. Un métal, chauffé avec un azotate, s'oxyde aux dépens de l'acide, et l'oxyde reste mélangé ou combiné avec la base. L'acide carbonique n'a aucune action sur les azotates. L'acide sulfurique leur enlève leur base pour former un sulfate. Il en est de même de l'acide chlorhydrique; mais, de plus, il décompose en partie l'acide, et donne de l'acide hypoazotique et du chlore.

Azotate de potasse. $AzO^3K = 101$.

Propriétés. — *L'azotate de potasse,* appelé encore *nitre* ou *salpêtre,* est solide, anhydre, blanc quand il est pur, et, quand il est impur, d'un jaune sale, d'une saveur fraîche et piquante, cristallisé, soluble dans l'eau, insoluble dans l'alcool, décomposable par la chaleur.

Le salpêtre se trouve abondamment dans certains pays chauds, tantôt à la surface du sol, tantôt dans les calcaires; pour le recueillir, il suffit de lessiver le sable ou le calcaire et d'évaporer la lessive. Dans les pays froids, il se forme dans les caves, les écuries, les endroits humides, dans quelques terres cultivées, etc.

On ne retire presque plus de salpêtre des matériaux de démolitions provenant des caves, des écuries,... mais on en extrait beaucoup de la surface du sol en Chine, aux Indes, à l'île Ceylan, en Egypte. On enlève la terre salpêtrée, on la traite par l'eau bouillante, on laisse reposer, on décante : on a alors une dissolution limpide de salpêtre. On laisse évaporer à l'air, et le salpêtre se dépose.

Le Pérou a des montagnes d'azotate de soude appelé *caliche*. En traitant ce sel par le chlorure de potassium tiré des varechs, qui en contiennent 30 pour 100, ou de toute autre substance, on a, par double décomposition, du chlorure de sodium, qui se dépose, et de l'azotate de potasse, qui reste en dissolution dans le liquide. C'est aujourd'hui le moyen le moins coûteux et le plus suivi pour obtenir artificiellement le salpêtre.

Usages. — Le salpêtre est employé, dans l'industrie, à la fabrication de l'acide azotique, de la poudre de guerre et de certaines allumettes. Il sert, en médecine, comme diurétique et rafraîchissant. La végétation est fortement activée par le salpêtre, dont l'azote contribue à développer les substances albuminées, comme dans le blé.

On sait que la poudre à tirer est un mélange de salpêtre, de soufre et de charbon. Ce mélange brûle très rapidement en vase clos, grâce à l'oxygène de l'azotate de potasse. Il produit un dégagement gazeux subit très considérable, azote et acide carbonique, qui lui donne une grande force destructive :

$$2 \, \text{AzO}^3\text{K} + \text{S} + 3\text{C} = \text{K}^2\text{S} + 2\text{Az} + 3\text{CO}^2.$$

La poudre française contient à peu près, pour 100 parties, 75 de salpêtre, 12,5 de soufre et 12,5 de charbon.

Azotate de soude. $AzO^3Na = 85$.

Propriétés. — L'*azotate de soude*, ou *nitre cubique*, a généralement les mêmes propriétés que l'azotate de potasse. On le trouve naturellement, en Amérique, sous l'argile : d'où le nom commercial de *salpêtre du Chili*.

Usages. — L'azotate de soude sert à la préparation de l'acide azotique et du sulfate de soude. Son action en agriculture est favorable au développement de certaines plantes, notamment dans les prairies artificielles.

Azotate d'argent. $AzO^3Ag = 170$.

Propriétés. — L'*azotate d'argent*, ou *nitrate d'argent*, est solide, anhydre, blanc quand on le prépare, mais devenant noir sous l'influence de la lumière, cristallisant en lames transparentes, soluble dans l'eau, caustique; il tache la peau en noir. Quand on le chauffe, il fond, et peut être alors coulé dans des cylindres d'argent graissés à l'intérieur; on le sort de ces cylindres, et il forme des bâtons de couleur foncée, connus sous le nom de *pierre infernale*. Ces bâtons doivent être conservés dans des porte-crayons d'argent.

On obtient l'azotate d'argent en dissolvant l'argent, à l'aide de la chaleur, dans l'acide azotique; en évaporant la liqueur acide, l'azotate cristallise.

Usages. — La pierre infernale est employée en médecine pour cautériser les plaies. On peut la remplacer par une solution d'azotate d'argent, qui sert encore, dans la photographie, pour transformer l'iodure de potassium en iodure d'argent. Comme l'azotate noircit à la lumière, on s'en sert comme d'une encre à marquer le linge.

12.

Carbonates.

Les *carbonates* sont formés par la combinaison de l'acide carbonique avec une base.

Les carbonates sont très nombreux; ceux qui sont principalement employés sont : les *carbonates de potasse, de soude, de chaux, de magnésie, de fer et de plomb*.

Propriétés des carbonates. — Presque tous les carbonates sont décomposables par la chaleur; ils le sont tous avec le concours de l'humidité : ainsi, la vapeur d'eau, en passant sur du carbonate de baryte, le décompose. Le charbon change l'acide carbonique du sel en oxyde de carbone; le soufre, à une température élevée, chasse l'acide et forme, avec la base, un sulfure et un sulfate. Les carbonates de potasse, de soude et d'ammoniaque seuls sont solubles; quelques autres se dissolvent à la faveur d'un excès d'acide. Tout acide en dissolution décompose, même à froid, un carbonate, et en dégage l'acide carbonique avec effervescence.

Carbonate de potasse. $CO^3K = 99$.

Propriétés. — Le *carbonate de potasse* pur est blanc, très soluble dans l'eau, déliquescent, indécomposable par la chaleur seule.

On prépare le carbonate de potasse du commerce, vulgairement nommé *potasse* ou *alcali végétal*, en lessivant les cendres de bois, puis en évaporant la solution : on obtient ainsi un solide de couleur assez foncée, et qu'on appelle *salin*. Quand on calcine le salin, la matière organique qu'il contient est brûlée, et il devient blanc : on l'appelle alors *potasse perlasse*; cette potasse est très employée. On peut la purifier de la plupart des sels étrangers qu'elle contient encore, en la dissolvant dans deux fois son poids d'eau, en filtrant la liqueur pour séparer les sels étrangers qui ne sont pas dissous, puis en évaporant de nouveau. Les potasses du commerce sont appelées *potasse d'Amérique, de Russie*, etc., suivant le pays qui les a produites. On prépare des *potasses artificielles* en traitant le sulfate de potasse par un mélange de carbonate de chaux et de charbon.

Usages. — Le carbonate de potasse pur n'est employé qu'à préparer la potasse à la chaux ou à l'alcool. La potasse du commerce, au contraire, a des usages très nombreux. Elle sert à la fabrication du savon noir, du cristal et du verre, du salpêtre, de l'alun, de l'eau seconde des peintres; elle rend potables les eaux séléniteuses. Elle ne possède ces propriétés que parce qu'elle est à l'état de sous-carbonate, dans lequel la base est en excès. Elle est employée directement au blanchissage du linge et au dégraissage des laines. L'action des cendres dans les lessivages domestiques est due à la grande proportion de carbonate de potasse qu'elles renferment.

Carbonate de soude. $CO^3Na + 5H^2O = 173$.

Propriétés. — Le *carbonate de soude* du commerce est impur; on l'appelle encore *alcali minéral*. Il est blanc, très soluble dans l'eau, efflorescent, tandis que la potasse est déliquescente, et il peut donner de beaux cristaux.

Pendant longtemps on a préparé, et l'on prépare encore, dans certains pays, le carbonate de soude du commerce, en incinérant certaines plantes des côtes maritimes, notamment les varechs. Aujourd'hui on l'obtient artificiellement en traitant d'abord le sel marin (chlorure de sodium) par l'acide sulfurique étendu d'eau.

Il se dégage du gaz chlorhydrique HCl, et il reste du sulfate de soude SO^4Na^2. On calcine le sulfate de soude mêlé avec du carbonate de chaux et du charbon :

$$SO^4Na^2 + CO^3Ca + 4C = CO^3Na^2 + CaS + 4CO.$$

L'opération se fait dans un grand four en briques réfractaires chauffé par la flamme d'un foyer. L'oxyde de carbone se dégage, et il reste un mélange de carbonate de soude, de sulfure de calcium, de charbon et de carbonate de chaux en excès. Si l'on veut l'avoir plus pure, on la lessive : l'eau dissout le carbonate de soude soluble, et laisse presque complètement les autres substances insolubles.

Usages. — La soude du commerce sert à la fabrication du savon dur, du verre ordinaire, de l'eau seconde; elle sert encore pour les lessives, le lavage des laines, et pour dissoudre, dans les ateliers de teinture, plusieurs matières colorantes. Les soudes du commerce ont une importance extrême; on en consomme chaque année des centaines de millions de kilogrammes.

Carbonate de chaux. $CO^3Ca = 100$.

Propriétés. — Le *carbonate de chaux* existe en très grande quantité dans la nature. Les variétés naturelles de carbonate de chaux sont fort nombreuses : c'est une des roches les plus abondantes de la croûte terrestre. Tels sont : le *spath d'Islande*, l'*arragonite*, les nombreuses variétés de pierres à bâtir appelées *calcaires;* la *pierre lithographique*, l'*albâtre calcaire*, la *craie*, les *marbres*, tantôt blancs, quand ils sont purs, tantôt colorés par des sels étrangers. Le carbonate de chaux qui est en dissolution dans les eaux des sources et des rivières, se dépose sous forme de *stalactites* et de *stalagmites* (*fig.* 57).

Quand on chauffe le carbonate de chaux, il perd son acide carbonique et devient chaux vive. Il est insoluble dans l'eau pure; mais il est soluble dans l'eau chargée d'acide carbonique. Il est décomposé par tous les acides : ainsi le jus de citron même décompose le marbre par son acide citrique en formant du citrate de chaux.

Usages. — Les usages des différentes variétés de carbonate de chaux sont connus. Les *calcaires* constituent la plus importante des pierres de construction; ils sont

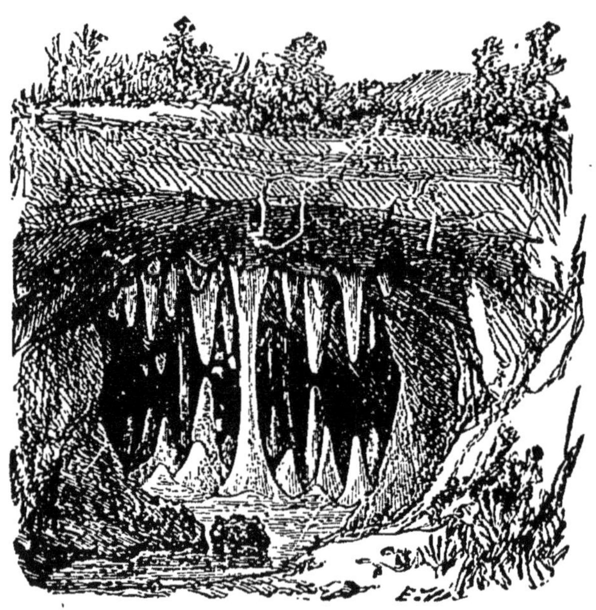

Fig. 57.

employés à la fabrication de la chaux. La *pierre lithographique* sert à la reproduction des dessins par les procédés de la lithographie. L'*albâtre calcaire* est recherché pour l'ornementation, de même que le *marbre*. Avec la *craie* on fait le blanc d'Espagne, au moyen duquel on polit les métaux; on fait aussi le blanc à écrire. La craie sert même dans les constructions et est employée pour la fabrication de la chaux.

Carbonate de magnésie.
$$(MgO)^4, 3\,CO^2 + 2\,H^2O = 328.$$

Propriétés. — Le *carbonate de magnésie*, appelé encore *magnésie blanche* ou *anglaise* en pharmacie, est une substance blanche, en gros morceaux ayant la forme de parallélépipèdes, très légère, insoluble dans l'eau.

On obtient le carbonate de magnésie en versant une solution de sulfate de magnésie dans une solution de carbonate de potasse : il se forme du sulfate de potasse soluble et du carbonate de magnésie insoluble.

Usages. — La magnésie blanche est employée en pharmacie pour imiter certaines eaux minérales; elle sert à la préparation de la magnésie calcinée, également usitée en médecine comme contrepoison ou comme purgatif.

Carbonate de fer. $CO^3 Fe = 116$.

Propriétés. — Le *carbonate de fer* est brun jaunâtre, insoluble dans l'eau, décomposable par la chaleur.

On l'obtient en mêlant une solution de carbonate de potasse avec une solution de sulfate de fer.

Il se forme du sulfate de potasse soluble et du carbonate de fer insoluble. On filtre, puis on sèche le carbonate de fer.

Usages. — Le carbonate de fer est employé en médecine comme tonique; on le donne, à l'intérieur, soit en poudre, soit en pastilles, contre la débilité de l'estomac ou l'appauvrissement du sang.

Carbonate de plomb. $CO^3 Pb = 267$.

Propriétés.—Le *carbonate de plomb* est encore nommé *blanc de plomb*, *céruse*, *blanc d'argent*. Il est blanc, pulvérulent, insoluble dans l'eau; il noircit par l'influence des émanations sulfureuses, qui forment du sulfure de plomb.

On obtient le carbonate de plomb en faisant dégager un courant de gaz acide carbonique dans une solution d'acétate de plomb. Il se forme du carbonate de plomb, qui est insoluble, et de l'acide acétique libre (vinaigre), qui reste en solution.

Usages. — Le carbonate de plomb donne à la peinture la couleur blanche; mais il a l'inconvénient d'exercer une action délétère sur les ouvriers, et de noircir par les émanations sulfureuses, ce que l'on évite avec l'oxyde de zinc ou *blanc de zinc.* On emploie encore le carbonate de plomb, pétri avec l'huile de lin, pour former le mastic des vitriers.

Borates.

Les *borates* résultent de la combinaison de l'acide borique avec les bases.

Le seul borate employé est le *borate de soude.*

Borate de soude. $Bo^4 O^7 Na^2 + 10 H^2 O = 382.$

Propriétés. — Le *borate de soude*, encore nommé *borax*, est solide, blanc, cristallisé, soluble dans l'eau, et devient vitreux par la fusion.

On obtient le borax en combinant l'acide borique avec le carbonate de soude :

$$2Bo^2 O^3 + CO^3 Na^2 + 10 H^2 O = CO^2 + Bo^4 O^7 Na^2 + 10 H^2 O.$$

Usages. — Le borax est employé pour les soudures des métaux, parce qu'ils ne peuvent se souder qu'autant que leur surface n'est point oxydée; or, le borax fondu dissout tous les oxydes. De plus, il entre dans la composition des glaces et forme l'émail de la porcelaine anglaise.

CHAPITRE VIII.

Silicates. — Verres, pierres précieuses artificielles. — Poteries, faïences, porcelaines. — Sels ammoniacaux. — Sulfate, azotate, carbonate, chlorhydrate d'ammoniaque.

Silicates.

Les *silicates* sont formés par la combinaison d'une base avec l'acide silicique ou silice, qui se trouve libre de toute combinaison dans le cristal de roche, le quartz, le sable quartzeux, la pierre à fusil, la pierre meulière, etc.

Les principaux silicates sont : les *silicates de potasse, de soude, de chaux, d'alumine, de plomb*. Chacun d'eux ne présente par lui-même aucun intérêt ; mais, en se combinant entre eux et avec quelques autres corps, ils forment les *verres*, les *poteries* et les *ciments*.

Verres, pierres précieuses artificielles.

On appelle *verres* des combinaisons dans lesquelles la silice est unie à plusieurs bases généralement alcalines. La silice avec la potasse seule ou la soude donnerait un verre qui serait attaqué par l'eau et les acides; mais, en combinant la silice tout à la fois avec l'une de ces bases et avec un autre oxyde métallique, tel que la chaux ou l'oxyde de plomb, on obtient des verres insolubles.

Pour fabriquer le verre, on soumet les matières bien mélangées à une première calcination appelée *fritte*, puis on les introduit dans un creuset placé au milieu d'un four (*fig.* 58) ; on élève la température jusqu'au rouge, et quand la matière liquide a été suffisamment affinée par l'enlèvement des matières étrangères qui se réunissent à la surface, on la laisse doucement refroidir jusqu'à la consistance pâteuse, et alors on forme les divers objets que l'on veut obtenir.

On distingue le *verre incolore* ordinaire, le *cristal* et le *verre coloré*.

Verre incolore. Les verres incolores sont des silicates doubles de chaux et de potasse ou de chaux et de soude. Ils sont employés pour la fabrication des vitres, des glaces d'ornement et des divers objets de gobeleterie. Le

Fig. 58.

plus beau est le *verre de Bohéme*, parce qu'il n'y entre que des matières de premier choix. Le verre de soude est moins fusible, mais il a souvent une teinte verdâtre.

Cristal. Le cristal est un silicate double de potasse et d'oxyde de plomb. Parmi les différents genres de cristal, on distingue le *flint-glass* et le *crown-glass*, employés pour les instruments d'optique, et le *strass*, qui est la base de toutes les pierres précieuses artificielles.

Verre coloré. Le verre coloré commun est le verre à bouteilles, le moins riche de tous en silice. Les substances que l'on emploie n'ont pas besoin d'être pures et sont, par conséquent, de peu de valeur. Quand la matière est fondue, on en prend une quantité convenable au bout d'une canne creuse (*fig.* 58) et on la souffle dans un moule conique en bronze. La coloration est due à un peu de fer ou de manganèse.

Si, au contraire, on veut avoir des verres colorés pour des vitraux, par exemple, on colore la pâte en fusion, en y ajoutant différentes substances. On peut obtenir du verre bleu avec du deutoxyde de cuivre ou de l'oxyde de cobalt, du verre jaune avec du chromate de plomb ou de l'oxyde d'urane, du verre violet avec du bioxyde de manganèse, et différentes autres couleurs par l'addition d'autres substances.

Émaux. On obtient généralement les émaux, espèce de verre opaque, incolore ou coloré, en ajoutant au cristal du bioxyde d'étain, qui lui fait perdre sa transparence; on peut le colorer à l'aide de divers oxydes métalliques.

Pierres précieuses artificielles. Pour obtenir artificiellement les pierres précieuses, on colore le strass avec certains oxydes métalliques : 10 millièmes d'oxyde de fer donnent la topaze; 25 millièmes d'oxyde de manganèse, le rubis; 8 millièmes d'oxyde de cuivre et 2 dix-millièmes d'oxyde de chrome, l'émeraude; 15 millièmes d'oxyde de cobalt, le saphir; 8 millièmes d'oxyde de manganèse, 5 d'oxyde de cobalt et 2 dix millièmes de pourpre de Cassius, l'améthyste; 7 millièmes de verre d'antimoine et 4 d'oxyde de cobalt, l'aigue-marine. Les pierres d'imitation sont toujours moins transparentes que les pierres naturelles, et elles ont moins d'éclat; de plus leur dureté est beaucoup moindre et par suite elles sont susceptibles de se rayer à l'usage et de perdre ainsi leur beauté première.

En général, on peut obtenir certaines couleurs par les acides ou les sels minéraux. Ainsi, on a de beaux bleus par l'oxyde de cobalt; des verts par le protoxyde de cuivre ou le sesquioxyde de chrome; des bruns par le sesquioxyde de fer ou de manganèse; des jaunes par l'oxyde de titane, le sesquioxyde d'uranium, le chromate de plomb, le sesquioxyde de fer ou l'antimoniate de potasse; les rouges par l'oxydule de cuivre et le sesquioxyde de fer; les violets et les roses par le pourpre de Cassius, composé d'oxyde d'or et d'étain; les noirs, enfin, par l'oxydule d'uranium ou un mélange d'oxyde de cobalt et de manganèse.

Poteries, faïences, porcelaines.

Le *silicate d'alumine* est un solide blanc, insoluble dans l'eau, mais formant avec ce liquide une pâte grasse et liante, parfaitement plastique, pouvant prendre et conserver les formes les plus variées. Chauffée au rouge, cette pâte perd toute son eau et se transforme en une masse extrêmement dure, presque infusible, et sur laquelle l'eau n'a plus aucune action.

C'est sur ces propriétés qu'est fondée la fabrication des poteries. On rencontre dans la nature un grand nombre de variétés de *silicate d'alumine* plus ou moins pur, désignées sous les noms de *kaolin* et d'*argile*, qui jouissent des propriétés du silicate d'alumine, et peuvent être employées dans les arts céramiques.

Comme la pâte obtenue après cuisson reste ordinairement poreuse, on la revêt d'une *couverte* vitrifiable, qui est un vernis à base de potasse très riche en silice pour les porcelaines, de l'oxyde de plomb pour les faïences, du sel marin pour les poteries communes.

On distingue plusieurs sortes d'argile : le *kaolin* et l'*argile plastique*, silicates d'alumine presque purs, qui sont infusibles; l'*argile smectique*, l'*argile figuline* et la *marne*, qui peuvent renfermer certains oxydes métalliques, et qui fondent à une température élevée.

Poteries. Sous le nom de *poteries* on peut ranger : 1° les vases de cuisine destinés à aller au feu, qui ne sont autre chose que de la faïence commune; 2° les briques, tuiles, fourneaux, pots à fleurs, etc., qui sont proprement des *terres cuites*, provenant d'argiles plus ou moins

ferrugineuses, mais renfermant peu ou point de calcaire.

Faïences. La faïence se divise en faïence fine, dont la
terre de pipe est une variété, et en faïence commune. On
fait en faïence les assiettes, différents vases de ménage et
des pièces d'ornement.

Porcelaines. La porcelaine a pour base le kaolin, sorte
d'argile qui provient de la décomposition des roches grani-
tiques. Quand la pâte a été faite et qu'elle est bien ho-
mogène, on la façonne sur le tour ou par le moulage. La
couverte se fait avec la *pegmatite*, composée par parties
égales de deux corps connus en minéralogie sous les noms
de *feldspath* et de *quartz*. On l'applique

Fig. 59.

sur la porcelaine après le *dégourdi* ou première cuisson
incomplète, et elle fond et s'étale sur la pièce quand on
la remet au four.

La porcelaine a les mêmes usages que la faïence ; mais
elle est plus travaillée, plus recherchée, et, par conséquent,
plus chère.

Sels ammoniacaux.

Les *sels ammoniacaux* sont formés d'un acide et de
l'ammoniaque servant de base. Ce sont des composés quaternaires, à moins que l'acide ne soit un composé d'azote,
ou bien l'acide chlorhydrique : dans le premier cas, l'acide

et la base ont l'azote pour élément commun, et dans le second cas, l'hydrogène.

Les principaux sels ammoniacaux sont : le *sulfate*, l'*azotate*, le *carbonate* et le *chlorhydrate d'ammoniaque*.

Sulfate d'ammoniaque. $SO^4(AzH^4)^2 = 132$.

Propriétés. — Le *sulfate d'ammoniaque* est blanc, cristallisé, soluble dans l'eau et décomposable par la chaleur.

La fabrication du gaz de l'éclairage, les résidus des vidanges, la distillation des matières animales, donnent des eaux ammoniacales, avec lesquelles on prépare le sulfate, en les traitant par l'acide sulfurique étendu ou par le sulfate de chaux.

Usages. — Le principal usage de ce sel est de donner à l'agriculture une source abondante d'azote.

Azotate d'ammoniaque. $AzO^3(AzH^4) = 80$.

Propriétés. — L'*azotate d'ammoniaque* est blanc, cristallisé, d'une saveur fraîche et piquante, déliquescent, soluble dans l'eau, fusant sur les charbons ardents et brûlant avec une flamme rougeâtre.

Les eaux pluviales, surtout après un orage, contiennent de l'azotate d'ammoniaque. On l'obtient ordinairement en versant un léger excès d'acide azotique dans une dissolution de carbonate d'ammoniaque.

Usages. — L'azotate d'ammoniaque, mélangé avec l'eau, constitue un mélange réfrigérant. Il joue un rôle important dans la végétation.

Carbonate d'ammoniaque.
$$(AzH^4O)^2H^2O, 3\,CO^2 + 2\,H^2O = 254.$$

Propriétés. — Il existe plusieurs combinaisons d'acide carbonique et d'ammoniaque. La plus employée est le *sesquicarbonate d'ammoniaque*, connu sous le nom de *sel volatil d'Angleterre*. Ce sel est blanc, soluble dans l'eau, et a une forte odeur d'ammoniaque.

On l'obtient en distillant les matières animales telles que cornes, etc., ou encore en chauffant un mélange de deux parties de chlorhydrate d'ammoniaque et d'une partie de carbonate de chaux.

Usages. — Le carbonate d'ammoniaque sert de stimulant en médecine; on le fait respirer aux personnes qui tombent en syncope.

Chlorhydrate d'ammoniaque.
$$AzH^4Cl = 53.$$

Propriétés. — Le *chlorhydrate d'ammoniaque*, ou *sel ammoniac*, est solide, blanc, ayant assez l'aspect du camphre, mais sans odeur; il est soluble dans l'eau.

On obtient le sel ammoniac par la purification du gaz de l'éclairage.

Les eaux d'épuration du gaz, riches en sulfhydrate et en carbonate d'ammoniaque, sont traitées par l'acide chlorhydrique. Cet acide se combine avec l'ammoniaque et forme du chlorhydrate d'ammoniaque, tandis que les acides carbonique et sulfhydrique sont chassés.

Usages. — Le sel ammoniac est employé à la préparation de l'ammoniaque et des sels qui en sont formés. On s'en sert encore pour décaper les métaux, c'est-à-dire pour enlever les oxydes développés à leur surface.

CHIMIE ORGANIQUE.

La *chimie organique* a pour but l'étude de tout composé que l'on peut retirer des corps organisés, c'est-à-dire des substances végétales et des substances animales. Elle étudie aussi les substances qui dérivent de celles-là.

Le *carbone*, l'*hydrogène*, l'*oxygène* et l'*azote* sont à peu près les seuls corps simples qui entrent dans la composition des substances organiques; ce n'est qu'à titre d'exception qu'on y rencontre quelquefois le *soufre*, le *phosphore*, le *fer*.

Les composés que l'on retire des matières organiques sont *acides*, *basiques* ou *neutres*. Les composés basiques sont appelés *alcalis végétaux* ou *alcaloïdes*. La science a pu reproduire artificiellement par synthèse un grand nombre de ces substances.

CHAPITRE PREMIER.

Composés acides. — Acides acétique, oxalique, tartrique, citrique, gallique, phénique, picrique, tannique. — Matières grasses. — Acides gras, glycérine. — Savons.

Composés acides.

Les *composés acides* se combinent avec les bases minérales et avec les bases organiques, pour former des sels.

Ces acides sont généralement formés de carbone, d'hydrogène et d'oxygène en proportions très variables. Presque tous sont solides et cristallisables; quelques-uns restent liquides; tous sont incolores. Ils sont les uns solubles, les autres insolubles dans l'eau.

Les acides organiques les plus employés sont : 1° l'*acide acétique*, l'*acide oxalique*, l'*acide tartrique*, l'*acide citrique*, l'*acide gallique*, l'*acide phénique*, l'*acide picrique*, l'*acide tannique*, etc., qu'on retire des végétaux ; 2° les *acides gras*, que l'on extrait des matières grasses, végétales ou animales.

Acide acétique. $C^2H^4O^2 = 60$.

Propriétés. — L'*acide acétique* est formé de carbone, d'hydrogène et d'oxygène. Il est solide, blanc, d'une odeur franchement acide ; il fond à 17° et bout à 120°. Cet acide est soluble en toute proportion dans l'eau et dans l'alcool ; il dissout à froid la gélatine, la fibrine, l'albumine, les résines, le camphre, etc. La chaleur le décompose aisément ; il se forme du gaz des marais, de l'acide carbonique, avec un peu de benzine et de naphtaline.

L'acide acétique concentré est un caustique énergique ; mis sur la peau, il produit des ampoules. Si au contraire on l'étend de beaucoup d'eau, il a une odeur et une saveur agréables : il forme alors le *vinaigre*, qui est journellement employé sur nos tables[1].

Préparation. — On prépare industriellement l'acide acétique, plus ou moins concentré, soit par *oxydation de l'alcool*, soit par la *distillation du bois*.

1° On obtient le vinaigre ordinaire en laissant dans de vieux tonneaux, posés sur une de leurs bases, une certaine quantité de vinaigre (*fig*. 60) ; on ajoute tous les huit jours dix litres de vin, et ce vin se change en vinaigre ; mais chaque fût ne donne ainsi par mois qu'environ quarante litres. C'est le procédé d'Orléans, qui donne le meilleur vinaigre. Ce procédé est fondé sur la transformation de l'alcool en acide acétique au contact de l'air. L'alcool C^2H^6O perd 2 poids atomiques d'hydrogène, qui, avec

---

1. Ce mot de *vinaigre* vient de ce que le vin, au contact de l'air, devient aigre (*vin aigre* ou *vinaigre*), l'alcool ou esprit-de-vin se changeant en acide acétique.

1 poids atomique d'oxygène de l'air, forment 1 poids atomique d'eau, en même temps l'alcool remplace les 2 poids atomiques d'hydrogène qu'il a perdus par 1 poids atomique d'oxygène, et forme $C^2H^4O^2$, composé qui est de l'acide acétique. Nous verrons à l'article *fermentation* quelle est la cause déterminante de cette oxydation.

Fig. 60.

Dans le procédé allemand, plus rapide, on fait couler du vin sur des copeaux de hêtre renfermés dans un tonneau; l'oxydation est plus rapide.

Dans l'un et l'autre cas, les plus anciens tonneaux sont les meilleurs : car ils contiennent les *ferments* qui déterminent l'oxydation.

Toute autre liqueur alcoolique, ou toute matière susceptible de produire de l'alcool peut être employée au même usage. On obtiendra donc du vinaigre avec les eaux-de-vie, la bière, le cidre, parce que ce sont des liqueurs alcooliques. Le sucre en donnera également, parce qu'il se change en alcool par la fermentation. Il en sera de même de l'amidon et de la fécule, qui, par une série de manipulations, peuvent se transformer en alcool.

2° Le bois, chauffé en vase clos, est décomposé. Il laisse dégager des gaz combustibles et des substances qu'on peut

13.

condenser par refroidissement. Ces liquides condensés se divisent en deux couches : une couche inférieure, goudronneuse, et une couche supérieure, qui est une dissolution très impure d'acide acétique. Pour purifier l'acide, on chauffe le liquide et on fait arriver les vapeurs d'acide acétique dans une chaudière qui contient de l'eau, de la chaux et du sulfate de soude. Il se forme d'abord de l'acétate de chaux, qui se décompose au contact du sulfate de soude, pour donner un précipité de sulfate de chaux et une dissolution d'acétate de soude. On décante cette dissolution pour la séparer du sulfate de chaux, et on l'évapore pour faire cristalliser l'acétate de soude. Cet acétate de soude, chauffé avec de l'acide sulfurique, reforme du sulfate de soude, et fournit un dégagement d'acide acétique à peu près pur, qu'on condense par refroidissement.

Usages. — L'acide acétique concentré est employé en photographie et dans les laboratoires. L'acide acétique étendu, ou *vinaigre*, a une grande importance dans l'alimentation comme condiment. De plus on fabrique avec cet acide une foule de vinaigres de toilette ou médicinaux, tels que le vinaigre rafraîchissant, le vinaigre thériacal, etc.

Pour reconnaître si le vinaigre ordinaire a été falsifié, on le fait bouillir pendant une demi-heure avec de l'amidon, puis on laisse refroidir, et on ajoute de l'iode : si le vinaigre ne contient aucun acide étranger, sulfurique, azotique, chlorhydrique, etc., l'amidon devient bleu ; dans le cas contraire, la coloration bleue ne se remarque pas, parce que les acides étrangers ont opéré le changement de l'amidon en une autre matière qui n'a pas d'action sur l'iode.

Avec l'acide acétique on prépare plusieurs *acétates* importants. L'acétate de soude est un antiseptique, qui préserve la viande et les légumes de la putréfaction ; l'*acétate d'alumine* est le mordant le plus employé dans l'impression des étoffes ; l'*acétate de cuivre* et l'*acétate de fer* sont aussi employés en teinture. Enfin, l'*acétate de plomb* sert à la préparation de l'*extrait de Saturne* des pharmaciens, avec lequel on fait l'*eau blanche*; mais le principal usage de l'acétate de plomb est dans la préparation de la *céruse*, ou *blanc de plomb*.

Acide oxalique. $C^2O^4H^2 = 90$.

Propriétés. — L'*acide oxalique* est solide, blanc, transparent, cristallisé en prismes, d'une saveur aigre et piquante; c'est un poison à la dose de 15 grammes. Il est soluble dans l'eau et dans l'alcool. Il fond à 100° et se décompose, à une température plus élevée, en acide carbonique, oxyde de carbone et vapeur d'eau.

Préparation. — On trouve l'acide oxalique combiné avec la potasse dans les feuilles de l'oseille : l'oxalate de potasse est, pour cette raison, nommé *sel d'oseille*. On peut le retirer de là.

Industriellement, on préfère faire bouillir l'amidon avec l'acide azotique étendu d'eau : l'amidon est oxydé et transformé en acide oxalique, qui cristallise par refroidissement.

On prépare aussi industriellement l'acide oxalique en chauffant la sciure de bois avec une dissolution de soude caustique. Il se forme de l'oxalate de soude.

Usages. — L'acide oxalique sert en teinture pour aviver certaines couleurs. On l'emploie encore seul ou combiné avec la potasse à l'état d'oxalate de potasse, pour enlever les taches d'encre et de rouille et pour nettoyer le cuivre, parce que les oxalates de fer et de cuivre sont solubles. La dissolution d'oxalate de potasse est désignée pour cette raison sous le nom d'*eau de cuivre* : c'est un violent poison.

Acide tartrique. $C^4O^7H^6 = 166$.

Propriétés. — L'*acide tartrique* est solide, blanc, cristallisé; il a une saveur acide et agréable; il est soluble dans l'eau et dans l'alcool. Depuis 180° il se décompose en divers produits suivant la température.

Préparation. — Les fruits acides et le jus du raisin renferment de l'acide tartrique et divers tartrates. Le *tartre,* qui se dépose au fond des tonneaux dans lesquels on conserve le vin, contient beaucoup de tartrate de chaux et de tartrate de potasse; il en est de même de la *lie de vin.* Pour en retirer l'acide tartrique, on ajoute de l'acide chlorhydrique et de la chaux, qui donne un précipité de tartrate de chaux. Ce précipité, traité par l'acide sulfurique, produit du sulfate de chaux insoluble et une dissolution d'acide tartrique.

Usages. — On emploie l'acide tartrique pour faire de l'*eau de Seltz* artificielle par la décomposition du bicarbonate de soude (voyez p. 100).

La crème de tartre ou bitartrate de potasse, que l'on retire des dépôts laissés par le vin dans les tonneaux, étant combinée avec l'oxyde d'antimoine, forme le tartrate double de potasse et d'antimoine, employé en médecine comme vomitif, sous le nom d'*émétique.*

Acide citrique. $C^6O^7H^8 = 192.$

Propriétés. — L'*acide citrique* est solide, blanc, cristallisé, d'une saveur acide agréable, très soluble dans l'eau et dans l'alcool. La dissolution d'acide citrique dans l'eau s'altère au contact de l'air; elle se couvre de moisissure.

Préparation. — On retire l'acide citrique du jus de citron clarifié, que l'on traite par la craie ou carbonate de chaux : l'acide carbonique se dégage, et il se forme du citrate de chaux. On purifie le citrate de chaux, puis on le décompose par l'acide sulfurique, qui forme avec la chaux un précipité de sulfate de chaux, et l'acide citrique reste en dissolution; on filtre la liqueur, puis on la concentre, et l'acide citrique cristallise.

Usages. — L'acide citrique sert, dans la teinture, à donner le rouge de carthame et de beaux écarlates, et à enlever les taches de rouille. Il forme avec la magnésie un citrate de magnésie très employé en médecine comme purgatif : ce sel a l'avantage de n'être pas amer comme les autres sels purgatifs de soude et de magnésie, parce que le goût d'acide citrique domine.

Acide gallique. $C^7O^5H^6 + H^2O = 188$.

Propriétés. — L'*acide gallique* est incolore, cristallise en petites aiguilles soyeuses, se dissout dans l'eau, surtout à chaud, et est pareillement très soluble dans l'alcool.

Préparation. — L'acide gallique s'extrait de la noix de galle. On la pulvérise, on l'humecte et on l'abandonne à elle-même à une température de 25 degrés : il se forme avec le temps de petits cristaux blanchâtres; on laisse sécher la masse, puis on la traite par l'alcool bouillant : l'acide s'y dissout et cristallise par refroidissement.

Usages. — L'acide gallique est employé en médecine. Avec les sels de fer qu'il précipite, il donne un bleu noir qui sert dans la teinture en noir et en gris. L'encre est en partie composée de gallate de fer. Sous l'influence du rayon solaire, l'acide gallique réduit l'azotate d'argent et le perchlorure d'or, ce qui le fait employer en photographie.

Acide phénique. $C^6OH^6 = 94$.

Propriétés. — L'*acide phénique* ou *phénol* est une huile dense et incolore, volatile, d'une odeur pénétrante, peu soluble dans l'eau, très soluble dans l'alcool, qui cristallise en longues aiguilles, qui tache le papier comme un corps gras, et qui préserve les matières animales de la putréfaction.

Préparation. — En traitant par la potasse caustique les huiles de goudron que l'on a fait distiller entre 160° et 190° on obtient une masse cristalline après décantation. Si on la dissout dans l'eau, il se forme deux couches liquides, l'une huileuse et légère, l'autre plus dense et aqueuse : en traitant celle-ci par l'acide chlorhydrique, on obtient l'acide phénique.

Usages. — L'acide phénique est heureusement employé depuis quelques années, soit comme caustique, soit pour le pansement des plaies, mais surtout comme un désinfectant énergique. Il est employé en grandes quantités pour la fabrication de diverses matières colorantes, dont la plus importante est l'acide picrique.

Acide picrique. $C^6OH^3(AzO^2)^3 = 229$.

Propriétés. — L'*acide picrique* ou *carbazotique* est une substance solide, d'un beau jaune d'or, cristallisant en lamelles brillantes, d'une saveur amère, peu soluble dans l'eau, beaucoup plus soluble dans l'alcool et dans l'éther, volatil à 150° et détonant fortement à 315°.

Préparation. — On prépare l'acide picrique en traitant l'acide phénique par l'acide azotique : il se dégage de l'acide carbonique et du bioxyde d'azote, et l'on fait évaporer la masse jusqu'à consistance sirupeuse. Quand on dissout la pâte dans l'ammoniaque, et qu'on la traite par l'acide chlorhydrique, il se forme un dépôt d'acide picrique, que l'on purifie par plusieurs cristallisations dans l'eau bouillante.

Usages. — L'acide picrique avec les bases forme des sels d'un beau jaune d'or. Il a été employé d'abord dans la teinture. Le picrate de potasse est fabriqué comme matière explosive. Mélangé avec le chlorate de potasse, il forme une poudre brisante très puissante, quelquefois employée pour les torpilles.

Acide tannique. $C^{27}O^{17}H^{22} = 618$.

Propriétés. — L'*acide tannique* ou *tanin* s'extrait de certaines écorces, mais surtout de la noix de galle.

On l'obtient sous forme d'une masse spongieuse, légère, inodore, blanche ou jaunâtre, très soluble dans l'eau. Il se combine avec les bases minérales et même avec plusieurs acides minéraux. Le derme animal, plongé dans une dissolution de tanin, absorbe d'une manière complète cette dissolution.

Préparation. — On traite la noix de galle pulvérisée par l'éther de commerce : il en résulte un liquide sirupeux, lourd et ambré, qu'on lave plusieurs fois avec de l'éther, et qu'on débarrasse ensuite de l'éther sous le vide de la machine pneumatique. L'acide tannique se rencontre aussi en assez grande abondance dans l'écorce du chêne.

Usages. — L'acide tannique sert dans les laboratoires pour précipiter les dissolutions métalliques, et dans le commerce pour corriger les vins subissant un commencement de fermentation. Il entre dans la fabrication de l'encre. Mais son usage spécial, c'est le tannage des peaux, qui s'altéreraient promptement, si le tannage ne les rendait imputrescibles.

Il faut d'abord macérer les peaux plusieurs jours, pour leur enlever le sang dont elles sont imprégnées et les autres principes solubles. On les racle ensuite pour ôter les poils, et on les nettoie des deux côtés à plusieurs reprises, avec une lame circulaire, jusqu'à ce qu'elles soient souples et blanches. Le tannage a lieu dans des fosses en maçonnerie. Entre deux peaux on met une couche de tan, c'est-à-dire d'écorce de chêne; on humecte la masse avec de l'eau tannée, et on l'abandonne à elle-même de cinq à huit mois en ne renouvelant qu'une fois le tan interposé. On fait le maroquin avec des peaux de chèvre ou de mouton tannées par l'écorce de sumac; on fait le cuir de Russie en tannant les peaux par l'écorce de saule et ensuite par l'écorce de bouleau. On les colore en les cousant deux par deux, le côté de la chair en dedans, et en les plongeant dans une dissolution de cochenille, d'indigo, etc., suivant la couleur qu'on désire.

Matières grasses.

Les *matières grasses,* qui proviennent des animaux et des végétaux, sont des substances de consistance variable, fondant, quand elles sont solides, à une température peu élevée, inflammables, insolubles dans l'eau, mais solubles dans l'alcool.

Les principales matières grasses sont : la *graisse* proprement dite, le *suif*, les *beurres*, les *huiles* et la *cire.*

Graisse. — La *graisse* est une substance solide et blanche, qui se trouve dans les tissus des animaux, notamment sous la peau, à la surface des muscles, autour des reins, à la base du cœur et auprès des intestins. Abandonnée à l'air, elle s'oxyde lentement et prend un goût en même temps qu'une odeur désagréables : on dit qu'elle *rancit.* Elle fond à une température peu élevée et donne, par la distillation, de l'hydrogène carboné, de l'oxyde de carbone, les acides gras (margarique, oléique et stéarique), et une huile volatile odorante; elle se décompose tout à fait à la chaleur rouge. La graisse est très riche en carbone et en hydrogène; elle renferme peu d'oxygène.

Les graisses sont utilisées pour la cuisine, pour faire différentes pommades dans la parfumerie et la médecine, et pour adoucir et diminuer le frottement des roues et des engrenages.

Suif : chandelles, bougies stéariques. — On appelle *suif* la graisse des herbivores ruminants débarrassée par la fusion des cellules qui la contiennent. On aide quelquefois l'opération par une petite quantité d'acide sulfurique ou par les alcalis.

Le suif sert principalement à faire des chandelles; mais si l'on extrait du suif les acides qu'il contient, en les combinant avec une base telle que la chaux, puis en les dégageant de leur combinaison au moyen de l'acide sulfurique, on fabrique avec ces acides les bougies dites *stéariques,* qui ne le cèdent en rien aux bougies de cire.

Beurres. — Le *beurre* ordinaire est un corps gras que l'on retire ordinairement du lait ou plutôt de la crème fortement battue. Le règne végétal donne les beurres de coco, de muscade et de cacao, dont la composition se rapproche plus ou moins du beurre tiré des animaux.

Le beurre ordinaire est un aliment; les autres beurres servent à fabriquer des bougies ou entrent dans quelques préparations médicales.

Huiles. — Les *huiles* sont des liquides gras, onctueux et inflammables. Elles sont généralement données par les végétaux. On les divise en *huiles siccatives*, qui durcissent à l'air, par suite d'une oxydation rapide, et *huiles grasses* proprement dites.

Les principales huiles grasses sont les huiles d'*olive*, d'*amandes*, de *navette*, de *colza*, de *faîne*, etc.; les huiles siccatives sont celles de *noix*, d'*œillette*, de *lin*, de *ricin*, de *chènevis*, etc. L'huile d'œillette s'extrait de la graine de certains pavots; l'huile de faîne de l'amande du hêtre; les autres huiles portent le nom de la plante ou du fruit d'où on les tire par pression.

On doit au règne animal l'huile de *foie de morue*, que l'on exprime des foies de morue et l'huile de *baleine*, que l'on obtient en faisant bouillir dans de l'eau le lard de la baleine.

Les huiles d'olive, d'œillette, de noix, de faîne sont alimentaires; les huiles de colza, de noix, de navette, de baleine, servent à l'éclairage; les huiles de lin, de noix, d'œillette sont employées dans la peinture; les huiles d'amande, de ricin, de foie de morue, dans la médecine; l'huile de noisette, dans la parfumerie.

Cires. — Les *cires* sont des matières grasses, dures, cassantes, insolubles dans l'eau, solubles dans les huiles et les graisses. Elles donnent, par la distillation, des carbures d'hydrogène gazeux, liquides et solides.

La cire la plus anciennement connue est celle que sécrètent les abeilles pour les alvéoles des ruches où elles renferment leur miel.

La cire est particulièrement utile pour l'éclairage sous forme de bougies ; mais le pharmacien en fait usage pour préparer le cérat, les onguents et les emplâtres ; le modeleur, pour façonner ses divers modèles ; l'anatomiste pour étudier le corps humain sur des pièces artificielles.

Composition des corps gras. — Acides gras, glycérine.

Les corps gras que nous venons d'examiner sont tous formés de carbone, d'oxygène et d'hydrogène. Ce sont des mélanges, en proportions variables, de divers principes appelés *stéarine*, *margarine*, *oléine*, *butyrine*. Un corps gras est, en général, d'autant plus dur qu'il contient plus de stéarine ou de margarine ; d'autant plus mou, qu'il renferme plus d'oléine.

Chacun de ces principes renferme lui-même un *acide gras* et un corps neutre appelé *glycérine*. Ainsi, la *stéarine* est une combinaison d'*acide stéarique* $C^{18} H^{36} O^2$ et de *glycérine* $C^3 H^8 O^3$.

Les principaux acides gras sont les suivants : l'*acide oléique*, qui fond à 14° ; on le rencontre dans presque tous les corps gras ; l'*acide margarique*, qui fond à 62°, et qui entre dans la composition des bougies et des savons ; l'*acide stéarique*, qui fond à 70° : c'est le plus répandu des acides gras.

La *glycérine*, qui est partout combinée avec les acides gras, est un liquide incolore, d'une consistance sirupeuse, d'une saveur sucrée, soluble dans l'eau. On la prépare en traitant un corps gras par la chaux ; les acides gras se combinent avec la base pour former des sels insolubles, et la glycérine est mise en liberté. La plus grande partie de la glycérine commerciale est obtenue comme produit accessoire de la fabrication des bougies.

Les usages de la glycérine sont fort nombreux. Elle sert au pansement des plaies, des blessures, des maladies de la peau ; elle entre dans la composition des savons de toilette et des cosmétiques. On l'emploie pour lubrifier les cuirs, pour adoucir les organes des machines, pour édulcorer les vins aigrelets. Elle sert surtout à fabriquer une matière explosive très importante, la *nitroglycérine*, avec laquelle on fait la *dynamite*.

Savons.

Les savons sont les sels qu'on obtient en traitant les corps gras par des bases minérales, telles que la potasse, la soude, la chaux... Ce sont donc des mélanges d'oléates, de stéarates, de margarates, de potasse, de soude...

Les savons solubles, à base de potasse et de soude, sont seuls employés pour le blanchissage; leur préparation porte le nom de *saponification*. Les savons durs sont à base de potasse.

Préparation des savons. — Après avoir fait une pâte avec de la chaux éteinte et de la soude ou de la potasse du commerce, on y verse de l'eau, qui se charge d'alcali pur, et que l'on soutire : c'est la *lessive caustique;* il reste du carbonate de chaux dans le cuvier. On procède ensuite à la saponification en faisant bouillir l'huile ou la graisse avec la lessive; on y ajoute du sel marin, qui s'empare de l'eau sans entrer dans la pâte, et que l'on soutire dissous par un tuyau placé au fond de la chaudière.

Usages. — Les savons à base de potasse et de soude sont généralement employés pour le blanchissage des tissus, parce que l'alcali qu'ils contiennent fait dissoudre dans l'eau les matières grasses et enlève toutes les impuretés.. Avec les huiles d'amandes, de noisettes, de palme, etc., on obtient les savons de toilette, que l'on aromatise au moyen des huiles essentielles. Quelques savons insolubles sont usités en médecine, principalement les savons à base de plomb, de cuivre et de mercure.

CHAPITRE II.

Composés basiques ou alcalis végétaux. — Quinine. — Sulfate de
quinine. — Morphine. — Strychnine. — Nicotine. — Aniline.

Composés basiques ou alcalis végétaux.

Les *composés basiques* ou *alcalis végétaux* sont des produits extraits des matières végétales, qui peuvent se combiner comme bases avec les acides minéraux ou végétaux et former des sels.

Les alcalis végétaux, appelés encore *bases végétales*, *alcaloïdes* ou *alcalis organiques*, tous d'origine végétale, sont composés de carbone, d'hydrogène, d'azote et ordinairement d'oxygène. Ils sont, en général, inodores, insolubles dans l'eau, mais solubles dans l'alcool et dans l'éther; ils ont, la plupart, une cristallisation régulière; la chaleur les décompose, et, l'azote se combinant avec l'hydrogène, il se dégage de l'ammoniaque. Ils ont une saveur amère ou âcre, et quelques-uns sont des poisons extrêmement violents.

Les alcalis végétaux se combinent avec les acides minéraux et organiques, pour former des sels, et ce n'est même qu'à l'état salin qu'on les trouve dans l'économie végétale, quand ils y sont tout formés, et qu'ils ne sont pas, ce qui a lieu pour quelques-uns, le produit de réactions chimiques.

Les principaux alcalis végétaux sont : la *quinine*, extraite du quinquina jaune; la *morphine* et la *narcotine*, extraites de l'opium; la *strychnine* et la *brucine*, extraites de la noix vomique; la *vératrine*, extraite de l'ellébore; la *caféine*, extraite du café; la *pipérine*, extraite du poivre; la *nicotine*, extraite du tabac, etc.; c'est à la présence de ces alcalis que ces différentes plantes doivent leurs propriétés. Deux de ces alcalis sont principalement employés : la *quinine* et la *morphine*.

Quinine. $C^{20}O^2H^{24}Az^2 = 324$.

Propriétés. — La *quinine* est une substance blanche, amorphe ou cristallisée, inodore, d'une saveur très amère; elle est volatilisable, peu soluble dans l'eau, très soluble dans l'alcool et dans l'éther; elle se combine directement avec les acides et forme des sels.

Préparation. — La quinine existe dans l'écorce de plusieurs quinquinas, arbres d'Amérique, et elle en forme le principe actif. On obtient la quinine en dissolvant dans l'eau le sulfate de quinine et en y ajoutant de l'ammoniaque, qui se combine avec l'acide sulfurique et forme une dissolution de sulfate d'ammoniaque; la quinine se précipite.

Usages. — La quinine fait toute la valeur du quinquina, remède précieux pour couper les fièvres intermittentes et pour arrêter les progrès de la gangrène. Cet alcali seul est peu employé en médecine; on lui préfère le sulfate de quinine qui est plus soluble.

Sulfate de quinine.
$$(C^{20}O^2H^{24}Az^2)^2, H^2O, SO^3 + 7H^2O = 872.$$

Propriétés. — Le *sulfate de quinine* cristallise en aiguilles blanches, soyeuses et flexibles; il est peu soluble à froid et s'effleurit facilement.

Préparation. — On obtient le sulfate de quinine en faisant bouillir le quinquina pulvérisé délayé dans de l'eau, à laquelle on ajoute de l'acide chlorhydrique; après l'ébullition, la liqueur contient du chlorhydrate de quinine. On ajoute de la chaux : l'hydrogène de l'acide et l'oxygène de la chaux forment le l'eau; le chlore et le calcium forment du chlorure de calcium, et la quinine se précipite. On traite le précipité par l'alcool bouillant, qui ne dissout que la quinine et laisse l'excès de chaux; on filtre et on évapore. Pendant l'évaporation, on ajoute de l'acide sulfurique, et bientôt le sulfate de quinine cristallise.

Usages. — Le sulfate de quinine est employé en médecine contre les fièvres intermittentes, et dans certaines pommades pour prévenir la chute des cheveux.

Morphine. $C^{17}O^3AzH^{19} + H^2O = 303$.

Propriétés. — La *morphine* est un des principes actifs de l'opium; c'est une substance blanche, cristallisée, très amère, à peine soluble dans l'eau et dans l'éther, se dissolvant facilement dans l'alcool, la potasse, la soude et l'ammoniaque. La morphine est un poison, même à dose faible; elle se combine facilement avec les acides et forme des sels, qui sont encore plus énergiques que la morphine seule.

Préparation. — Quand on fait des incisions aux têtes de pavot (*fig.* 61), il s'en écoule un suc qui s'épaissit à l'air et forme l'opium; et l'opium contient un grand nombre de substances, parmi lesquelles se trouve la morphine.

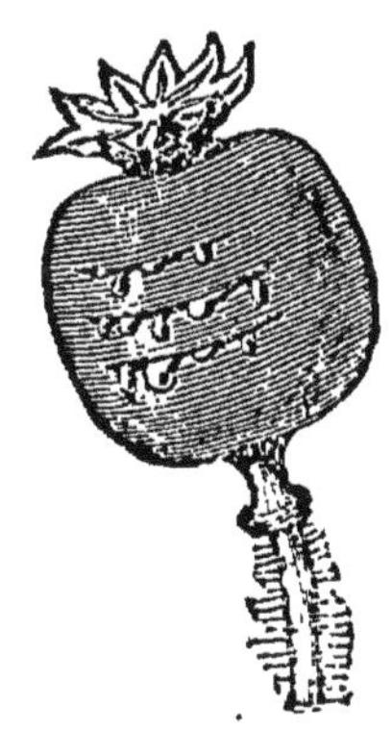

Pour dégager l'alcaloïde des corps avec lesquels il est mêlé ou combiné, on fait macérer l'opium dans l'eau, puis on évapore la liqueur en y ajoutant un peu de craie, et lorsque le liquide devient sirupeux, on y ajoute du chlorure de calcium : il se forme avec l'*acide méconique*, qui se trouve aussi dans l'opium, un précipité de méconate de chaux, et il reste

Fig. 61.

en dissolution du chlorhydrate de morphine et de codéine, que l'on fait cristalliser. Ensuite, pour obtenir la morphine seule, il suffit de dissoudre dans l'eau le chlorhydrate de morphine et de codéine et d'y ajouter de l'ammoniaque : la morphine se précipite, et on la purifie en la dissolvant dans l'alcool, en filtrant la liqueur, puis en la faisant cristalliser.

Usages.—La morphine s'emploie combinée avec l'acide sulfurique, l'acide chlorhydrique ou l'acide acétique, sous forme de sulfate, de chlorhydrate ou d'acétate de morphine : c'est un calmant du système nerveux, qui procure un sommeil tranquille ; mais il faut en prendre à très petite dose, car une quantité plus considérable serait un poison dangereux. Ces sels, injectés sous la peau à l'état de dissolution, produisent une insensibilité locale, et calment les douleurs les plus fortes. Le chlorhydrate de morphine est le plus employé.

Strychnine. $C^{21}O^2Az^2H^{22} = 334$.

Propriétés.—La *strychnine* est une substance blanche, cristallisée, inodore, d'une saveur très amère, insoluble dans l'eau, soluble dans l'alcool et dans les huiles volatiles, et inaltérable à l'air. C'est le plus redoutable des poisons végétaux.

Préparation. — La strychnine se trouve avec un autre alcaloïde, la brucine, dans la noix vomique, qui est la baie d'un arbre indien, le strychnos, et dans la fève de Saint-Ignace, graine d'un arbre des Philippines de la même famille. Après avoir fait bouillir la noix vomique en poudre dans de l'eau acidulée avec un dixième d'acide sulfurique, si l'on filtre, et qu'on précipite la liqueur avec de la chaux, le précipité sera la strychnine et la brucine ; et si on le traite ensuite par l'alcool, la brucine sera dissoute, tandis que la strychnine cristallisera par évaporation.

Usages. — La noix vomique est employée en médecine, mais en petite quantité, contre la paralysie, et le sulfate de strychnine est conseillé contre le choléra.

Nicotine. $C^{10}Az^2H^{14} = 162$.

Propriétés. — La *nicotine* est un liquide oléagineux, anhydre, transparent, incolore, d'une saveur âcre, d'une saveur brûlante, très soluble dans l'eau, l'alcool et l'éther, et absorbant l'oxygène atmosphérique. C'est un poison d'une action foudroyante. On l'extrait du tabac en traitant d'abord les feuilles par l'eau chaude, puis le liquide filtré et concentré par l'alcool, la liqueur alcoolique par une dissolution de potasse, et enfin par l'éther, qui dissout la nicotine devenue libre.

Usages. — C'est la présence de la nicotine qui donne au tabac ses propriétés.

Le tabac se fait avec les feuilles d'une plante qui lui a donné son nom. Ces feuilles sont d'abord triées, mises en tas et mouillées avec de l'eau salée. On procède ensuite à la fabrication des diverses sortes de tabac.

Pour le tabac à priser, on hache les feuilles après le mouillage; on les remet en tas et on les laisse fermenter pendant cinq à six mois; puis on les râpe. Après avoir tamisé la poudre de tabac, on la fait de nouveau fermenter neuf à dix mois dans une première chambre, deux mois dans une seconde, deux mois dans une troisième; on la laisse ensuite étendue de quatre à six semaines dans une autre chambre, et l'on finit par un second tamisage. Quoique le tabac ait perdu les deux tiers de sa nicotine, le tiers qui reste fait sa force, et les sels ammoniacaux développés pendant les diverses manipulations lui donnent son odeur.

Pour le tabac à fumer, après le mouillage on écôte les feuilles et on les hache. On étale ensuite le tabac, en le remuant, sur des tables horizontales formées de tuyaux de cuivre chauffés à 120° par la vapeur, et on le fait sécher sur des claies à l'air libre et à une température de 22°.

Pour les cigares, on choisit les meilleures feuilles de tabac; elles sont taillées en morceaux de vingt-cinq centimètres et roulées dans une feuille extérieure ou *robe* taillée d'après la dimension voulue, et autant que possible sans déchirure. Après avoir laissé les cigares huit jours dans des séchoirs, on les renferme plusieurs mois dans des chambres avant de les livrer à la consommation.

Aniline. $C^6H^7Az = 93$.

Les alcalis organiques qui proviennent des végétaux ne sont pas les seuls que l'on connaisse. Il se produit aussi des alcaloïdes, appelés *alcalis artificiels*, dans la décomposition par la chaleur des matières azotées. Le plus important est l'*aniline*.

Propriétés. — C'est un liquide incolore, huileux, qui bout à 182°; il a une odeur forte et désagréable, une saveur âcre et brûlante; c'est un poison violent. L'aniline est combustible, décomposable par la chaleur; elle se combine avec les acides, pour donner des sels.

Préparation. — Elle se forme dans la décomposition des matières azotées par la chaleur, et particulièrement dans la décomposition de la houille. On en retire donc une certaine quantité des goudrons, qu'on obtient comme résidus de la fabrication du gaz de l'éclairage. Mais on en prépare beaucoup plus à l'aide de la *nitrobenzine*, qu'on traite par l'acide acétique et la limaille de fer.

Usages. — Depuis 1856, l'aniline est devenue le point de départ d'une des branches les plus importantes de l'industrie européenne. Elle sert à fabriquer une multitude de matières colorantes artificielles, qui remplacent presque partout les matières colorantes naturelles extraites des végétaux. Pour cet usage on produit chaque année, en Europe, plusieurs centaines de millions de kilogrammes d'aniline.

CHAPITRE III.

Composés neutres. — Amidon. Fécule. — Sucres. — Dextrine. — Gomme. — Caoutchouc. — Gutta-percha. — Résines. — Essences. — Cellulose. — Bois. — Goudron et ses dérivés. — Papier. — Bitumes, pétrole.

Composés neutres.

Les *composés neutres* ne forment pas de sels avec les acides; ils sont d'origine végétale ou animale, et beaucoup ne diffèrent entre eux que par la disposition de leurs molécules.

Les principales matières végétales neutres sont : l'*amidon*, la *fécule*, les *sucres*, la *dextrine*, la *gomme*, le *caoutchouc*, la *gutta-percha*, les *résines*, les *essences* et la *cellulose*, principe du bois et du papier.

Les principales matières animales neutres sont l'*albumine*, la *fibrine*, la *gélatine* et la *caséine*.

Amidon. Fécule. $C^{12}H^{20}O^{10} = 324$.

Propriétés. — On appelle *amidon* le principe amylacé qu'on tire des graines de céréales ou de légumineuses, et *fécule* le principe amylacé qu'on extrait de la pomme de terre, des patates, de l'igname, etc. Ce sont deux substances qui ont la même composition, et que l'on désigne même fréquemment toutes deux sous le nom commun d'*amidon*.

L'amidon est blanc; chauffé à 200°, il se transforme en une matière soluble dans l'eau et nommée *dextrine*. Quand on le chauffe délayé dans une faible quantité d'eau, il s'épaissit, augmente considérablement de volume et devient *empois*. L'alcool n'a pas d'action sur l'amidon. L'iode se combine avec l'amidon et forme de l'iodure d'amidon, qui est bleu. L'acide azotique le transforme en acide oxalique; l'acide sulfurique, en sucre. L'amidon sec est inaltérable à l'air; mais l'empois devient acide, surtout pendant les chaleurs de l'été, puis il se change en dextrine.

Préparation. — On obtient l'amidon du blé en formant une pâte avec de la farine de blé et de l'eau. Après 15 à 20 minutes, on pétrit cette pâte sous un filet d'eau (*fig.* 62), qui entraîne l'amidon; on reçoit cette eau dans un vase, au fond duquel l'amidon ne tarde pas à se déposer; il suffit ensuite de le faire sécher. Après cette opération il reste une substance élas- que qu'on appelle *gluten*.

Fig. 62.

La fécule s'obtient principalement de la pomme de terre. Après avoir lavé les pommes de terre, on les râpe sur un tamis métallique composé de sept cribles superposés, et l'on dirige sur la pulpe un filet d'eau, qui entraîne avec elle la fécule et la laisse bientôt déposer; il ne reste plus qu'à l'égoutter et à la dessécher, d'abord à l'air libre, puis dans une étuve. La pulpe de pomme de terre privée de fécule reste sur le filtre.

Usages. — On se sert de l'amidon et de la fécule pour obtenir l'empois, pour donner aux toiles de la fermeté et du lustre, pour coller le papier, pour préparer la dextrine, le sirop de fécule, le sucre d'amidon, pour fabriquer les pâtes d'Italie et quelques pâtisseries. La médecine emploie la fécule comme adoucissant.

Sucres.

Propriétés. — Le mot *sucre* indiquait, dans l'origine, et indique encore aujourd'hui, dans le langage ordinaire, le produit que l'on obtient avec le jus de la canne à sucre. En chimie, on appelle *sucre* toute matière de saveur douce et agréable, qui a pour caractère principal de se transformer, sous l'influence de la fermentation, en alcool et en acide carbonique.

Espèces diverses de sucres. — Il existe différentes espèces de sucres, dont les principales sont : le *sucre de canne*, et le *sucre de raisin* ou *glucose*.

Sucre de canne $C^{12}H^{22}O^{11}$. Le *sucre de canne*, ou *sucre ordinaire*, est solide, blanc, cristallin, inodore, d'une saveur agréable, et que chacun connaît, phosphorescent sous le choc, soluble dans le tiers de son poids d'eau; il fond à 180°. A une température plus élevée il est décomposé; il se forme d'abord du caramel, puis un grand nombre de produits volatils. On le trouve dans un grand nombre de végétaux, maïs, carotte, betterave, tilleul, sycomore, bouleau, vigne, canne à sucre, sorgho, érable... desquels il serait possible de le retirer. On l'extrait principalement de la canne à sucre et de la betterave.

La canne à sucre est une graminée originaire de l'Inde, qui est surtout cultivée aujourd'hui dans les Antilles et au Brésil. Pour en retirer le sucre, on exprime le jus, on concentre le sirop et on le purifie avec du noir animal, puis on le fait cristalliser. Comme il renferme encore une certaine quantité de sirop, appelé *mélasse*, on le rend plus pur en appliquant de l'argile mouillée à la base des pains de sucre : l'eau qui filtre à travers se sature de sucre, et chasse devant elle la mélasse et tout autre corps étranger.

On le retire des betteraves en exprimant le jus, en clarifiant le sirop par le noir animal, en filtrant, en évaporant, puis en faisant cristalliser. La décoloration et la purification du sucre de betterave sont plus compliquées que celles du sucre de canne, mais s'opèrent par les mêmes procédés.

Sucre de raisin $C^{12}H^{24}O^{12}$. *Le sucre de raisin* ou *glucose* existe dans les raisins, les groseilles, le miel, et forme cette poussière blanche qui recouvre les prunes, les figues, etc. On peut le retirer des raisins; mais, comme on l'obtient également par l'action des acides étendus d'eau sur le sucre ordinaire et la fécule, il est plus avantageux, dans l'état actuel de l'industrie, de le former avec la fécule.

La glucose, quand elle n'est pas en sirop, est solide, blanche, granulée ou cristallisée, d'une saveur d'abord piquante et farineuse, puis sucrée : elle est moins soluble dans l'eau que le sucre ordinaire, fond à 100° et perd une partie d'eau équivalente au dixième environ de son poids.

Pour préparer industriellement la glucose, on traite l'amidon ou la fécule par l'eau contenant 1 centième d'acide sulfurique que l'on maintient à 100° environ une demi-heure : la matière amylacée se change en sucre; puis on sature l'acide sulfurique par la craie, on évapore jusqu'à ce que tout le sulfate de chaux soit précipité, et l'on décante. En concentrant la liqueur et en la laissant ensuite refroidir, on obtient une masse blanche, qui est le sucre d'amidon ou le sucre de fécule, suivant la matière qui l'a produit.

Usages. — Le sucre de canne ou de betterave sert journellement à table; il est la base de tous les sirops et de toutes les confitures. Si on le fond, et qu'on le roule en petits cylindres, c'est le sucre d'orge; si on le fait cristalliser, c'est le sucre candi; si on le mêle avec de la gelée de pommes et quelque essence, c'est le sucre de pomme. Avant qu'il ait été raffiné, on l'appelle *sucre brut* ou *cassonade*. Le sirop qui reste après le raffinage est la mélasse; elle sert à la fabrication du rhum.

La glucose est employée dans les brasseries; quand elle est pure, elle peut servir aux confiseurs et aux liquoristes.

Dans les brasseries elle sert à la fabrication de la bière et de l'alcool et à l'amélioration des vins. On falsifie quelquefois les cassonades avec de la glucose; mais on peut facilement reconnaître la fraude, car la glucose se colore quand on la fait bouillir quelque temps dans une solution faible de soude ou de potasse caustique.

Dextrine. $C^{12}H^{20}O^{10} = 324$.

Propriétés. — La *dextrine* a la même composition que l'amidon, dont elle n'est qu'une transformation. Cette substance est soluble dans l'eau et dans l'alcool faible; elle est insoluble dans l'alcool concentré et n'est pas colorée par l'iode. La dissolution de la dextrine dans l'eau ressemble à une solution de gomme arabique. L'eau et les acides la transforment en *glucose*.

Préparation. — On prépare la dextrine par plusieurs procédés. Quand on veut l'obtenir à bon marché, on chauffe simplement l'amidon à une température de 160° environ : bientôt l'amidon se change en dextrine; on l'appelle alors *amidon torréfié*.

Usages. — La dextrine peut remplacer, pour les apprêts des étoffes, la gomme dont il sera question plus loin; on s'en sert également pour le collage des papiers. En pharmacie, on forme, avec des rubans de toile imbibés d'une solution de dextrine, des bandages, qui, en séchant, deviennent très solides, et qui s'enlèvent à volonté à l'aide d'un peu d'eau chaude.

Gomme. $C^{12}H^{20}O^{10} = 324$.

Propriétés. — La *gomme* est une substance végétale, solide, tantôt blanche, tantôt jaune ou rougeâtre, incristallisable, à cassure vitreuse, plus ou moins soluble dans l'eau, d'où elle est précipitée par l'alcool. On distingue la *gomme arabique* ou *gomme du Sénégal*, la plus pure de toutes, qu'on trouve dans le commerce en petites masses arrondies, et qui provient de différentes espèces d'acacias:

la *gomme du pays*, moins soluble, qui découle du cerisier, du pêcher, du prunier, etc.; la *gomme adragante*, qui a la forme de petits rubans entortillés, et qu'on extrait des astragales dans l'île de Crète et dans les îles environnantes.

Préparation. — Quand on fait des incisions aux arbres, il s'en écoule un liquide épais et visqueux, qui se durcit à l'air : c'est la gomme, que l'on peut ensuite purifier.

Usages. — La gomme est employée en médecine comme adoucissant; elle entre dans beaucoup de sirops et de pâtes, telles que les pâtes de guimauve et de jujube. Dans l'industrie, on s'en sert pour lustrer les étoffes, pour fabriquer l'encre et le cirage, pour apprêter le feutre des chapeliers, etc.

Caoutchouc. $C^4H^7 = 55$.

Propriétés. — Le *caoutchouc* pur est une substance solide, blanche, élastique, insoluble dans l'eau et dans l'alcool; soluble dans l'éther, les essences, le sulfure de carbone, et dans plusieurs liquides obtenus par la distillation des goudrons que donne l'épuration du gaz de l'éclairage. Si l'on coupe le caoutchouc, et que l'on rapproche immédiatement les bords de la coupure, les parties adhèrent et se soudent entre elles.

Préparation. — Au Brésil et à la Guyane, on fait des incisions à certains arbres de la famille des euphorbiacées : il s'en écoule un liquide laiteux qui n'est autre chose que le caoutchouc. On le reçoit dans un vase, en le faisant tomber sur des moules d'argile ayant la forme de poires; on plonge ces moules à plusieurs reprises dans le liquide pour épaissir la couche de caoutchouc, et on le fait sécher à la flamme d'un feu clair. Quand les couches sont assez épaisses, et que le caoutchouc est suffisamment sec, on casse le moule, on en fait sortir les débris par le goulot de l'espèce de bouteille qui s'est formée, et on le livre en cet état au commerce.

Usages. — Le caoutchouc a de nombreux usages. Il sert à former des fils, des tubes, des conduits acoustiques, des lanières, des chaussures, etc. Avec les fils, on fait des bretelles, des jarretières, des corsets. On l'emploie aussi à rendre les étoffes imperméables et à effacer le crayon. Il entre dans la *glu marine*, si utile pour le calfatage des navires. Le caoutchouc combiné avec le soufre s'appelle *caoutchouc vulcanisé* ; il acquiert ainsi une souplesse et une élasticité qui résistent aux divers changements de température. Le caoutchouc vulcanisé ne devient ni trop mou quand la température est élevée, ni cassant quand il fait froid. Une plus forte proportion de soufre lui communique une dureté et une rigidité comparables à celles du bois ; ainsi préparé il prend le nom de *caoutchouc durci*. Le caoutchouc durci sert à fabriquer des crosses de fusil, des manches de couteau, des instruments de musique...

Gutta-percha, $C^4H^7 = 55$.

Propriétés. — La *gutta-percha* est une substance qui a beaucoup d'analogie avec le caoutchouc ; elle présente la même composition chimique : simple combinaison de carbone et d'hydrogène. Quand elle est pure, elle est blanche, solide, translucide, plus dure que le caoutchouc à froid et plus molle à chaud, mais toujours bien moins élastique.

Préparation. — La gutta-percha provient de la presqu'île de Malacca et des îles de la Malaisie ; elle s'écoule, comme le caoutchouc, de l'incision que l'on fait à divers arbres ; elle se durcit à l'air.

Usages. — Les usages de la gutta-percha deviennent de jour en jour plus nombreux. On s'en sert pour former des tubes, des courroies, des fouets, des cravaches, des enveloppes pour les fils des télégraphes souterrains et sous-marins. Sa souplesse la rend propre à prendre des empreintes pour les médailles et les clichés. On l'emploie souvent mêlée au caoutchouc ; ces deux substances sont susceptibles de se *vulcaniser* sous l'action du soufre.

Résines.

Propriétés. — Les *résines* sont des sucs plus ou moins visqueux, qui découlent de certaines plantes, se durcissent à l'air et deviennent souvent solides et cassants. Elles sont insolubles dans l'eau, mais solubles dans l'alcool, soit à chaud, soit même à froid. Cette classe nombreuse de corps neutres se divise en *résines*, qui ne se dissolvent pas dans l'eau, mais dans l'alcool ; en *gommes-résines*, légèrement solubles dans l'eau, qu'elles rendent lactescente, et ne se dissolvant que dans l'alcool étendu et bouillant ; en *baumes*, résines aromatiques qui laissent sublimer par la chaleur un acide odorant et cristallisable.

Les principales résines sont : la *térébenthine*, que l'on extrait de différentes espèces de pins, et qui, lorsqu'on la purifie, donne pour résidu la *colophane;* le *succin* ou *ambre jaune*, de nature fossile, que l'on trouve sur les bords de la mer Baltique en rognons jaunes, transparents et fragiles, renfermant dans leur intérieur divers insectes ; la *résine copal*, qui est dure, presque incolore, inodore et insipide ; la *gomme laque*, la *cire de palmier*, etc. Parmi les gommes-résines, on distingue la *gomme-gutte*, l'*assa-fœtida*, la *myrrhe*, l'*encens*, la *gomme ammoniaque*. Les baumes les plus remarquables sont : le *benjoin*, le *baume de Tolu* et le *baume du Pérou*.

Usages. — Toutes les résines peuvent être employées dans les vernis, qui sont des dissolutions de résine dans l'alcool, les essences ou les huiles grasses siccatives. La térébenthine sert à calfater les navires et à préparer le mastic des fontainiers. La gomme laque entre pour moitié dans la cire à cacheter. L'assa-fœtida, la gomme ammoniaque, les baumes de Tolu et du Pérou sont utilisés en médecine. La gomme-gutte donne à l'aquarelle une couleur jaune. Le baume de Tolu, la myrrhe, l'encens, surtout le benjoin, sont recherchés dans la parfumerie. Les résines communes donnent par distillation des huiles lourdes destinées au graissage des machines; elles servent à faire des savons économiques par combinaison avec les alcalis, du noir de fumée par combustion incomplète. La fabrication des vernis constitue l'application la plus importante des résines.

Essences.

Propriétés. — Les *essences*, appelées encore *huiles essentielles* ou *huiles volatiles*, mais dont la composition est toute différente de celle des huiles, sont des sécrétions neutres végétales, ordinairement liquides, quelquefois solides et cristallisées, d'une odeur aromatique, d'une saveur âcre et même caustique, variables dans leur couleur, très peu solubles dans l'eau, beaucoup plus solubles dans l'alcool, dissolvant les corps gras et les résines. Les essences sont avides d'oxygène; elles sont combustibles, et brûlent avec une flamme fuligineuse. Au contact de l'air elles s'oxydent peu à peu et se transforment en *résines*. Elles sont plus rapidement oxydées par l'action de l'acide azotique, qui peut en déterminer l'inflammation immédiate.

Les principales essences sont : l'*essence de térébenthine*, le *camphre*, l'*essence d'amandes amères* et l'*essence de moutarde*. On peut encore extraire d'une foule de plantes, notamment du citron, de l'orange, de la rose, du thym, du genièvre, de l'anis, de la menthe, du girofle, etc., des essences recherchées dans la parfumerie.

L'*essence de térébenthine* $C^{10}H^{16}$ purifiée est incolore, très fluide, d'une odeur qui lui est propre et facile à reconnaître. On la retire de la résine commerciale appelée *térébenthine*, qui coule d'incisions faites aux pins, aux sapins et aux mélèzes. Cette résine contient à peu près 20 pour 100 d'essence et 80 pour 100 de colophane. Pour obtenir l'essence, on se contente de distiller la résine dans de grands alambics en cuivre : l'essence se condense dans le serpentin, et la colophane reste dans la chaudière.

Le *camphre* $C^{10}H^{16}O$ est solide, mais volatil, et cristallise en hexagones réguliers. Il est sécrété par toutes les labiées; mais on l'extrait surtout du laurier-camphre, en distillant avec de l'eau les tiges et les branches coupées en morceaux, puis en le purifiant par une seconde distillation, après l'avoir mélangé avec un peu de chaux et de charbon.

L'*essence d'amandes amères* C^7H^6O est liquide, incolore, transparente, très réfringente, d'une odeur d'acide prussique et de saveur brûlante. On l'obtient en distillant avec de l'eau les feuilles de laurier-cerise ou les tourteaux d'amandes amères[1]; puis, par différentes manipulations, on la dégage de plusieurs produits avec lesquels elle est mélangée. Il est à remarquer, d'ailleurs, qu'elle ne préexiste pas dans les tourteaux, mais qu'elle se forme par la première distillation.

L'*essence de moutarde* est le type de plusieurs essences qui renferment toutes du soufre, et quelques-unes de l'azote. C'est un liquide incolore, dont la vapeur irrite les narines et le nez, et qui désorganise promptement la peau, ce qui explique l'action des sinapismes. On l'obtient en distillant avec de l'eau les graines de moutarde noire.

Usages. — L'essence de térébenthine s'emploie surtout pour dissoudre diverses résines, et constituer ainsi des vernis. Mélangé avec l'huile de lin, elle sert à délayer le *blanc de plomb* ou le *blanc de zinc*, et à constituer ainsi la peinture blanche. Elle est employée en médecine et dans l'art vétérinaire. Le camphre est employé pour préserver les étoffes des insectes et des vers, qu'il fait périr; il sert en médecine : à forte dose, il serait mortel. Avec l'essence de genièvre, on fait le genièvre; avec l'essence d'anis, l'anisette. L'essence d'amandes et beaucoup d'autres essences entrent dans les eaux aromatiques, telles que l'eau de Cologne, et dans les pommades ou les savons parfumés.

---

1. Résidu des amandes qu'on a soumises à la pression pour en extraire l'huile.

Enfin, on se sert de toutes les essences pour enlever sur les étoffes les taches de graisse, qu'elles dissolvent.

Cellulose. $C^{12}H^{20}O^{10} = 324$.

La *cellulose* forme le ligneux ou les fibres de tous les végétaux. Quand elle est pure, elle est blanche et diaphane, insoluble dans l'eau, l'alcool, l'éther, les huiles, les acides fortement hydratés; mais l'acide sulfurique concentré la change en dextrine, puis en glucose, et l'acide azotique concentré la change en un composé explosif, le *coton-poudre*. La cellulose est donc en grande partie la base du bois comme aussi des tissus qu'on obtient par les fibres du lin, du chanvre, du coton, etc., et même du papier, qu'on fabrique avec les vieux morceaux de linge ou de coton.

Bois.

Le *bois* est plus dense que l'eau : s'il flotte, c'est à cause de l'air qu'il renferme entre ses pores. Il est plus ou moins dense et contient plus ou moins de matières étrangères à la cellulose, suivant son espèce. On le divise en bois blanc, comme le peuplier et le bouleau ; bois dur, comme le chêne, l'acacia et le buis ; bois de travail ou d'ébénisterie, comme l'acajou, le palissandre et l'ébène ; bois résineux, comme le pin et le cèdre. Il est altéré par l'humidité et l'air, qui le changent en humus, et par les termites, qui le rongent. On le conserve par l'injection de liquides tels que le tanin, le sulfate de cuivre, le chlorure de zinc, etc., qu'on lui fait absorber par les racines, ou dont on l'imprègne quand il vient d'être coupé. Le même procédé le colore en bleu par l'azotate de cuivre, en vert par l'acétate de cuivre, en noir par la noix de galle et le sulfate de fer, en rouge ou en violet par le rocou, la garance et l'orseille.

Le bois altéré à la surface de la terre ou enfoui dans son sein donne l'humus, le terreau, la tourbe, le lignite, la houille, l'anthracite, le bitume, tous corps dont il a été précédemment question.

Goudron et ses dérivés.

Le *bois* et la *houille*, fortement chauffés en vase clos, se trouvent décomposés. Il reste dans l'appareil un charbon plus ou moins pur (*charbon de bois* ou *coke*), tandis qu'il se dégage un mélange d'un grand nombre de substances volatiles. Si l'on fait passer ces substance dans des tuyaux refroidis, une partie se condense, et une autre, restant à l'état gazeux, constitue le *gaz d'éclairage*.

La partie condensée se divise bientôt en deux couches : l'une franchement liquide, et l'autre noire, visqueuse, constituant le *goudron*.

Le liquide supérieur sert, quand il provient de la distillation du bois, à la préparation de l'*acide acétique* (*pyroligneux*); on en tire aussi des *sels ammoniacaux*, et de l'*esprit de bois*, ou *alcool méthylique*, qui remplace l'alcool ordinaire dans un grand nombre de ses applications. Quand il provient de la distillation de la houille, ce liquide sert à la préparation des sels ammoniacaux.

Le goudron est encore plus important. Du goudron de bois on retire la *naphtaline*, la *benzine*, la *paraffine*, la *créosote*. Du goudron de houille on retire la *naphtaline*, l'*anthracène*, la *benzine*, la *paraffine*, l'*acide phénique*, l'*aniline*.

On fait la séparation de ces diverses substances en chauffant progressivement le goudron et en isolant ainsi les corps différemment volatils.

Après le traitement, il reste du *brai*, qui sert à la fabrication des *charbons agglomérés*.

Nous avons parlé déjà d'un certain nombre des substances énumérées plus haut; disons aussi quelques mots des autres.

La plus importante est la *benzine* C^6H^6. C'est un liquide incolore, ayant généralement une mauvaise odeur, parce qu'il est impur. Elle bout à 81°; elle est très combustible. Elle dissout l'iode, le soufre, le phosphore, le camphre, la cire, le caoutchouc, la gutta-percha, les résines et les corps gras. L'industrie en consomme d'énormes quantités, surtout pour la préparation de la *nitro-benzine*, qu'on transforme ensuite en *aniline*. On s'en sert aussi pour dissoudre les substances indiquées plus haut; elle est d'un grand usage pour le dégraissage.

La *naphtaline* $C^{10}H^8$ et l'*anthracène* $C^{14}H^{10}$ sont deux solides qui servent à la préparation de diverses matières colorantes. En raison de son odeur forte et persistante, la naphtaline peut remplacer le camphre avec économie pour écarter les insectes des pelleteries. La *paraffine* est également solide; on l'utilise pour la fabrication des bougies diaphanes, qui donnent une belle lumière.

La *créosote* est, comme l'acide phénique, un antiseptique énergique.

Papier.

Le *papier* est fabriqué avec les chiffons, c'est-à-dire avec les détritus des matières filamenteuses de certaines plantes.

On trie les chiffons, on les lessive, on les effiloque à l'aide de machines, on les blanchit par l'hypochlorite de chaux, on les réduit en une pâte que l'on met ensuite en feuilles, soit à la main, à l'aide d'un tamis rectangulaire en toile métallique percé de trous, soit à la mécanique; mais les produits obtenus par la mécanique ont moins de consistance et de durée.

Bitumes, Pétrole.

Les bitumes et le pétrole sont des composés analogues à ceux qui prennent naissance dans la décomposition du bois et de la houille par la chaleur, mais on les trouve tout formés dans la nature.

Les *bitumes* sont noirs, poisseux, plus ou moins durs;

ils fondent vers 100° et brûlent avec une flamme extrêmement fuligineuse. Le bitume dur et tout à fait solide qu'on trouve dans le voisinage de la mer Morte est connu sous le nom de *bitume de Judée*; ses usages sont restreints, parce qu'il est rare; il est employé à la confection du magnifique vernis connu sous le nom de *laque de Chine*. Le bitume mou (*asphalte du commerce*) est plus répandu; on le mélange avec du calcaire pulvérisé, pour en faire le mastic des trottoirs, des chaussées, des rues et des réservoirs d'eau.

Le *pétrole* est aussi une sorte de bitume, beaucoup plus liquide, formé par la réunion d'un grand nombre de carbures d'hydrogène plus ou moins volatils. On le retire de puits creusés dans les terrains schisteux, dans l'Amérique du Nord et dans la région du Caucase. Le pétrole brut est soumis à la distillation dans des cornues, dont on élève progressivement la température. On retire ainsi successivement : l'*éther de pétrole* (*gaz Mille*), très volatil, très dangereux; l'*essence de pétrole* (*luciline, essence minérale, naphte*), encore assez volatile, employée dans les *lampes à éponge*; l'*huile de pétrole*, le produit le plus important, et le plus employé pour l'éclairage; enfin des *huiles lourdes*, qui peuvent être employées très avantageusement au chauffage dans des foyers spéciaux, et dont on peut aussi retirer de la paraffine. La distillation du pétrole une fois terminée, il reste dans la chaudière un goudron propre au chauffage.

L'éclairage à l'essence et à l'huile de pétrole est aujourd'hui répandu partout, malgré ses dangers, à cause de son éclat et de l'économie qu'il présente.

CHAPITRE IV.

Matières animales neutres. — Le sang, sa composition, sa formation. — Albumine. — Fibrine. — Gélatine. — Lait, beurre, fromage. — Caséine. — Matières colorantes. — Notions sur la teinture et l'impression.

Matières animales neutres.

Les principales matières animales neutres sont le *sang*, l'*albumine*, la *fibrine*, la *gélatine*, le *lait* et la *caséine*. Toutes sont composées de carbone, d'oxygène, d'hydrogène et d'azote.

Sang.

Composition du sang. — Le *sang*, que l'on a appelé *chair coulante*, est le produit de la nutrition, il se sépare par le repos en deux parties, le *sérum*, liquide et jaunâtre, le *caillot*, substance molle et rouge. Elles sont composées chimiquement d'albumine et de fibrine avec quelques centièmes de corps gras, de substances minérales, chlorures, sulfates, phosphates alcalins et terreux, et de matières dites extractives d'une nature indéterminée. On trouve, en outre, dans le caillot des globules rouges, qui font avec la fibrine la richesse du sang. Ce sont de petits sacs membraneux, contenant de l'albumine, une substance colorante ferrugineuse, quelques corps gras et salins, etc. Leur principal rôle paraît être de servir de véhicule à l'oxygène introduit dans l'économie animale par la respiration.

Formation du sang. — Quatre espèces d'aliments sont nécessaires à la nutrition : les aliments dits *protéiques*, tels que l'albumine, la fibrine, la caséine ; les aliments *amylo-sucrés*, tels que la fécule et les sucres ; les aliments gras et les aliments minéraux. C'est surtout la viande de boucherie, et ensuite la chair du poisson, qui fournit la

Reg. *Chimie.* 15

graisse et la fibrine, mais à condition de n'être pas soumise à une ébullition prolongée comme le bouilli. Les aliments digérés par la salive, le suc gastrique de l'estomac, le suc pancréatique et la bile, se changent en sang, et le sang, à son tour, devient chair, muscles, os et sécrétions nécessaires à la vie, tout ce qui n'est point assimilable étant rejeté par la respiration ou de toute autre manière.

Albumine. $C^{72}H^{112}Az^{18}SO^{22}$.

Propriétés. — *L'albumine* sèche est une matière solide, sans odeur ni saveur. Elle se dissout dans l'eau en donnant un liquide filant et visqueux. Elle devient insoluble et se coagule sous l'influence de la chaleur, des acides, de l'alcool, du tanin ; elle se précipite alors de sa dissolution étendue en flocons légers. Elle se rencontre dans le blanc d'œuf, dans le sang, dans la lymphe, dans le lait, dans presque toutes les parties solides ou liquides de l'économie animale. Elle se trouve aussi dans les graines des céréales et des légumineuses, dans un grand nombre de sucs végétaux.

Usages. — L'albumine entre comme aliment dans une multitude de matières animales ou végétales. Elle est, de plus, le contrepoison des sels minéraux, notamment des sels de cuivre et de mercure. L'industrie l'emploie dans certaines pâtes et pour recoller le verre et la porcelaine. Enfin, on s'en sert pour clarifier les liquides et les sucres et pour coller les vins, parce que, en se coagulant sous l'influence de l'alcool, elle forme comme un réseau qui entraîne toutes les impuretés.

Fibrine.

Propriétés. — La *fibrine* a la même composition que l'albumine ; elle est solide, blanche ou grisâtre, inodore, insipide, élastique, insoluble dans l'eau froide et l'alcool, soluble dans la potasse et la soude caustique. Sa texture

15.

est remarquable. Ce sont des sphéroïdes adhérents en forme de chapelet, qui ont l'aspect de filets ou de fibres.

Usages. — La fibrine, substance essentiellement animale, se trouve dans le chyle et dans le sang, et constitue en grande partie la chair musculaire. Pour l'obtenir pure, on bat le sang avec des verges : elle s'attache au bois; puis on la traite par l'alcool ou par l'éther, pour enlever les graisses, et on la lave plusieurs fois.

Gélatine.

Propriétés. — La *gélatine* est une substance dont la composition est encore la même que celle de l'albumine. Elles provient des matières animales, telles que les os, les tendons, les peaux, etc. Elle est incolore quand elle est pure; mais celle du commerce est ordinairement colorée; elle est insoluble dans l'eau froide, mais elle s'y ramollit; soluble dans l'eau bouillante, elle forme une gelée par le refroidissement; elle est insoluble dans l'alcool.

La gélatine n'est autre chose que la *colle forte*, si utile dans un grand nombre d'industries. En dissolvant au bain-marie la gélatine avec du vinaigre, de l'alcool et un peu d'alun, on a une colle forte liquide employée à de nombreux usages. La *colle de poisson*, qui est une espèce de gélatine, provient de la peau, des intestins et de la vessie natatoire de l'esturgeon.

Préparation. — On obtient la gélatine en traitant par l'eau bouillante les cartilages, la peau, les tendons, etc., ou en traitant les os par la vapeur à 106°. L'eau, en s'évaporant, abandonne ensuite la gélatine.

Usages. — La gélatine s'emploie, sous le nom de *colle forte*, pour coller les vins, pour clarifier différents liquides, pour rendre les confitures plus fermes, etc. Elle sert à lier ensemble les pièces de bois qui ne doivent pas subir l'action de l'eau.

Lait.

Composition du lait. — Le *lait* est une sécrétion de certaines glandes chez les mammifères. Il est formé d'eau, d'albumine, de caséine, de lactose ou sucre de lait, de sels et de matière grasse. S'il reste en repos, la matière grasse arrive à la surface : c'est la *crème;* puis il devient acide et se coagule par la formation d'acide lactique aux dépens de la glucose. Abandonné longtemps à lui-même, il dégage de l'acide carbonique et de l'alcool, et donne de l'acide acétique. Les acides, l'alcool, le tanin, surtout la *présure*, substance extraite de l'estomac d'un jeune veau, le coagulent instantanément. On peut le conserver quelque temps en le faisant bouillir ou en y ajoutant un peu de bicarbonate de soude.

Du lait on retire le beurre et le fromage.

Beurre. — Le *beurre* flotte naturellement dans le lait sous forme de globules. On l'extrait de la crème en la battant dans une espèce de tonneau appelé *baratte*. On le conserve en le fondant, en le salant ou en le soustrayant à l'action de l'air, ce qui l'empêche de rancir en absorbant l'oxygène de l'air.

Fromage. — Le *fromage* se fabrique avec le lait de vache, de brebis ou de chèvre. Il faut faire coaguler le lait, briser le caillé, le comprimer, le saler et le faire fermenter.

Caséine.

Propriétés. — La *caséine* constitue presque tout le caillé du lait, c'est la partie azotée. Convenablement préparée, elle est blanche, pulvérulente, insipide, inodore, à peine soluble dans l'eau, soluble dans les alcalis.

Préparation. — Il est facile d'obtenir la caséine, plus difficile de la purifier. Il faut pétrir le caillé précipité par l'acide sulfurique, le traiter par le carbonate de soude et encore par l'acide sulfurique, le filtrer, le laver, le sécher, et enfin le débarrasser des matières grasses par l'alcool ou par l'éther.

Usages. — Outre le rôle qu'elle joue dans l'alimentation, la caséine sert à la préparation de l'acide lactique.

Matières colorantes.

Les matières colorantes appartiennent généralement au règne végétal. Cependant le règne minéral en compte un certain nombre; mais le règne animal n'en a que deux : la *cochenille*, qui vit sur le cactus nopal, et le *kermès*, espèce de cochenille, qui vit sur le chêne, deux insectes qu'on écrase, et qui donnent une belle teinture rouge.

Substances minérales. — Les substances colorantes minérales, dissoutes dans l'eau ou dans l'huile, ne sont guère employées que pour la peinture. Les *blancs* se font avec la céruse, l'oxyde de zinc, la craie; les *jaunes* avec les ocres, le jaune de chrome, etc. ; les *rouges* avec le carmin, le cinabre, etc.; les *bleus* avec l'outremer, le bleu de Prusse ou celui de cobalt, etc. ; les *noirs* avec le noir d'ivoire, d'os, de charbon, etc. Par certains mélanges on obtient les *orangés*, les *violets*, les *verts*, et les autres couleurs.

Substances végétales. — Les substances colorantes végétales s'extraient des végétaux ; elles sont presque toutes décolorées par l'air, le charbon animal, le gaz sulfureux, mais surtout par le chlore. La couleur rouge est fournie par les racines de la garance, qui donne l'alizarine, par le bois de campêche, le carthame, l'orcanette ; le bleu, par l'indigo ou par l'orseille et le tournesol, produits de certains lichens; le jaune, par le rocou, extrait des fruits d'un arbre d'Amérique, par la gaude, si commune en France, par le quercitron, espèce de chêne, par le bois jaune d'un mûrier des Antilles, par le genêt, le curcuma, le nerprun, etc. ; le vert ou vert de Chine, par un extrait de nerpruns chinois; le brun et le noir, par la noix de galle, par le sumac, par le cachou, extrait d'une légumineuse, l'acacia catéchu, ou d'un palmier, l'aréca catéchu.

Matières colorantes artificielles. — Depuis 1856 un grand nombre de matières colorantes artificielles se substituent de plus en plus aux couleurs naturelles. Les plus importantes sont dérivées des composés si divers qu'on extrait du goudron de houille : benzine, acide phénique, naphtaline, anthracène. Elles présentent actuellement toutes les nuances possibles. Le *rouge d'aniline*, ou *fuchsine*, pour n'en citer qu'une seule, est une matière colorante très belle, préparée en partant de la benzine, transformée d'abord en nitro-benzine, puis en aniline.

Notions sur la teinture et l'impression. — La première opération consiste à blanchir les tissus : le coton, le lin et le chanvre par des lavages, puis par l'exposition répétée sur un pré ou par l'hypochlorite de chaux; les soies, en les traitant à chaud par l'eau de savon, pour leur enlever un certain vernis qui les recouvre, ce que l'on appelle *décreusage*; les laines, en les lavant ou sur le dos des moutons ou dans des bains de sels ammoniacaux, pour leur enlever une certaine matière grasse nommée le *suint*, puis en les traitant par l'acide sulfureux, l'eau de savon et, enfin, par une dissolution alcaline, à cause d'un peu de soufre qu'elles contiennent. Vient ensuite le mordançage, qui consiste à plonger les tissus dans une dissolution d'alun ou de sels de fer, de cuivre, d'étain, de plomb, matières appelées *mordants*, qui doivent servir à fixer les couleurs. Enfin, on les plonge dans les bains de teinture en les faisant tourner sur un cylindre de bois placé au-dessus de la cuve jusqu'à ce qu'elles aient atteint la teinte convenable.

S'agit-il d'imprimer sur une étoffe plusieurs couleurs, on y parvient soit en ne mordançant que les parties qui doivent prendre la couleur, soit, par le procédé des *réserves*, en couvrant d'acétate de cuivre, par exemple, les parties qu'on ne veut pas teindre, soit par le procédé des rongeants, où l'on détruit par un acide une partie de la teinte primitivement uniforme, ou bien le mordant qui devait fixer les couleurs.

CHAPITRE V.

Fermentation. — Fermentation alcoolique. — Fermentations diverses. — Alcool et boissons fermentées. — Farine, pain. — Conservation des matières animales.

Fermentation.

Certains liquides, abandonnés à eux-mêmes, éprouvent une décomposition spéciale, qu'on désigne sous le nom de *fermentation*. La fermentation se produit sous l'influence d'un composé organique, le *ferment*. Les produits de la fermentation dépendent du ferment et de la matière qui fermente.

Ainsi, un ferment soluble dans l'eau, nommé *diastase*, détermine la transformation de l'*amidon* en *glucose*. De même, la *pepsine* contenue dans le suc gastrique liquéfie la viande à la suite d'une fermentation.

Mais, plus ordinairement, les fermentations sont dues à l'influence d'êtres vivants, animaux ou végétaux microscopiques. Lorsque les germes de ces ferments sont placés dans un liquide convenablement clair, ils se développent et se multiplient rapidement, et déterminent la décomposition des substances avec lesquelles ils sont en contact.

Fermentation alcoolique.

Ainsi, la transformation du sucre en alcool est le résultat d'une fermentation. Elle se produit sous l'influence d'un végétal inférieur nommé *cryptococcus cerevisiæ* (*fig.* 63), dont les germes, contenus dans l'air, se déposent sur les substances fermentescibles, et en déterminent la décompo-

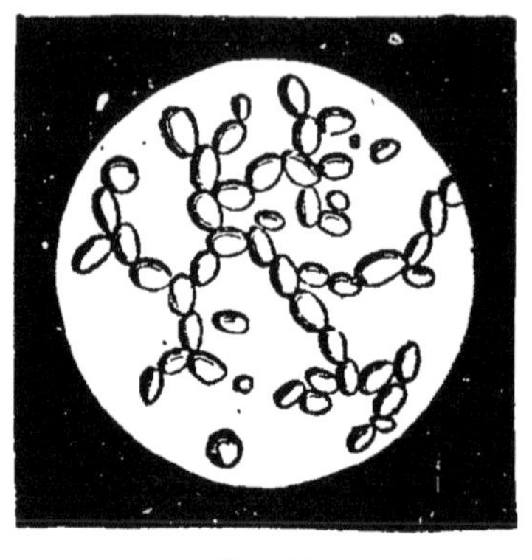

Fig. 63.

sition. La *levure de bière* est justement constituée par un amas de *cryptococcus cerevisiæ*.

Les substances qui sont susceptibles d'éprouver la fermentation alcoolique, avec production d'alcool et dégagement d'acide carbonique, sont : le sucre de canne, le sucre de lait, la glucose. L'amidon, la dextrine, la gomme, d'abord transformés en glucose par la diastase, peuvent ensuite subir la fermentation alcoolique.

Fermentations diverses.

Le ferment alcoolique ne se développe que dans les jus sucrés; il dédouble toujours le sucre en alcool et acide carbonique. Mais il existe beaucoup d'autres ferments susceptibles de vivre dans d'autres liquides et de donner naissance à d'autres substances.

Ainsi, le *ferment acétique* ou fleur de vinaigre, végétal microscopique qui se développe sous forme de pellicules à la surface des jus fermentés, a la propriété de déterminer l'oxydation de l'alcool et sa transformation en acide acétique. De même, la *combustion lente* et la *putréfaction* (ou *fermentation putride*), que subissent les matières organiques après la mort des animaux et des plantes, sont provoquées par le développement de ferments animaux particuliers.

Toutes ces fermentations peuvent être mises en train par l'introduction d'une petite quantité du ferment dans un liquide approprié. Le plus souvent elles se produisent spontanément, quand l'air laisse tomber des germes dans le liquide.

Alcool et boissons fermentées.

L'alcool et les boissons fermentées proviennent justement de la fermentation du sucre sous l'influence des *cryptococcus cerevisiæ*. Les jus sucrés provenant du raisin, de la betterave, de la pomme de terre,... fermentent au contact de l'air, par suite des germes qui se déposent, et donnent naissance à de l'alcool toujours très étendu d'eau.

Alcool. L'alcool est un liquide incolore, très fluide, d'une odeur agréable, d'une saveur brûlante quand il est concentré ; il bout à 79°, s'enflamme facilement et brûle avec une flamme bleuâtre. Il a été solidifié seulement à — 118°. C'est le dissolvant ordinaire des résines, des essences, des corps gras, des matières colorantes, en un mot de toutes les substances très hydrogénées.

Tout liquide sucré qui a éprouvé la fermentation alcoolique peut donner l'alcool du commerce. On le retire donc du vin, du cidre, de la mélasse, de la betterave, de la pomme de terre, des grains, d'abord transformés en glucose sous l'influence de la diastase. En le distillant plusieurs fois, et en ne conservant chaque fois que la première partie de la distillation, on l'obtient de plus en plus concentré. Enfin, si on le distille une dernière fois sur de la chaux vive, puis sur du chlorure de calcium fondu, substances très avides d'eau, on a l'alcool absolu ou anhydre.

L'alcool concentré ou esprit-de-vin sert de dissolvant dans les laboratoires et de combustible pour les petites lampes dites *lampes à esprit-de-vin*. On l'emploie encore au lieu de mercure dans la fabrication des thermomètres à bon marché.

Distillé avec l'acide sulfurique, l'alcool perd une proportion d'eau et se change en *éther sulfurique*, substance volatile, inflammable, qui dissout mieux que l'alcool les matières hydrogénées, et que la médecine emploie principalement comme anesthésique.

L'alcool moins concentré constitue les *esprits* et les *eaux-de-vie*, qu'on consomme en si grandes quantités!

Vin. Le *vin* résulte de la fermentation du jus de raisin; le raisin contient, en effet, du sucre, matière susceptible de fermenter, et des matières albuminoïdes nécessaires pour déterminer la multiplication du ferment dont les germes sont apportés par l'air.

Pour fabriquer le vin, on écrase le raisin mûr avec les rafles ou débris des grappes, et on porte le tout dans une cuve, où le liquide ne tarde pas à fermenter. Les pelli-

Fig. 64.

cules, les pepins, etc., montent à la surface pendant la fermentation, et forment une croûte, qu'on appelle *chapeau*, ce qui préserve le vin du contact de l'air; mais, quand l'opération est à peu près terminée, on descend le chapeau dans le liquide, et l'alcool qui s'est formé dissout les matières colorantes. Si la fermentation est lente, parce que la température est trop basse, on chauffe une partie du moût que l'on ajoute au reste : de cette manière, la température totale s'élève, la fermentation se fait avec plus de rapidité, et la vinosité augmente. Enfin, lorsque le vin a été convenablement coloré, on le soutire pour le débarrasser des rafles qui forment le marc, et on en remplit des tonneaux ou de vastes foudres : c'est là que la fermentation s'achève.

On peut encore, à l'aide d'un pressoir, obtenir du marc une nouvelle quantité de vin nommé *vin de pressurage*, inférieur en qualité à celui du premier moût, qu'on appelle *vin de mère-goutte*; mais quand le vin doit être de qualité ordinaire, on ajoute le vin de pressurage à la mère-goutte.

Après la fermentation, on soutire le vin qui doit être employé tout de suite; on ne soutire qu'après les premières gelées celui que l'on veut conserver, et quand arrive le printemps on procède enfin au *collage*. Cette dernière opération a pour but de donner de la limpidité au vin et de le débarrasser d'une matière albuminoïde qui pourrait provoquer une fermentation nouvelle. A cet effet, on met dans chaque tonneau soit des blancs d'œufs, soit de la gélatine ou du sang, soit, pour les vins blancs, de la colle de poisson, et l'on brasse : il se forme à la surface comme un réseau d'albumine insoluble, qui se dépose ensuite et entraîne au fond toutes les matières étrangères. Il faut que les tonneaux où l'on met le vin avant le collage soient bien pleins et parfaitement bouchés, sans quoi la fermentation acétique s'établirait, et le vin deviendrait vinaigre. Nous avons vu précédemment par quel procédé on change le vin en vinaigre dans l'industrie.

Toute espèce de raisin fournit à volonté du vin rouge ou du vin blanc. Si l'on veut avoir du vin blanc, on ne doit prendre que des raisins bien mûrs; après les avoir écrasés, on fait écouler aussitôt le moût dans des tonneaux à travers une sorte de tamis destiné à retenir les rafles, les pepins et les pellicules, la matière colorante, qui se trouve dans la pellicule, ne se dissolvant qu'après un commencement de fermentation.

Pour obtenir le vin de Champagne, on emploie le vin de mère-goutte, si on le veut de meilleure qualité et sans couleur; avec le vin de pressurage on a un vin légèrement coloré qu'on appelle *vin rosat*. Lorsqu'on soutire le vin après la fermentation, on verse 1 litre de cognac par 100 litres, et l'on soutire de nouveau. Deux mois après, on met en bouteilles : la fermentation continuant, l'acide carbonique se dissout dans le vin, et il se dépose du ferment. Huit à dix mois plus tard, on prend chaque bouteille, que l'on place renversée sur une planche percée; lorsque le vin est tout à fait clair, on coupe le fil de fer du bouchon : celui-ci part, et la lie qui était en suspension s'échappe en même temps avec une petite quantité de vin; on remplit rapidement la bouteille avec du sirop, on ferme définitivement, et la fabrication est terminée.

On peut rendre artificiellement mousseux du vin de toute espèce en y comprimant du gaz acide carbonique; mais ce vin n'a jamais la qualité des vins de Champagne naturels.

Les principales maladies des vins sont connues sous les noms de *graisse*, d'*amer* et de *fleur*.

Les vins blancs surtout ont quelquefois la maladie nommée *graisse*, qui est due à une matière azotée nommée *glaïadine*; on ne peut conserver ces vins qu'après avoir précipité cette matière par une petite quantité de tanin. Lorsqu'un vin vieux tourne à l'*amer*, on le corrige en y ajoutant un peu d'alcool ou du vin nouveau. Enfin, les vins mal bouchés se recouvrent quelquefois d'une espèce de moisissure, qu'on appelle *fleur*; pour la faire disparaître, on remplit complètement le tonneau : les fleurs viennent alors à la surface; on donne une secousse un peu violente au tonneau, et la fleur s'échappe. Il faut ensuite reboucher soigneusement.

Les quantités de l'alcool combiné dans le vin, et qui en font la qualité, varient de 6 à 7 jusqu'à 20 centièmes.

Bière. La *bière*, si utile pour remplacer le vin dans les contrées du nord, s'obtient par la fermentation alcoolique des matières amylacées que l'on a préalablement changées en sucre.

La base de la bière est l'orge, céréale peu coûteuse.

En mettant les grains dans quatre fois leur volume d'eau pour les hydrater, et en les amoncelant en couches de 50 à 60 centimètres d'épaisseur, on détermine la germination, ce qui donne l'orge germée ou *malt ;* cette première opération a pour but de développer la *diastase,* transformation de la substance amylacée qui a eu lieu avec le développement de la plumule, et dont l'influence change en sucre l'amidon pour qu'il serve de nourriture au germe qui se développe. En chauffant graduellement le malt, on arrête la germination, puis on détache les radicelles à l'aide d'un crible. Si l'on concasse alors la graine, et qu'on la traite par de l'eau d'abord à 60°, puis à 90°, on a le *moût,* que l'on fait bouillir avec du houblon pour lui donner à la fois du goût et du parfum ; le résidu du malt c'est la *drèche,* que l'on donne en nourriture aux bestiaux. Le moût refroidi est versé dans une cuve avec le ferment appelé *levure de bière,* et à une température de 20° la fermentation s'accomplit en deux jours au plus. La liqueur soutirée se met dans des quarts, où la fermentation reparaît : de sorte qu'il s'écoule une mousse épaisse qui constitue une nouvelle levure. Dès que la fermentation se ralentit, il ne reste plus que le soin de clarifier la bière par le collage.

On distingue, d'après les procédés de fabrication et la quantité d'alcool qu'elles contiennent, différentes espèces de bière : la *petite bière,* la *double bière,* la *bière brune* ou *blanche,* la *bière de Strasbourg* ou *de Bavière,* le *bock-bier,* le *faro,* le *porter* et l'*ale.*

Cidre et poiré. Le *cidre* et le *poiré* sont deux boissons qui remplacent le vin dans certains pays, et que l'on obtient par la fermentation alcoolique du jus extrait des pommes ou des poires.

Quand le fruit est mûr, on l'abat, et, six semaines après, on l'écrase, en y versant un cinquième d'eau en poids. La pulpe de pomme exposée un jour ou deux à l'air se colore en rouge brun : on la soumet alors à la presse ; on met le suc dans des vases, où il fermente ; on le soutire et on remplit des tonneaux, où la fermentation s'achève. Si l'on veut lui conserver une saveur légèrement sucrée, il ne faut pas que la fermentation soit complète; autrement on a le *cidre paré*, d'une saveur acide et un peu amère.

Comme le poiré doit être blanc, on presse la pulpe sans l'avoir exposée à l'air.

Farine. Pain.

La fabrication du pain est encore une application de la fermentation alcoolique.

On appelle *farine* la poudre que l'on obtient en moulant les diverses graines, et en les purifiant ensuite par un tamisage pour enlever le son, c'est-à-dire les débris de l'enveloppe des graines.

La farine de blé est formée : 1° de substances neutres contenant de l'azote, telles que le gluten, de 7 à 15 parties sur 100 ; 2° de substances neutres ne contenant pas d'azote, l'amidon, la dextrine, la glucose, de 62 à 75 sur 100 ; 3° de matières grasses ; 4° d'huile essentielle ; 5° de quelques sels minéraux, phosphate de chaux, phosphate de magnésie, sels de potasse, etc. Le gluten, formé de glutine, d'albumine, de fibrine et de caséine, est un tissu visqueux et élastique qui se divise en une multitude de petites cellules remplies d'amidon, d'albumine, de sucre, de fécule et de mucilage. Le son contient presque tous les sels minéraux, et, de plus, beaucoup de matières grasses et de matières azotées.

La farine de blé, quand elle est de bonne qualité, est d'une belle couleur blanche tirant sur le jaune, douce au toucher ; elle forme, avec la moitié de son poids d'eau, une pâte élastique bien uniforme, qu'on peut étendre en feuilles très minces.

Elle est quelquefois mêlée par fraude avec la farine de féverolle ou de haricot, avec la fécule de pomme de terre, etc., qui sont d'un prix moins élevé. Le seul examen au microscope peut faire découvrir un centième de farine étrangère, parce que toutes ces farines ont un grain de forme et de grosseur différentes; mais ces grains diffèrent encore plus de volume quand on les mouille, et ils donnent des nuances quelquefois très différentes quand on les traite par l'iode.

La farine doit être conservée dans des endroits secs, car l'humidité l'altère rapidement. Pour les voyages de long cours, on la rend à peu près inaltérable en la comprimant fortement dans des tonneaux au moyen de la presse hydraulique.

Si l'on délaye de la farine avec un peu d'eau, et qu'on l'abandonne à elle-même à une température voisine de 20°, la glucose qu'elle renferme éprouve une fermentation qui dégage de l'acide carbonique et donne en même temps naissance à de l'alcool. Cette pâte, qui a subi un commencement de fermentation, porte le nom de *levain*.

Pour fabriquer du pain, on fait une pâte avec de la farine et de l'eau; on y ajoute un peu de sel pour relever le goût, puis une certaine quantité de levain, qui agit comme ferment. On divise la pâte en pains et on l'abandonne à elle-même : les ferments contenus dans le levain qu'on a ajouté portent la fermentation dans toute la masse, ce qui produit de l'acide carbonique; c'est ce gaz qui soulève le gluten, et qui forme dans la pâte de nombreuses cavités. Il ne faut pas attendre trop longtemps, parce que, à la suite de cette première fermentation, qui change le glucose en alcool et en acide carbonique, il s'en établirait une seconde, qui transformerait l'alcool en acide acétique. Lorsque le pain est convenablement levé, on le soumet à la cuisson.

Conservation des matières animales.

Les matières animales sont tout particulièrement altérables. Au contact de l'air elles éprouvent très rapidement là *fermentation putride*. On peut les conserver de plusieurs manières :

1° La *congélation* empêchera la fermentation, qui veut une certaine température; on garde facilement dans les glacières la viande de boucherie et le poisson.

2° On emploie utilement les *agents antiseptiques*. Le charbon absorbe, à mesure qu'ils se forment, les gaz qui activeraient la corruption. Le sel marin s'empare de l'eau et lui ôte son énergie. Les chlorures de zinc et de mercure, l'acide arsénieux, l'acide phénique, etc., arrêtent le développement des germes et sont employés pour la conservation des pièces anatomiques. Les œufs se conservent très bien dans un lait de chaux.

3° La *dessiccation* est surtout usitée en Amérique. On coupe la viande en tranches, qu'on passe à l'eau bouillante et qu'on fait ensuite sécher dans une étuve; puis on la recouvre de la gelée que l'on a obtenue en faisant évaporer le bouillon.

4° La *privation d'air*, d'après le procédé Appert, consiste à soumettre les viandes à une température détruisant tout germe putride, à les renfermer dans une boîte de fer-blanc, d'où on chasse l'air par la chaleur, et à fermer hermétiquement l'ouverture ménagée d'abord à l'air. Le même procédé sert à la conservation des légumes.

TABLE DES MATIÈRES.

CHIMIE ORGANIQUE.

FIN.

Imprimerie de DELALAIN FRÈRES, 1 et 3, rue de la Sorbonne.

Notions de Physique applicables aux usages de la vie, suivies de notions de Météorologie, rédigées d'après les programmes de l'enseignement primaire supérieur, à l'usage des élèves des écoles primaires et normales et des lycées, collèges et pensionnats, par *Honoré Regodt*, professeur de sciences naturelles : 42ᵉ édition, revue et complétée par un professeur agrégé de l'Université ; 1 vol. in-12, *avec 231 gravures dans le texte,*   *cart.* 2 f. 25 c.

Notions d'Histoire naturelle (Zoologie, Botanique, Géologie) applicables aux usages de la vie, rédigées d'après les programmes de l'enseignement primaire supérieur, à l'usage des élèves des écoles primaires et normales et des pensionnats, par *Henri Regodt*, professeur de sciences naturelles : 12ᵉ édition ; 1 vol. in-12, *avec 110 gravures dans le texte,*   *cart.* 2 f. 25 c.

Cours de Physique et de Chimie, répondant aux programmes prescrits pour l'enseignement des sciences physiques dans les écoles normales primaires d'instituteurs et d'institutrices, par *M. Émile Bouant*, ancien élève de l'École normale supérieure, agrégé des sciences physiques, professeur au lycée Charlemagne : 5 volumes in-12, *avec nombreuses figures dans le texte.* Chaque volume se vend séparément :

1º *Écoles normales d'instituteurs* ; 3 vol. in-12 :

Cours de Physique et de Chimie. Première année : 5ᵉ édition, avec emploi des *notations atomiques* en Chimie ; 1 vol. in-12, *avec 209 gravures dans le texte,*   *cart.* 3 f.

Cours de Physique et de Chimie. Deuxième année : 5ᵉ édition, avec emploi des *notations atomiques* en Chimie ; 1 vol. in-12, *avec 150 gravures dans le texte,*   *cart.* 3 f.

Cours de Physique et de Chimie. Troisième année : 5ᵉ édition, avec emploi des *notations atomiques* en Chimie ; 1 fort vol. in-12, *avec 341 gravures dans le texte et une planche en chromolithographie,*   *cart.* 5 f.

2º *Écoles normales d'institutrices* ; 2 vol. in-12 :

Cours de Physique et de Chimie. Premier volume : 7ᵉ édition, avec emploi des *notations atomiques* en Chimie ; 1 vol. in-12, *avec 190 gravures dans le texte,*   *cart.* 3 f.

Cours de Physique et de Chimie. Deuxième volume : 6ᵉ édition, avec emploi des *notations atomiques* en Chimie ; 1 fort vol. in-12, *avec 317 gravures dans le texte,*   *cart.* 4 f.

Éléments de Géologie et de Botanique, répondant au programme des écoles normales primaires (1ʳᵉ et 3ᵉ années), par *M. J. Langlebert*, professeur des sciences physiques et naturelles : 3ᵉ édition ; vol. in-12, *avec 400 gravures, dans le texte et une carte géologique de la France, br.* 3 f. — *rel. toile,* 3 f. 25 c.

Éléments de Zoologie, répondant au programme des écoles normales primaires (2ᵉ année), par *M. J. Langlebert* : 5ᵉ édition, conforme aux nouvelles classifications zoologiques ; 1 vol. in-12, *avec 172 gravures dans le texte,*   *br.* 2 f. — *rel. toile,* 2 f. 25 c.

Cours complet de Physique, répondant aux programmes de l'enseignement secondaire et des écoles normales primaires, par *M. J. Langlebert* : 50ᵉ édition, revue, corrigée et tenue au courant des progrès de la science les plus récents ; 1 fort vol. in-12, *avec 343 gravures dans le texte,*   *br.* 4 f.

Cours complet de Chimie, répondant aux programmes de l'enseignement secondaire classique et moderne et des écoles normales primaires, par *M. J. Langlebert* : 45ᵉ édition, entièrement refondue d'après *la théorie et la notation atomiques* ; 1 fort vol. in-12, *avec 187 gravures dans le texte et un cahier chromolithographié,*   *br.* 4 f.

Cours complet d'Histoire naturelle, répondant aux programmes de l'enseignement secondaire classique et moderne, par *M. J. Langlebert* : 58ᵉ édition, suivie d'un résumé général des classifications zoologique, botanique et géologique actuellement suivies dans nos écoles et tenue au courant de progrès de la science les plus récents ; 1 vol. in-12, *avec 620 gravures dans le texte, br.* 4 f.

www.ingramcontent.com/pod-product-compliance
Ingram Content Group UK Ltd.
Pitfield, Milton Keynes, MK11 3LW, UK
UKHW021019140726
13695UKWH00001B/351